教育部人文社会科学研究规划基金项目（11YJA740127）成果

语言服务书系·辞书研究

《汉语大字典》（第二版）释义问题研究

朱城　著

中国·广州

图书在版编目（CIP）数据

《汉语大字典》（第二版）释义问题研究／朱城著．—广州：暨南大学出版社，2015．12

（语言服务书系·辞书研究）

ISBN 978－7－5668－1703－7

Ⅰ．①汉…　Ⅱ．①朱…　Ⅲ．①汉语—字典—研究　Ⅳ．①H163

中国版本图书馆 CIP 数据核字（2015）第 295267 号

……………………………………………………………………………………

《汉语大字典》（第二版）释义问题研究

著　　者： 朱　城

出 版 人： 徐义雄

策划编辑： 杜小陆　刘　晶

责任编辑： 王雅琪

责任校对： 刘舜怡

责任印制： 汤慧君　周一丹

地　　址： 中国广州暨南大学

电　　话： 总编室（8620）85221601

营销部（8620）85225284　85228291　85228292（邮购）

传　　真：（8620）85221583（办公室）　85223774（营销部）

邮　　编： 510630

网　　址： http：//www. jnupress. com　http：//press. jnu. edu. cn

排　　版： 广州良弓广告有限公司

印　　刷： 佛山市浩文彩色印刷有限公司

开　　本： 787mm×960mm　1/16

印　　张： 12．25

字　　数： 190 千

版　　次： 2015 年 12 月第 1 版

印　　次： 2015 年 12 月第 1 次

定　　价： 32．80 元

目　录

一、《汉语大字典》释义的准确性问题　/ 001

二、《汉语大字典》义项的概括性问题　/ 052

三、《汉语大字典》孤例建项释义问题　/ 094

四、《汉语大字典》引用古注疏误问题　/ 136

五、参考文献　/ 188

六、后　记　/ 193

一、《汉语大字典》释义的准确性问题

语文辞典作为具有规范性、典常性的工具书，释义的准确性无疑是字典的首要要求和衡量其科学性的主要标准之一，同时也是难度甚大，需要不断努力才能达到的理想目标。当然，辞典释义的准确性也是相对的，而且涉及多个层面，可以设置多重标准。综合前修时贤的认识，我们认为，在现有情况下，辞典释义准确性最起码的标准，就是义项释文能涵括引用材料中的字词义，且义例圆洽，不冲突抵牾；没有知识性错误乃至明显的缺陷与硬伤；释义文字简略、明确、通俗，符合现代汉语规范；引例典型、贴切、充足，具有时代性。应该说，较之以往的大型语文辞典，《汉语大字典》在释义的准确性方面有了显著的进步，但也存在一些不容忽视的问题。根据以上标准，下面对《汉语大字典》在释义的准确性方面尚有不足的义项条目提出讨论。

为方便论述，一般将所议条目的材料全部引出，未引者，以省略号示之。条目下只标页码，不列卷数。此外，对字和词不作严格区分。后面几章亦同。

亘　④引，萦绕。《文选·左思〈吴都赋〉》："树以青槐，亘以绿水。"李善注："亘，引也。"(20)

按，此条释义问题较多。首先，"引"即"牵引，引来"，是人的行为；而"萦绕"则为自然状态，两词意义相去较远，组成义项则义有不伦。其次，李善释"亘"为"引"，与"亘"的他义缺乏联系。再次，这段文字系描写吴都城门前的壮观景象："高闱有闶，洞门方轨。朱阙双立，驰道如砥。树以青槐，亘以绿水。玄荫眈眈，清流亹亹。"既然写的都是物景，若视"亘"为"引来"，则把人的行为掺入其中，似不协适。刘良

注："亘，横也。"此句言绿水横贯在道中；结合下句"清流亹亹"看，刘注较李注为长。综上，此条宜并入"亘"字"gèn"音的义项②"横贯"之中。

乂 ②治理。《尔雅·释诂下》："乂，治也。"《书·尧典》："下民其咨，有能俾乂。"孔传："乂，治也。"《大戴礼记·曾子立事》："战战惟恐不能乂。"卢辩注："乂，治也。"《汉书·武五子传》："保国乂民，可不敬与！"颜师古注："乂，治也。"（36）

按，义项释文"治理"所参考的《尔雅》及三条古注都是以单音节的"治"字为释的。"治"在古代系多义多用词。需要注意的是，其常义除动词"治理"外，还有"治理得好"之义，与"乱"相对，是形容词。例如《大戴礼记·虞戴德》："居大则治。"王聘珍解诂："治，不乱也。"再如《荀子·天论》："治乱非天也。"《商君书·弱民》："治则强，乱则弱。"这些"治"都是"乱"的反面。再看所引例证。引例一的"有能俾乂"应是个问句，意即面对浩浩滔天的洪水，能有人治理好吗？因此，孔传的"治"并非指一般的治理。《尚书》中，"乂"表此义者用例不少，此不赘举。引例二连同上句为："昔者，天子日旦思其四海之内，战战惟恐不能乂。""不能乂"，其意当为不能治理好。据我们考察，"乂"作谓语用于句末，一般宜如是为解，若带上宾语，其义则多为"治理"。因此，这两条用例宜置于"乂"的义项③"安定"之中，并将释文调整为"治理得好，太平安定"。兹为本义项补上两条材料：《书·康王之诰》："则亦有熊罴之士，不二心之臣，保乂王家。""保乂王家"即保护、治理我们的国家。《书·召诰》："亦敢殄戮用乂民，若有功。""乂民"即管理百姓。

乃 ②竭，尽。《逸周书·祭公》："俾百僚乃心，率辅弼予一人。"朱右曾校释："乃心，犹言尽心。"《后汉书·袁安传论》："袁公、窦氏之间，乃情帝室，引义雅正，可谓王臣之烈。"李贤注："乃情，犹竭情也。"（56）

按，这一义项系抽取古注中的相关字眼组合而成。其实，两例的注者并未专就"乃"字为训，且注文用了"犹言"和"犹"，说明其解说之辞是“乃心”“乃情”在句中的特定含义。“乃心”出自《书·康王之诰》：“虽尔身在外，乃心罔不在王室。”这是周康王夸赞众诸侯之言。孔传：“言虽汝身在外之为诸侯，汝心常当忠笃，无不在王室。”可知“乃心”本指汝心，即你们（诸侯）的心，“乃”是人称代词。由于“乃心”与“罔不在王室”连言，更由于《书》此言的影响甚大，后人遂用“割裂”的修辞手法，截取“乃心”或“乃心王室”表示忠诚于王室（朝廷）。“乃情”则为“乃心”的仿作。可见，朱右曾、李贤注为“尽心”“竭情”，乃是据文合释原词的大意，注中的“尽”“竭”当为特殊组合“乃心（情）”在特定语境中临时产生且共同蕴含的意义，不能认为“乃”字单独具有此义，而将其拆开来分别作解。这正如对“而立”“不惑”“友于”等词不能简单从字面解读，进而确定其单字含义一样。总之，引例中的两个“乃”都是第二人称代词，所以这一义项不能成立。

厎 ③致。《玉篇·厂部》：“厎，致也。”《书·皋陶谟》：“朕言惠，可厎行。”孔传：“其所陈九德以下之言，顺于古道，可致行。”《孟子·离娄上》：“舜尽事亲之道而瞽瞍厎豫，瞽瞍厎豫而天下化。”赵岐注：“厎，致也。”（80）

按，义项释文的“致”字，系直接取自古辞书和古注。然“致”字古今意义都较繁，该取其何义使人茫然；就据注文解读例句而言，亦觉意思不够明白。试做分析并予以调整。引例一，孔传以“可致行”解读“可厎行”，其意当为可以得到实行。引例二，“瞽瞍”是舜的父亲，“豫”即快乐。“厎豫”犹言得到快乐。全句意为：舜竭尽全力侍奉父母，因而其父瞽瞍得到了快乐、幸福。据此，义项释文应调整为“达到；得到”。

並 ③合并。《楚辞·东方朔〈七谏·自悲〉》：“冰炭不可以相並兮。”王逸注：“並，并也。”（123）

按，将“冰”和“炭”两种根本不相容的物质置于一起释为“合并”，并设为义项，是比较牵强的。编者这样处理，是对王逸的注文在理解上有偏差。据例考察，“並”之义应为“靠在一起，挨在一块”。而“并”有多义，王逸用作注文，当取其“并列，在一起”之义。因此，将此条合并到义项①“并排；挨着”之中较为合理。

与 （三）yù ④寄。《礼记·射义》：“与为人后者，不入，其余皆入。”郑玄注：“与，犹寄也。”（130）

按，考之引例及义项释文，似不清楚“与”究为何义。引例所载，乃关于射礼之事。“孔子射于矍相之圃，盖观者如堵墙。射至于司马，使子路执弓矢出延射，曰：‘贲军之将，亡国之大夫，与为人后者，不入，其余皆入。’”郑玄注：“与，犹奇也。后人者，一人而已。既有为者，而往奇之，是贪财也。”孔颖达疏：“‘与为人后者’，‘与，犹奇也’，谓人有无后，既立后讫，此人复往奇之，是贪其财也。”郑注及孔疏均用“奇”释“与”，《汉语大字典》引作“寄”，失之。揆之文意，“与为人后者”同“贲军之将”“亡国之大夫”，都是孔子认为不配与子路同场比射的人。将“与”释作“寄”，擅改了原注文字，且意义不明。余谓注中的“奇”通“倚”，是“依靠、投靠”的意思。“与为人后者”意即投靠别人作其后嗣者。“奇”通“倚”，古籍有例可证。《周礼·春官·大祝》：“七曰奇拜。”郑玄注引杜子春云：“奇读曰倚。倚拜，谓持节、持戟拜，身倚之以拜。”《史记·外戚世家》：“（臧儿）因欲奇两女，乃夺金氏。”《汉书·外戚传上·孝景王皇后传》作“欲倚两女”。依“倚”同“与”的常义“参与，加入”有关联：倚身投靠别人，也就意味着加入其中。此条不当设立义项，应去之。

以 ⑤为（wèi），为了。《左传·定公十年》：“所以事君，封疆社稷是以。”杜预注：“以，犹为也。”（137）

按，例中两个“以”字，惜未标注哪个有“为，为了”之义，是为小疵。据文意，当是后者。另外，此条“为”是去声，按编纂条例，就应归入介词而不应列于此。编者这样处理，可能是对“封疆社稷是以”这类句式及杜预注的理解不到位。“封疆社稷”是宾语前置；“是”为代词，复指前置的宾语；“以”是介词，表“为了”之义。先秦正处于动词向介词转化的时期，一些介词还兼有动词词性，因而介词宾语与动词宾语前置的语法条件基本相同。以《左传》为例。《僖公四年》：“岂不谷是为？先君之好是继。”《昭公元年》：“迁实沈于大夏，主参。唐人是因，以服事夏、商。”《昭公十三年》：“鲁朝夕伐我，几亡矣。我之不共，鲁故之以。”《襄公二十八年》：“我楚国之为，岂为一人？行也！”《昭公十五年》：“彝器之来，嘉功之由，非由丧也。”以上例中，介词“为”“因”“以”“由”的宾语均用代词“之”“是”复指而前置。总之，此条应归到义项⑮“介词”之下。

以 ⑪可以；能够。《诗·齐风·猗嗟》：“四矢反兮，以御乱兮。”郑玄笺：“必四矢者，象其能御四方之乱也。”《孟子·滕文公下》：“大则以王，小则以霸。”《韩非子·扬权》：“以赏者赏，以刑者刑。”（137）

按，这条释义盖主要参考了郑玄的笺注。然郑笺侧重串讲诗句大意，笺中虽有“能”字置于“御”前，但不宜简单认定就是对“以”的解释。“四矢反兮”，意即把四支箭收回来；“以御乱兮”是言“四矢”的用途及可能性，即这些箭矢能用来防御暴乱。郑笺用一“能”字，指明了诗作者对箭矢作用威力的肯定；助动词“能”是注者据文意添加的，并非“以”的替代词。按古汉语语法规则，例中的“以”应是介词，相当于“用”，其后的代词宾语“之”即“四矢”承前省略。其余两例亦类似。《孟子》例中“大则以王，小则以霸”，紧承前面“今一见之”的假设，表示预期可能出现的情况；因而句中自然隐含着“可以；能够”的语意。“以”是介词，“凭借”之义，宾语“见之”省略。《韩非子》例中的“以”亦是介词，而非助动词，表“根据，按照”之义，宾语“规定”省略。两句指按照规定，该奖赏的就奖赏，该惩治的就惩治。综上，这一义项不能成立。

休 ⑩养。《礼记·玉藻》：“盛气颠实扬休。”孔颖达疏：“休，养也。言军士宜怒其气，塞满身中，使气息出外，咆勃如盛阳之气生养万物也。”（150）

按，引例下郑玄注曰：“颠读为阗，扬读为阳，声之误也。盛身中之气，使之阗满其息，若阳气之躰物也。”郑玄以“躰”释“休”，令人不知所云。孔颖达据以阐释为“生养万物”，把“休”解作“养、生养”，亦有随文发挥之嫌。编者径依孤例及孔疏设置义项，故不可取。这段文字讲君子的“戎容”，即在军中的仪容举止等。其要求是：“立容辨卑，毋谄，头颈必中。山立，时行，盛气颠实，扬休玉色。”句中的“盛气”当指军人的浩然之气；“颠实”即填实，充满胸中。郑、孔都将“扬休”的“扬”视同名词“阳”，释为“阳气”或“盛阳之气”，依据不足；且将军人的“盛阳之气”与“生养万物”附会在一起，亦比较牵强。朱彬《礼记训纂》引江永曰：“谓气充实于体，扬其休美于外，如云‘充实而有光辉。’”此说按两词的常义作解，视“扬”为动词，释“休”为“休美”，比较平实稳妥。正因为“扬其休美于外”，脸色才会如同玉色一般稳定不变。江永释“休”为“休美”之说当取。

依 ⑧保。《逸周书·程典》：“习其武诫，依其山川；通其舟车，利其守务。”朱右曾校释：“依，保也。”（187）

按，朱右曾注为“依”设“保”义，似与“依”的他义有隔。朱右曾的解释其来有自。《楚辞·七谏·怨世》：“皇天既不纯命兮，余生终无所依。”王逸注：“依，保也。”细绎之，王逸释“依”为“保”，是据上下文文意在“依”的“依托”义上延伸出来的。此句言自己一生终无所依而得保全。引例与之类似。朱右曾释“依”为“保”，盖参考了王注，此“保”亦非仅指“保住，保全”，而是兼指“保全”这一结果及产生的两方面的内容；“依其山川”含有依托山川而获得保全的意思。因此，此条可归到“依”的义项②“依托；依靠”中。

假 ⑬滥。《后汉书·窦融传》：“至臣之身，复备列位，假历将帅，守持一隅。”李贤注：“假，犹滥也。”（235）

按，李贤释“假”为单音节词“滥”，其义不够明确。编者移植用作义项，同样使人昏昏。例中“复备列位，假历将帅”系自谦、自抑的说法。“历”是“历任，担任过”之义；“历将帅”之前加“假”字，含有临时替代承担重任，或者不够条件暂且充数的意味。因此，此条宜并入义项⑫“假借；冒充”之中。冒充不就意味着滥竽充数吗？

备 ⑮调度。《汉书·终军传》：“今鲁国之鼓，当先具其备。”颜师古

注：“备者，犹今言调度。”（239）

按，“调”音“tiáo”。引例所载，系终军（人名）奉诏审讯博士徐偃之言。终军指出徐偃的罪证之一为：“偃矫制而鼓铸者，欲及春耕种赡民器也。今鲁国之鼓，当先具其备，至秋乃能举火。”意思是，徐偃矫制鼓铸盐、铁（煮盐、冶铁）的理由是春耕急需农具；但在鲁国鼓铸，则应事先全面做好鼓铸的准备工作，到秋天才能举火冶炼锻造。这样，徐偃救春耕之急的借口就不攻自破了。颜师古用“调度”释“备”，旨在说明“鼓铸”的前期准备主要是做好调度。鼓铸是工序复杂的工作，需要事先妥善安排方方面面的事宜，故例中用一“先”字。由此看来，“调度”当为“备”的“准备”义在特定语境中的具体内容，故此条应并入“备”的义项②“预备；准备”之中。

储 ③等待。《文选·张衡〈东京赋〉》：“并夹既设，储乎广庭。”李善注：“储，待也。谓张设大庭，以待天子也。”（276）

按，此条李善注之文本是：“储，待也。广，大也。谓张设于大庭，以待天子也。”对照原注，引文漏失 4 个字，应予补上。例中的“并夹”，是射箭时夹取箭矢的工具。揆之文意，“储乎广庭”的主语没有转换，仍为前句之“并夹”。然据李善（一说为薛综）的“储”义为“待”，以及“以待天子”之说，“储乎广庭”则成了百官们的行为。这样理解，似与原文本意相违。例中之“储”乃用其常义“准备”。两句意为并夹已经摆好，在大庭上准备就绪。当然，设“并夹”的行为主体是百官，是他们做好准备工作，等待着天子与诸侯前来“合射辟雍”（举行射礼）之时取用。但是，百官在句中并未出现；从词义训释角度看，将百官们的心理期盼即“等待”义移植到“储”字上，恐为瑕疵。

京 ③高大。《尔雅·释诂上》：“京，大也。”《方言》卷一：“京，大也。”《左传·庄公二十二年》：“八世之后，莫之与京。”杜预注：“京，大也。”《文选·张衡〈西京赋〉》：“燎京薪，骇雷鼓。”李善注引薛综曰：“积高为京。”（313）

按，古辞书及杜预注均释“京”为“大”，义较笼统，不便确定。引例之一，是陈国大夫懿氏之妻为其女婿占卜之辞。孔颖达疏：“莫之与京，谓无与之比大，言其位最高也。”“莫之与京”是宾语前置句，“京”乃形容词用作动词，比强大、争高下的意思，义较抽象；义项释文“高大”则是形容词，侧重于形容视觉形象方面。可见，例中“京”与释文的词性、意义均不相侔。兹为其补充几条“京”表“高，高大”的材料。《战国策·楚策四》：“异日者，更嬴与魏王处京台之下，仰见飞鸟。”鲍彪注：“京，高也。”“京台”即高大的坛台。《吕氏春秋·禁塞》：“故暴骸骨无量数，为京丘若山陵。” “京丘”为封土而成的高大坟冢。如是，应为“京”另立“大，强盛”义项，将《左传》之例置于其下。

分 （二）fèn ⑫部曲，队伍。《礼记·乐记》：“分夹而进，事蚤济也。”郑玄注：“分，犹部曲也。”孔颖达疏：“分，谓部分。”（353）

按，此义项系据郑玄注、孔颖达疏设立，似有未安。引例是孔子解释何为“武舞”之言。郑玄注的全文是：“分，犹部曲也；事，犹为也；济，成也。舞者各有部曲之列，又夹振之者，象用兵，务于早成也。”孔颖达疏全文为：“分，谓部分；夹，谓振铎夹之。言舞者各有部分，振铎夹之而进也。事，为也，象武王伐纣，为蚤济成也。象为事之蚤成，故前进也。”据此，这两句意为表演者按照队列摇金铎向前行进，象征着战事早获成功。例中的“分”指代舞者的队列，因每队都代表着某一部分，故谓。从语法上分析，“分”是名词作状语，“按部分”的意思。郑注“部曲”，是“分”在句中所指的具体对象；孔疏“部分”，则是说明舞者分部排列。两种解释角度不同而实则相通。明乎此，宜将此条并入义项①“所分之物，整体中的一部分”中。

反 ⑧报复。《左传·昭公二十年》：“（伍）员入吴，言伐楚之利于州于。公子光曰：‘是宗为戮，而欲反其雠，不可从也。’”杜预注：“反，复也。”（426）

按，此条义项拘泥于古注而设置，可商。诚然，古代注家常有以“复”或“报”来解释“反”者。不过，这些单音节的“复”“报”所含意义比较宽泛，不限“报复”一端。如《书·吕刑》：“五过之疵：惟官，惟反，惟内，惟货，惟来。”蔡沈集传：“反，报德怨也。”可见，“反”所回报者既含恩德，又有怨仇。“反”的义项⑥为“复，回报”，其义除了表返回报告之外，也理应涵盖了报恩和报仇两方面的内容。此条引例中的“反”释为“报复”无可厚非，但仅据此例及杜预注设作义项是不妥的。因此，此条应并入义项⑥中。

幸 ⑧哀怜；同情。《吕氏春秋·至忠》：“王必幸臣与臣之母，愿先生之勿患也。”高诱注：“幸，哀也。”（466）

按，这条义项设置欠妥当。例句是齐太子对文挚的恳请、承诺之言。齐王患头痛病，派人到宋国请名医文挚医治。文挚以医好齐王的病后，会被齐王杀死为由予以拒绝。于是，“太子顿首强请曰：‘苟已王之疾，臣与臣之母以死争之于王，王必幸臣与臣之母，愿先生之勿患也。’”按照常理，齐太子及其母亲不会是齐王哀怜、同情的对象。太子在这里要表明的是，凭着自己和母亲的特殊身份，“以死争之于王”，可以保证文挚的生命安全，所以，恳请文挚放心为父王治病。编者释“幸”为“哀怜；同情”，是误将高注的“哀”按今义理解了。句中的“幸”当是“宠爱；宠幸”之义。这句话是说，齐王一定是宠爱我和母亲的，会听取我们的意见。高诱释“幸”为“哀”不误。“哀”与“爱”音近而义通，其在古代的常义之一就是“爱”。《释名·释言语》：“哀，爱也。”《诗大序》：“哀窈窕。”王先谦《三家诗义集疏》：“‘哀’之为言‘爱’，思之甚也。”高诱注中也有以“爱”训“哀”者。例如，《吕氏春秋·报更》：“人主胡可以不务哀士？”高诱注：“哀，爱也。”《淮南子·说林》：“各哀其所生。”高诱注：“哀，犹爱也。”因此，此条应并入义项⑥“偏爱；宠爱”之中。

域 ⑤住所，住处。《史记·礼书》：“人域是域，士君子也。”司马贞索隐：“域，居也。”又指存在。《公孙龙子·坚白论》：“坚白域于石，恶乎离。”（484）

按，编者在引例一的后一“域”字下加了点，看来认定司马贞所释为后者。然其释文“居”究竟是动词“居处，居住”，还是如义项释文为名词义？司马贞索隐的全文是：“域，居也。言君子之行，非人居亦弗居也。”所谓“非人居亦弗居”是从反面说的，从正面讲就是“人居亦居”了。可知“人域”就是“人居”，即常人居住之地；“弗居”的“居”则为居住，动词，是对后一“域”的解读。又，引例一的下文是：“外是，民也。”司马贞索隐：“外谓人域之外，非人所居之地。”此“人所居之地”之言，亦可佐证他是将“人域”的“域”视为了名词。总之，“人域是域”的前一“域”为名词，“是”为代词，后一“域”就应是动词。全句谓常人所居之地，这样的地方就居住。将后一“域”视为名词，或为误解了司马贞之意。此“域”应为动词，是其常义即义项③“范围，境界”的活用，即居住在一定的范围里。至于引例二《公孙龙子》中的“域”，也是“范围”的活用，义为“寄附在……之中”。总之，此条不宜单立，可以“又项”的方式处理。

封 ⑮填墓穴；埋葬。《小尔雅·广名》：“填窾谓之封。”《左传·文公三年》：“（秦伯）遂自茅津济，封殽尸而还。”杜预注：“封，埋葬之。”（548）

按，引例下杜预注本为“埋藏之”而非“埋葬之”，当正之。例句《左传》所记之事，又见《史记·秦本纪》。据载，秦军曾在殽地与晋军交战，大败，“无一人得脱者”。三年后，秦穆公为报其仇，“渡河焚船，大败晋人……于是缪公乃自茅津渡河，封殽中尸，为发丧，哭之三日”。裴骃集解引贾逵曰：“封，识之。”识，在掩埋处做标记，即垒坟堆。张守节正义引杜预曰：“封，埋藏也。”由此可知，《左传》的“封殽尸”就是掩埋三年前战死者的遗体。而堆土为坟作为标识，自然是掩埋死者应当做的事情。杜预和贾逵的解释是相通的。《小尔雅》的“填窾”亦即填墓穴，掩埋死者。可见，据杜注而设此条没有必要，当并入义项⑧“聚土为坟”中，再将释文调整为“埋葬；聚土为坟”。

封 ㉗富厚。《字汇·寸部》：“封，厚也。”《国语·楚语上》：“是聚民利以自封而瘠民也。”韦昭注：“封，厚也。”三国魏李康《运命论》：“封己养高，势动人主。”严复《原强》：“此其人……仰机射利役物自封而已。”（548）

按，义项“富厚”为形容词，而引例一中的“封”及韦昭注与其并不相合。引例一中的“封”义为“增多”，动词；“自封”即“增多自己的财富”的意思，韦昭注为“厚”，乃取其“增厚，加多”之义。韦昭在《国语》注中，常以“厚”释动词“封”，义与此同。如《国语·晋语八》：“引党以封己。”《国语·楚语下》：“是勤民以自封也。”这两例，韦昭均以“封，厚也”释之。此外，引例二中的“封己养高”，韦昭注亦曰：“封，厚也。”据上分析，“封”的此条释义应改为动词“增多；增加”。此义盖由其“培土植树”之义引申而来。

寻 ⑤用。《小尔雅·广诂》：“寻，用也。”《左传·僖公五年》：“三年将寻师焉。”杜预注：“寻，用也。”晋陆机《五等论》：“寻斧始于所庇。”徐珂《清稗类钞·鉴赏类》：“日寻干戈，惟以侵宋为事。”(553)

按，“寻”的此义比较冷僻，编者据《小尔雅》及杜预注，取多义多用的单音节词“用”作释文，其义比较宽泛，不便确定。试做分析以明之。引例一连同上下文为：“君其修德而固宗子，何城如之？三年将寻师焉，焉用慎？”“三年将寻师焉”，意即三年后将动用军队。兹为此义补上一例。《左传·庄公二十八年》：“今令尹不寻诸仇雠，而于未亡人之侧，不亦异乎？”“不寻诸仇雠”即不在仇敌面前跳武舞。引例二的“寻斧”句，意即使用斧头从自己庇身的树木开始。引例三的“日寻干戈”句，指每天都使用武器。综上，释文可调整为“使用，动用”。

失 ④不满足，未能达到（欲望）。《孝经·孝治》：“治家者不敢失于臣妾，而况于妻子乎？”邢昺疏：“失，谓不得其意。”《世说新语·雅量》：“王（恭）看竟，既不哭，亦不言好恶，但以如意帖之而已。殷（仲堪）怅然自失。”《聊斋志异·于去恶》：“适闻大巡环张桓侯将至，恐失志者之造言也。”(568)

按，引例一下的邢昺疏本为邢昺引刘炫之说。刘炫所释“不得其意”，系“失”的常义“错失，犯错误”。从字面分析，“不敢失于臣妾”即不敢在臣妾面前出错；而其出错的具体内容则是不关注臣妾，不能满足他们提出的合理要求。词的这种具体所指义不宜用来建项释义。余下两例，盖为组合此义项而拼凑出的内容，同样经不起推敲。引例二中的“怅然自失”，意即迷惘恍惚，好像丢失了什么（主意），显然，不能以“自己不满意”之类解之。引例三中的“失志者”就是不得志之人，“失”是“迷失、丢失”之义。总之，此条不当立，其所属例句可分置于相应义项中。

夸 （一）kuā ①奢侈。《说文·大部》：“夸，奢也。”《广雅·释诂一》：“夸，淫也。”王念孙疏证：“夸训为淫，与下淫、窕、劮、婸同义，皆谓淫泆无度也。夸、淫皆过度之义。”《荀子·仲尼》：“贵而不为夸，信而不处谦。”杨倞注：“夸，奢侈也。”《文选·左思〈吴都赋〉》：“横塘查下，邑屋隆夸；长干延属，飞甍舛互。”张铣注：“隆，盛也；夸，奢也。言此中之人竞为奢盛。”唐柳宗元《天对》：“幽祸挐以夸，憚褒以渔。”……（569）

按，此条所引用的资料来源较多，而其释义则主要参考杨倞的注释。“奢侈”一词，今义为“花费钱财过多，享受过分”（见《现代汉语词典》），这一解释侧重于指钱财、物质享受方面。杨倞释引例一中的“夸”为“奢侈”，指过度浪费钱财，与今义相同，甚确。然检验余例中的“夸”，“奢侈”的意义范围则嫌偏窄，无以统领、概括。王念孙疏证“夸、淫皆过度之义”之说值得注意。“夸”释为“淫、奢”，其意义核心是“过度”，不只局限于钱财、物质方面。如引例二《文选》的“邑屋隆夸”句，是描写吴都房屋的外形特征：“隆”形容其气势宏大，“夸”即“奢”，言其过度豪华、奢华。引例三《天对》例中的“幽祸挐以夸”句，“幽”指周幽王。据史书记载，周幽王被杀，其主要原因是迷恋褒姒，纵情声色，而不是挥霍钱财、物质。因此，这个“夸”指的是过分淫逸，贪恋女色。总之，用今义“奢侈”是不能涵括这两例“夸”具有的意义要素的。综合以上材料，义项释文调整为“过度，过分”较宜。“夸”的常义“虚夸”“夸张”等，都紧承这一义项引申而来。

夷 ⑪经常。常法；常道。《诗·大雅·瞻卬》：“蟊贼蟊疾，靡有夷届。”毛传：“夷，常也。”郑玄笺：“天下骚扰……于民如蟊贼之害禾稼然，为之无常，亦无止息。”《史记·宋微子世家》：“王极之传言，是夷是

训，于帝其顺。"《逸周书·武穆》："昭天之道，熙帝之载，揆民之任，夷德之用。"孔晁注："夷，常。"（571）

按，此条义项存在一些不足。"经常"是形容词、副词，而"常法；常道"则是名词，因而不能杂糅在同一释文中。再看例句。引例一"靡有夷届"的"夷"与"届"分别作"有"的宾语。"夷"为"常"，指常规、常道；"届"为止息。孔颖达疏："无有常，又无有已止时也。""靡有夷届"即不遵常规、没有止息的意思。引例二，"传（傳）言"当为"傅言"，引文盖形近而误；"傅"通"敷"，陈述之义。裴骃集解引马融曰："王者当尽极行之，使臣下布陈其言。"是其证。"是夷是训"的"是"指君王法则，系代词作宾语前置；"是夷"即"夷是"，常行这些法则；"是训"即"训是"，（向民众）训导这些法则。引例三，"夷德之用"前3个短句都是动宾短语，则其结构亦当同。孔晁注"夷"为"常"，其义当为"常思、常行"。据上分析，此条可分为名、动两项：1. 常规；常理。引例一当置于其下。兹为其补上一例，《大戴礼记·文王官人》："故事阻者不夷，畸鬼者不仁，面誉者不忠。""夷"活用作动词，"不夷"即不合常规。2. 常行，常思。引例二、引例三则可置于其下。

奓 ①同"侈"。奢侈，过分。《篇海类编·通用类·大部》："奓，又昌里切，音齿。亦奢也，泰也，大也。"《文选·张衡〈西京赋〉》："有冯虚公子者，心奓体忲，雅好博古。"李善注："《声类》曰：奓，'侈'字也。"又《文选·鲍照〈芜城赋〉》："故能奓秦法，佚周令，划崇墉，刳浚洫，图修世以休命。"刘良注："言奢侈过于周秦之法令，乃开崇城，凿深沟，以谋长世之美命也。"唐卢照邻《五悲文·悲才难》："何器用之乖剌兮，悼斯人之勤奓。"（583）

按，此义项主要据古注而立，内容杂乱失宜。首先，"奢侈，过分"义差较大，不宜置于同条义项中。其次，义项释文与例中词的意义、词性不协适。引例一中"心奓体忲"的"奓"，李善注为"侈"，其义欠明；且"心"与"奢侈，过分"搭配欠当。薛综注："奓、忲，言公子生于贵戚，心志奓溢、体安骄泰也。""奓溢"即骄恣放纵。薛注为长，当取之。

引例二下刘良“言奢侈过于周秦之法令”之释恐有偏误。引例二中的“佚”是越过、超过义；“奓”与“佚”对举而义同，不宜释作“奢侈”。揆之句意，吴王刘濞“奓秦法，佚周令”修筑广陵城，“划崇墉，刳浚洫”，即修建高大的城墙，开凿很深的护城河，属于超越周秦以来朝廷法令规定的僭越行为。引例三中“勤奓”的“奓”即超常，言劳累辛苦超过常人。因此，此条应分设两个义项：1. 骄纵；夸诞。将《篇海类编》及例一置于其下。再补上二例：汉陈琳《为曹洪与魏文帝书》：“前初破贼，情奓意奢，说事颇过其实。”《新唐书·陆贽传》：“奓言无验不必用，质言当理不必违。”2. 超越；超过。引例二、引例三可置其下。

奓　（二）chǐ ②丰。《文选·潘岳〈射雉赋〉》：“厉耿介之专心兮，奓雄艳之姱姿。”李善注引徐爰曰：“奓，丰也。”（583）

按，此条的设立取自徐爰注，其义今不常见。两句诗乃描写雉鸟的雄姿。徐爰注的全文是：“厉，严整也。耿介，专一也。奓，丰也。姱，好也。美色曰艳，言雉严整其不群之性，奋扬其雄艳之貌……”徐爰何以既释“奓”为“丰”，又视其为谓语动词“奋扬”，并将该句解作“奋扬其雄艳之貌”？这是由于诠释角度的不同。“丰”言雉鸟内在气质充溢丰满、超越群伦，“奋扬”则是这种气质在外表上的动态展示，两者是相通的。因此，不宜为“丰”立此义项，此例可置于前一条目拟定的“2. 超越，超过”义项下。

奋　④震动。《广雅·释诂一》：“奋，动也。”《易·豫》：“雷出地奋，豫。”孔颖达疏：“雷是阳气之声，奋是震动之状。”《淮南子·览冥》：“人羸车罷，泥涂至膝，相携于道，奋首于路。”高诱注：“奋首，民疲于役，顿仆于路，仅能摇头耳，言疲困也。”（594）

按，将引例二《淮南子》中的“奋”作为“震动”的释义依据，恐与高注原意不合。“震动”侧重于颤动、颤抖，或指心情不平静。例句乃描写战争中被迫充当仆役、运送粮草的马夫们困顿不堪之状：路上泥泞至膝，要靠牵拉搀扶才能行进；有的累倒在路上无力呼救，只能拼命地摆动脑袋。引例的下句为“身枕格而死”，即身子枕躺在车前横木上死去，则又更甚于前者。从叙事顺序看，役夫“奋首于路”与“身枕格而死”有程度轻重之别。高诱以“摇头”释“奋首”，甚是。这个“奋”应是“摇动，摆动”，而不是“震动”。因此，此例当移至义项⑥“举起，摇动”之下。

口 ③亲口（吃或说）；口头的（区别于书面的）。《诗·大雅·生民》：“克岐克嶷，以就口食。”郑玄笺：“能匍匐则岐岐然意有所知也，其貌嶷嶷然有所识别也，以此至于能就众人口自食，谓六七岁时。”《汉书·张汤传附张延寿》：“又因弟阳都侯彭祖口陈至诚。”《儒林外史》第五十一回：“凤四老爹只是笑，并无一句口供。”(613)

按，引例一下的郑玄笺侧重于串讲诗句大意，而从注中“就众人口自食”看，他认为“口”指众人之口，作“就”即趋近的宾语。如是，则与义项释文“亲口”“口头的”义有不合，用作释义依据显然不宜。朱熹《诗集传》：“就，向也。口食，自能食也。”朱熹用“自能食”合释“口食”，将“口”义包含其中，主语是后稷。后稷自己能吃东西，就意味着可用口进食。朱熹之说较郑笺为长，更符合诗句原意，当取而代之。此例的“口”同后两例的“口”一样，都是名词用作状语，表动作行为的方式。又，义项释文附加括注，显得冗长，恐属多余；衡之几条例证，可以简化为“亲口，用口”。

古 ③开始；开端。亦指祖先。《广雅·释诂一》：“古，始也。”《礼记·祭义》：“以事天地山川社稷先古。”郑玄注：“先古，先祖。”唐玄宗《答百寮请以八月五日为千秋节手诏》：“自我作古，举无越礼，朝野同欢，是为美事。”(614)

按，将“祖先”附于“开始；开端”义项中，意义杂糅，概括失宜。这或许是语料欠缺所致。其实，“古”的“祖先”义在古书中并不鲜见。如《礼记·祭义》：“教民反古复始。”孔颖达疏：“先古，谓先祖也。”《汉书》：“如使古人有知，当何面目复奉齐斋酬，见高祖之庙乎？”颜师古注：“古人谓先人。”引例一中的“先古”系同义连用，共表“祖先”，又可作“古先”。《汉书·王莽传下》：“江中刘信，执敌报怨，复续古先，四年当发军。”宋陈亮《祭楼德润母夫人文》：“惟灵守寡之操，有以参列妇于古先；抚孤之仁，有以见夫子于地下。”据此，可为“古”单立“祖先”的义项。

至于“开始；开端”义项，亦可成立。惜资料偏少，兹为其补上两例。《诗·商颂·玄鸟》：“古帝命武汤，正域彼四方。”马瑞辰《毛诗传笺通释》：“古，始也。”古帝，指天帝或商朝创始之帝。“古始”亦可同义连用。《周书·文帝纪下》：“性好朴素，不尚虚饰，恒以反风俗，复古始为心。”

合 ⑨匹配；配偶。《尔雅·释诂上》：“仇、偶、妃、匹、会，合也。”郭璞注：“皆谓对合也。”《诗·大雅·大明》：“文王初载，天作之合。”毛传：“合，配也。”《楚辞·天问》：“女岐无合，夫焉取九子。”（629）

按，释文由一动一名两条词语互补组成，义不协适。编者这样处理，盖因引例一中，毛传以单音节的“配”字为释，“配”又兼具动、名两类词性而不易分辨所致。据《尔雅》郭璞注，“对合”无疑是动词。引例一中的“天作之合”即老天所做的匹配安排。“合”即匹配。引例二中的“女岐无合”两句，是言女岐神没有与异性交合，哪会得到九子？此“合”义即交合。再为“合”的此义补上一例，《荀子·富国》：“男女之合，夫妇之分。”杨倞注：“合，配也。”因此，释文的名词“配偶”当删，可调整为“匹配；交合”。

名 ⑦大。《广韵·清韵》：“名，大也。”《书·武成》：“告于皇天后土，所过名山大川。”孔颖达疏：“山川大乃有名，名、大，互言之耳。”《礼记·礼器》：“因名山升于中天。”（631）

按，引例一孔颖达疏言“山川大乃有名”，是用“推因”的方式，说明“名山”的形成之由，即“大”乃称为“名”的缘由。例中用“名”不作“大”，盖为避复而“互言”之，“名”的字义仍然是有名的、出名的，故不应立此义项。况且，义项⑥“出名的，有名声的”之下援引了《庄子·天下》例：“名山（川）三百，支川三千，小者无数。”将同样的

“名山”分置于不同的义项下，就更不可思议了。此条应并入义项⑥中。

告 ④古时休假叫告。《汉书·高帝纪上》：“高祖尝告归之田。”颜师古注：“告者，请谒之言，谓请休耳。”宋苏轼《乞郡劄子》：“遣使存问，赐告养疾。”《红楼梦》第九十二回：“我今日已经在学房里告了假了。”……（638）

按，据引例一下颜师古注，“告”是“请休”，义为告请休假，即告假。颜注不误。而释文“休假”则未能将“告请”义涵括在内，是为小疵。引例三“告了假了”，其“告”的“请（假）”义甚明。古书中，“告”的这两种用法都不鲜见。《集韵·沃韵》：“告，吏休假也。”《后汉书·刘赵淳于江刘周赵列传》：“有诏赐告归。”李贤注：“告，请假也。”《史记·汲郑列传》：“（黯）最后病，庄助为请告。”请告，请求休假。《汉书·元帝纪》：“吏、从官县被害者与告，士卒遣归。”颜师古注引臣瓒曰：“告，休假也。”综上，释文宜调整为“请假；休假”。

善 ⑭大。《易·系辞上》：“探赜索隐，钩深致远，以定天下之吉凶，成天下之亹亹者，莫善于蓍龟。”陆德明释文：“（莫善）本亦作莫大。”《诗·大雅·桑柔》：“凉曰不可，覆背善詈。”郑玄笺：“善，犹大也。”（712）

按，这条释文是据异文及郑玄笺设置的。然用单音节词“大”作释文，其义则失之宽泛，此其一。再看用例。引例一，据陆德明言，“善”原本作“大”，后人写为“善”，故“善”义同“大”。其实，“大”和“善”都有强、好，超过一般的意思。古书中，不乏与“莫善于蓍龟”结构相同的句式。如《左传·宣公二年》：“过而能改，善莫大焉”。《荀子·议兵》：“知莫大乎弃疑，行莫大乎无过，事莫大乎无悔。”这些“大”均可以“善、强、胜过”释之。引例二的“覆背善詈”，朱熹集传：“及其反背也，则又工为恶言以詈君子。”工，即擅长。郑笺作“大”，是谓骂詈的手段和程度非同寻常。郑、朱两家之说实有共通之处。如是，这两例的“善”均可涵括在义项⑤“擅长；会”之中，不必另立义项，因为“擅长”就意味着有特长，水平、能力等超出一般。

噭 (一) jiào ②哭声。《公羊传·昭公二十五年》:“昭公于是噭然而哭。诸大夫皆哭。”何休注:“噭然,哭声貌。”(746)

按,此条释文与取用的古注不协调。引例中,何休所注的是“噭然”而不是“噭”字。单就“噭”字而言,是动词,“呼喊”之义,加上词尾“然”后,形容发出叫喊的样子,修饰“哭”;“噭然而哭”犹言一边喊叫一边哭泣。又,此项仅有一例,不当立,可用义项①“同‘叫’,呼喊;鸣叫”涵括之。

囊 ③敛藏。《管子·任法》:“皆囊于法以事其主。”尹知章注:“囊者,所以敛藏也。”(762)

按,释文“敛藏”是动词,而所引尹知章注“所以敛藏”为“所”字结构,则具名词性,即用来敛藏东西之物。可见,尹注与释文的词性、意义不合。例中的“囊”,前有副词“皆”修饰,后有介词结构“于法”,无疑是动词。查尹注原文为:“囊者,所以敛藏也。谓人皆敛藏过行,以顺于法,上事其主。”原来,“所以敛藏”旨在说明“囊”的本义,而“敛藏过行”才是对“囊”在句中之义所做的解释,具有动词性。“皆囊于法”即全都囊括在法律范围里。可见,编者错引了尹注。这一用法可视为义项②“用囊盛物”义的扩大,当并入其中。义项②下最早用例为唐代李贺诗,偏晚,此例正可补其不足。不过,《管子》一般被视为汉代文献,还可补上更早的用例。如《韩非子·外储说右下》:“引其纲,而鱼已囊矣。”

峻 ④大。《集韵·稕韵》:“峻,大也。”《礼记·大学》:“克明峻德。”郑玄注:“峻,大也。”(802)

按,此条照搬单音节古注立项,释义欠妥。引例的原文是:“《帝典》曰:‘克明峻德’,皆自明也。”意即能够彰明伟大的品德。因此,句中的“大”当是“高大、伟大”之义。此条宜并入义项①“高”之中。其实,“高”和“大”联系紧密,义项①下的引例中,也不乏“峻”可释为“高大”之例。再如《礼记》:“峻极于天。”郑玄注:“峻,高大也。”《文选·班固〈西都赋〉》:“临峻路而启扉。”李善注引孔安国曰:“峻,高大也。”为此,可将合并后的释文调整为“大,高大”。

崇 ⑦重叠。《尔雅·释诂下》："崇，重也。"《玉篇·山部》："崇，重也，众也。"《书·盘庚中》："高后丕乃崇降罪疾。"孔传："崇，重也。"汉潘元茂《册魏公九锡文一首》："乌丸三种，崇乱二世，袁尚因之，逼据塞北。"李善注引孔安国曰："崇，重也。"《新唐书·突厥传上》："或一日再赐，一月累封，凯还未歌，书品已崇。"（809）

按，此条所引辞书及古注都用单音节且多义多用的"重"字释"崇"，其义较难确定。编者将"重"转换为"重叠"作义项释文，尚未合理涵括所引书证材料中的"崇"义。原因在于对古注及典籍原文的理解存在偏差。"重叠"指相同的东西一层层堆叠。再看引例中的"崇"义。引例三《新唐书》中的"书品已崇"，言嘉奖的文书已经重叠堆着，其"崇"义与义项释文甚洽。然前两例的"崇"则当指动作行为反复出现："崇降"即多次降下，"崇乱"即反复作乱。如是，应将释文调整为互补式："重叠；重复。"

衍 ⑬山坡。《史记·封禅书》："文公梦黄蛇自天下属地，其口止于鄜衍。"裴骃集解引李奇曰："山阪曰衍。"（882）

按，此条释文与所引古注的释义相违。"山阪"即山坡，而"衍"本指平坦之地，怎么会成为山坡呢？可见，所引李奇注文证明不了字典释义。引例下还有司马贞索隐引李奇《三辅记》："三辅谓山阪间为衍也。"在"山阪"后多一"间"字，"衍"之所指则大异其趣矣。常识告诉我们，在山坡的中间，往往会形成低洼平坦的地势，这就是"衍"。"鄜衍"即鄜地的山间平坦处。注文当取这段文字为据。如是，此条不当立，应并入义项⑫"低而平坦之地"之中。

径 ⑧轻。《孔子家语·三恕》："君子之言志矣，刚折者不终，径易者则数伤。"王肃注："径，轻也。"（886）

按，引例下王肃注"径"为"轻"，而"轻"为单音节多义词，不知此处取"轻"之何义。《荀子·性恶》："少言则径而省，论（伦）而法。"杨倞注："径，易也。"可证"易"与"径"同义。所谓"径而省"犹言快易（直截了当）而简省。"易"字古有"捷速、快速"义。《左传·昭公二十九年》："又加范氏焉，易之亡也。"王引之《经义述闻》："易者，疾也，速也。"《史记·天官书》："易，福薄。"裴骃集解引徐广曰："易，犹轻速也。"《逸周书·王佩》："应事则易成。"俞樾按："易之言速也。"可知，此条引例的"径易"属同义连用，"义"即直接快易。该句意为，言说直接快易则会屡屡损害道义。由此而论，王肃注"轻"与"轻率"义有关。因为说话太快而考虑欠周，难免轻率随意。从这个意义上说，王肃之释有合理之处，只是于今而言，以单音节词所作之注，有义难确定之不足。编者或因对"径"与"易"的同义关系不明，误以为"径易"同今之"轻易"，遂照搬王注的"轻"字作为释文。总之，引例的"径"与义项⑪"径直；直截了当"有关，可视为其临时变体，归入其下。

御 ⑱待。《孔子家语·颜回》："人莫不知此道之美而莫之御也。"王肃注："御，犹待也。"（895）

按，释文"待"今义亦甚繁，且此条下仅有一例，不知究指何义。按常理惯例，王肃注的"待"字应取当时通行的意义，因而不必舍近求远。引例这句话是孔子代子路回答颜回之言，其前文为"颜回问子路曰：'力猛于德而得其死者，鲜矣，盍慎诸焉？'"颜回疑问，勇力强于德行的人往往少有正常死亡者，为什么他们不慎重善待生命呢？孔子回答："人莫不知此道之美而莫之御也，莫之为也。"其意思是，人们都懂得这个道理是好的，但没有人能在理智上阻止情绪的冲动，按照好的道理去做。例中的"御"当为"阻止、对付"的意思。古籍中，"待"与"御"在"抵御、阻止、对付"义上可互训。王肃以"待"释"御"，正取其义。例如《国语·楚语下》："子常为政，而无礼不顾甚于成、灵，其独何力以待之？"韦昭注："待，御也。""待之"即制止乱事。《国语·鲁语下》："说侮不懦，执政不贰，帅大仇以惮小国，其谁云待之？"韦昭注："以楚大仇，为鲁作难，其谁能待之？待，犹御也。"此"待之"即对付他们。《墨子·七患》："夫桀无待汤之备，故放；纣无待武之备，故杀。"《孟子·梁惠王》："待为御也。""待汤之备"即对付商汤的准备。综上可知，此条照搬王肃注建立的义项不能成立，当并入其"阻止；禁止"的义项中。

复 ⑥补偿。《礼记·曾子问》："除丧则不复昏礼乎?"郑玄注："复，犹偿也。"《汉书·陈汤传》："贰师将军李广利捐五万之师，靡亿万之费，经四年之劳，而仅获骏马三十匹，虽斩宛王毋鼓之首，犹不足以复费。"颜师古注："复，偿也。"（896）

按，此条的释义不确当。"补偿"一词，《现代汉语词典》释为："抵消（损失、消耗）；补足（缺欠、差额）。"由此看来，引例一中的"复"义与释义不合。例一是曾子询问孔子关于昏（婚）礼与丧礼发生冲突时，该如何处理好有关礼制规定的问题。引例的前文讲到，婚礼正进行时，男女双方家中出现丧事，须要参与丧礼而中止婚礼；这里接着询问："除丧"（到期除掉丧服）后，就不必将未完成的婚礼重复办一次吗？郑玄释"复"为"偿"，旨在说明重办婚礼，是对此前婚礼半途而废的补偿，属事后补救行为；因而例中的"复"乃其常义"重复；再来一次"。孔颖达疏所言甚明："复，是反复之义，故为偿也。"郑注的"犹偿也"之言，是对"复"的目的、功用的提示而非对"复"的词义进行的解释。引例二的"犹不足以复费"句，是言李广利小小的战绩，远不够回报其在人力、财物、时间上的巨大付出。因而这个"复"当是"回报"之义。可见，此例可与义项④"报答"合并，再将释文调整为"回报，报答"。

循 ③按次序。《玉篇·彳部》："循，次序也。"《庄子·天运》："四时迭起，万物循生。"成玄英疏："循，一切物类顺序而生。"（897）

按，此条释文与所引材料不相协适。释文"按次序"具有动词性。而《玉篇》释"循"为"次序"，"次序"在古代亦指事物的先后顺序，是名词。例如《荀子·礼论》："于是其中焉，方皇周挟，曲得其次序，是圣人也。"《史记·乐书》："其余大小相次，不失其次序。"可见释文与《玉篇》的解释词性不合。此条引例下成玄英用"顺序而生"解释"循生"，系随文作解，其"顺序"为动宾结构："顺"是"顺着"，"序"即"次序"。可见，成疏据文添加了内容"序"。实际上，"循"只有"顺着"义。例中，"四时迭起"即四季更替出现，"万物循生"与之对举，即"万物顺着（四季变化）而生长"。因此，此例应并入义项①"顺着；沿着”中。

彻 ⑪遵循。《尔雅·释训》：“不彻，不道也。”郭璞注：“彻，亦道也。”《诗·小雅·十月之交》：“天命不彻，我不敢效。”毛传：“彻，道也。”郑玄笺：“言王不循天之政教。”（907）

按，首先，此条引例中的内容不全。《诗·小雅·十月之交》共八段，且都是八句成段。引例为该诗末段。若以“我不敢效”为句，其后尚有“我友自逸”之言，该段就成了九句，显然与全篇格局不协。再从诗意看，割断“我友自逸”，“我不敢效”便失去了具体的对象。引例这段诗，表达的是作者“我独居忧”即世人皆睡我独醒的忧国忧民情怀。面对国家的政治乱象和灾异，作者前面发出“民莫不逸，我独不敢休”的慨叹，因而紧承其后的末两句按“天命不彻，我不敢效，我友自逸”断句，语意才连贯完整。

释“彻”为“道”，毛传与郭璞注是一致的。不过，将“道”转换为释文“遵循”是否合理，还当取决于《诗》“不彻”句的主语是天命还是周王。据郑玄的解释，主语周王省略，且当按“不彻天命”理解；“天命”指“天之政教”，“彻”为“循”，就是遵循。诚然，“循”之义与“道”有联系，但同“彻”的诸多意义则相去较远，且为孤例设置义项依据不足。陈奂《传疏》：“天命不道，言天之令不循道而行，遂有日食震雷之变。”陈奂认为此句的主语是“天命”，“不彻”即“不循道而行”，是对毛传的合理解读，且符合诗旨。如是，“彻”义为“道”，因受副词“不”修饰而临时有了“循道而行”的动词义。“彻”的“通达”义与“道”相关，“通”“达”常指道路畅通，而作为自然规律之“道”，理应通达顺畅。故“不彻”指不循道而行，就违背了常规，故而造成灾异乱象。因此，此例的“彻”可视为义项④“通达；通晓”的临时变体，当置于其下。

卫 ⑦肢体。《吕氏春秋·审时》：“是故得时之稼，其臭香，其味甘，其气章，百日食之，耳目聪明，心意睿智，四卫变强，凶气不入，身无苛殃。”高诱注：“四卫，四枝也。”（912）

按，此条将组合后产生的临时义切割开来，作为义项释文，欠当。引例中的“四卫”，高诱释作“四枝（肢）”无误。然“卫”的“肢体”义只在“四”与“卫”组合后才具有，“卫”字单用则未必会有此义。人的四肢不仅负责人类的劳动与生活，在保护、防卫方面也起着非常重要的作用，且四肢相互协调配合，缺一不可，组成一个有机整体，因而合称“四卫”。以“卫”称“肢”，当属比喻性用法。不仅如此，“四卫”还喻指四方卫服之国，或喻四方之职等。例如《周礼·春官·巾车》：“建大白以即戎，以封四卫。”郑玄注：“四卫，四方诸侯守卫者。”《大戴礼记》：“诸侯修礼于封内，以事天子；大夫修官守职，以事其君；士修四卫，执技论力，以听乎大夫。”卢辩注：“四卫，四方之职。”若按此条义项的处理办法，岂不要给这些“卫”设置“卫服之国”或“职，职事”等相应的义项？总之，“卫”表“肢体”义须与其他字组合，故不能单独将其设作义项。

多 ⑤大。《吕氏春秋·知度》：“为人主而数穷于其下，将何以君人乎？穷而不知其穷，其患又将反以自多。”高诱注：“多，大。”《史记·五帝本纪》：“万国和，而鬼神山川封禅与为多焉。”司马贞索隐：“多，犹大也。”宋洪迈《容斋随笔》卷三：“汝名位未多，而人归趣乃尔，此岂门户之福邪？”（925）

按，两条古注用“大”训“多”，均属随文为释，编者未予深察，就照搬而凑成“大”的义项，欠安。兹据例句辨析以明之。引例一讨论的是，人主“自智而愚人，自巧而拙人”，造成了“数穷于其下”的后果，却“反以自多”。高诱注“多”为“大”，“自多”即自大，自以为了不起；“多”乃形容词用作动词。引例二下司马贞索隐的全文是：“与犹许也。言万国和同，而鬼神山川封禅祭祀之事，自古以来帝皇之中，推许黄帝以为多。多，犹大也。”据此，“多”指黄帝亲临主持的次数多，多则有益，因而其义当为“好，善”。至于引例三的“名位未多”，就是名位没有增多、增大的意思。综上，这几例的“多”不能形成独立的义项。例一的“自多”与义项④“贤；好”下的引例一“自多”，意义并无二致，可并入。引例二亦可并入其下。引例三则应并入义项①“数量大”之下的又项“增多”之中。

庶 ⑤欣幸；希冀。《尔雅·释言》：“庶，幸也。”《玉篇·广部》：“庶，幸也，冀也。”《诗·桧风·素冠》：“庶见素冠兮。”毛传：“庶，幸也。”唐柳宗元《柳州东亭记》：“书以告后之人，庶勿坏。”清谭嗣同《秦岭》：“誓向沙场为鬼雄，庶展怀抱无蹉跎。”(951)

按，“欣幸”今义为“欢喜而庆幸”；而“希冀”义同希望。可见，两者意义相去较远，不宜杂糅在同一条义项中。这样处理，盖与古代的“幸”有“欣幸”和“希冀”两个常义，而编者对毛传之“幸”究为何义未予明辨有关。《诗·桧风·素冠》旨在说明周贤臣遭受迫害，而无法为父母守丧。《毛诗序》：“《素冠》，刺不能三年也。”郑玄笺：“丧礼，子为父，父卒为母，皆三年。时人恩薄礼废，不能行也。”郑玄在引例下笺曰：“无三年之恩于父母而废其丧礼，故觊幸一见素冠。”“素冠”，指丧礼期间戴的白帽子。郑笺用“觊幸”诠释毛传的“幸”义为“希望，希冀”；“觊幸一见”之言，则明确了该句意思是希望人们在丧礼期间守持古礼、戴上素冠，而不是对带上了素冠感到欣幸。弄清毛传“幸”的含义，问题就迎刃而解了。余两例的“庶”都可解作“希望”。如是，释文“欣幸”二字应去之。

厮 ②疏导。《史记·河渠书》：“乃厮二渠，以引其河。”司马贞索隐：“厮，即分其流以泄其怒是也。”(966)

按，查引例下司马贞索隐，其中并无“以”字，当去之。司马贞随文所做的诠释，涉及“厮”在句中的两层含义：一是“分其流”，二是“泄其怒”，即排泄湍急猛烈的黄河水。前者当为“厮”的词语义；后者旨在补充说明其在句中的功用，而编者据此得出“厮”有“疏导”义，失之。此例连同上文是：“于是禹以为河所从来者高，水湍悍，难以行平地，数为败，乃厮二渠，以引其河。”裴骃集解引《汉书音义》曰：“厮，分也。”两家的解释都认为“厮”有“分”义。所谓“厮二渠”，就是开二渠以分流的意思。下句的“引”才是“疏引，疏导”之义。因此，此条宜并入义项①“分散；离”中。

守　⑧收捕。《玉篇·宀部》：“守，收也。”《战国策·西周》：“昭应闻此，必劝楚王益兵守雍氏。”郭希汾辑注：“守，收也。”《北史·于栗磾传》：“镇人遂执缚景及其妻，拘守别室。”(978)

按，引例一的“雍氏”是韩国的城邑而不是人名。本节记叙的是关于楚国攻打韩国雍氏的事，后世谓之“雍氏之役”。本来，引例下有高诱注，对此讲得十分清楚：“雍，韩别邑也。楚攻韩，围雍氏，故曰役。”惜编者未引高诱此注。引例的下句为“雍氏必拔”，“拔”即攻拔、攻克，进一步证明“雍氏”是城而不是人。引例应补上这句话。“雍氏”既为城邑，就不存在“收捕”的问题。可见，释文取用郭希汾辑注欠当。例中的“守”当指“守候，监守”，也就是围困、围守，高注“围雍氏”之言亦可坐实。引例二的“拘守”应分而释之：“拘”是拘捕，“守”是看守，因为被捕者须派人看守。又，其上句言“执缚”，说明已经抓捕，再用“守”表“收捕”，则似为冗余。总之，此条不当立，两例可分置于相应义项中。至于《玉篇》之释，暂且存疑待考。

安　②安静。《说文·宀部》：“安，静也。”《易·系辞下》：“君子安其身而后动。”孔颖达疏：“故先须安静其身而后动。”《论语·述而》：“子温而厉，威而不猛，恭而安。”《汉书·严安传》：“心既和平，其性恬安。”(980)

按，此条盖受辞书释义及古注的影响而设，不确。《说文·宀部》：“安，静也。”段玉裁注：“‘竫’各本作‘静’，今正。立部曰：‘竫者，亭安也。’与此为转注。青部‘静者，审也’非其义。”又《说文》：“竫，亭安也。”段玉裁注：“亭者，民所安定也，故安定曰亭安。凡安静字宜作竫，静其假借字也。”据段注，《说文》的“静”即“竫”字之义，并非“安静”，而是“安定”。由此言之，今之“安静”与《说文》之“静”即“竫”之义就相去较远了。

再看引例中的“安”义。引例一中的“安其身”，若按孔颖达疏释为“安静其身”大致可通；但从身体角度看，解作“静止其身”似乎更为贴切。因为“安静”主要指声音方面，而“静止”则兼有声音、动作两方面。造成这一小疵的原因，也与对孔疏“安静其身”的“安静”理解偏失有关。孔疏的“静”当取其“竫”之义即安定。引例的前文有“利用安身，以崇德也”。孔颖达疏：“利用之道，由安其身而后动也。”而此处的“安身”只能释为安定其身，正与引例之“安其身”义同而可互证。引例二系记载孔子的言行举止，“恭而安”句，强调的是他举止恭敬而安详从容，突出了他的内在气质。释为“安静”则是指他在言语方面沉默不语，表现的主要是外在形象，这显然欠准确。引例三中的“恬安”，乃描写严安的性情，是“恬淡，安适”之义，“安”释为“安静”亦不够恰当。总之，不宜设置“安静”的义项，其下的用例应分置于其他相关义项之下。

容 ⑬法则，规律。《广雅·释诂一》：“容，法也。”《韩非子·喻老》：“夫物有常容，因乘以导之，因随物之容。”（1002）

按，由于编者对例句理解有误，导致此条义项设置欠当。首先，引文割裂。引例的原文是：“夫物有常容，因乘以导之。因随物之容，故静则建乎德，动则顺乎道。”通观这几句，“因随物之容”的语意当属下句，不能归到上句。这段话讲的是做事要按事物本身的常态进行。“容”指形态，“常容”即常见的、固有的形态，还未上升到“法则，规律”的层面。“因乘以导之”，即顺着万物常态加以引导。至于《广雅》释为“法”，应置于义项⑫“礼仪；礼法”下。引例则可并入义项⑪“样式”中。不过，义项⑪下设又项“也指事物的景象和状态”，显得琐碎，可以调整为“形态；状态”。因为其下所引《周礼·考工记·函人》：“凡为甲，必先为容。”郑玄注“容”为“服者之形容”，就是军士身体尺度等，故可以涵括在“形态”中。

实 ⑩纯朴的品质。《淮南子·泰族》：“故民知书而德衰，知数而厚衰，知券契而信衰，知械机而实衰也。”高诱注：“实，质也。”（1021）

按，引例这段话反映了坚持复古、保守，反对文明、进化的社会历史观。“械机”指机智巧谋。高诱注“实”为“质”，释文将其转换为“纯朴的品质”，大意不错，但有增字发挥之嫌。“实”前面相应位置上的

“德”“厚”“信”分别指道德、厚道、诚信，高诱注为“质”，似应指本质、本性。《淮南子·本经》：“怀机械巧故之心，而性失矣。”其意与“知械机而实衰”句大致相同。“机械”同“械机”，“而性失矣”可证“实”即“性”。“质”亦可训作“性”。《淮南子·本经》：“太清之始也，和顺以寂寞，质真而素朴。”高诱注：“质，性也。”《淮南子·说林》：“石生而坚，兰生而芳，少自其质，长而愈明。”此“质”指天生的资质。以上语料均取自《淮南子》，且有高诱对“质”的理解，可见引例“实”的“本质、本性”义是可信的。总之，此义项不能成立。引例的“实”应为义项⑭“真实”的临时变体，因为事物的本质，就是其真实存在的状态。

引 ⑱自杀。《汉书·司马迁传》：“及罪至罔加，不能引决自财(裁)。”《文选·潘岳〈寡妇赋〉》：“感三良之殉秦兮，甘捐生而自引。”李善注：“自引，自杀也。”(1056)

按，这条释文，《汉语大字典》的首版作“引决”，第二版采用李善对“自引”的解释作“自杀”，无疑要通俗一些。然李善并非单释“引”字，而是合释“自引”，若认为“引”即“自杀”，“自”字岂不多余？此外，引例一“引决”的“引”释为自杀，依据亦不足。如《文选·司马迁〈报任少卿书〉》：“不能引决自裁。”李周翰注：“言不能引志决列以自裁毁。”《资治通鉴·晋纪四十》：“晋人将逞其欲，虽降必不免，不如引决。”胡三省注：“引决，谓自裁也。”《资治通鉴·陈纪八》：“天元大怒，遂赐后死，逼令引诀（决）。”胡三省注：“《汉书》多作‘引决’，谓引分自裁也。”“引分”即“引决”。以上这些“引决”的“引”即“引来；带来”，“决”才是“死亡；杀死”义，此义盖由其“破；断”义引申而来。《史记·吕太后本纪》：“我无忠臣兮，何故弃国？自决中野兮，苍天举直。”“自决”即自杀。《风俗通义·过誉》：“四罪是矣，杀决可也。”“杀决”即杀死。综上，“引决”是引来死亡的意思。“引来”含有主动承受的意味，遂与“自杀”发生了关系。由于“引决”一词汉魏时期使用较多，“引”受“决”的影响，也有了“死亡；杀死”之义。就笔者查检所及，此义限于“自引”的组合中，“引”字单用尚未见之。为此，可将释文调整为“死亡；杀死”，或为“（自己）杀死”。

好 ⑧宜于；便于。《诗·郑风·缁衣》：“缁衣之好兮，敝，予又改造兮。”毛传：“好，犹宜也。”唐白居易《寒食日寄杨东川》：“兜率寺高宜望月，嘉陵江近好游春。”《红楼梦》第八十二回：“你倒别混想了，养养神，明儿好念书。”（1102）

按，此条释文与毛传的“宜”在词性、词义上均不相侔，且用此义来解释引例一中的“好”亦为不辞。《诗》此例，首章的首句为“缁衣之宜兮”，“宜”指适宜，合身。而毛传的“好，犹宜也”之言，旨在说明这个“好”的意义与前面的“宜”大体相同。“好”及“宜”均为形容词，而释文“宜于；便于”则是及物动词。引例二、引例三的“好”都带有谓词性宾语，则与义项释文十分契合。如是，《诗》之例应置于义项③“善，优点多”中。

妹 ③末。《广雅·释亲》：“妹，末也。”《庄子·天道》：“鼠壤有余蔬，而弃妹之者，不仁也。”陆德明释文引《释名》云：“妹，末也。”《白虎通·三纲六纪》：“妹者，末也。”（1108）

按，此条释文照搬古注字眼，未做调整说明，不知其义究竟为何。《广雅》《白虎通》中的引例都是从亲属称谓的角度作释，系用声训说明称名为“妹”的由来，即处在同辈排行的末位。至于对引例一的解释，争议颇多。或谓“妹”通“昧”。成玄英疏：“妹，犹昧也。暗昧之徒，应须诱进，弃而不教，岂曰仁慈也!”陈鼓应注谓“弃、昧二字同义”，则其义盖为“蔑弃”。陆德明认为同“末”，其意为：“谓末学之徒，须慈诱之，乃见弃薄，不仁之甚也。”王先谦集解：“而任其狼藉，满地散弃，佯若不知，是不仁也。”“佯若不知”，就是“假昧”。以上对“妹”的诸多解释，都与《广雅》《白虎通》所释之义无涉。字典不是训诂汇集，不能让人无所适从。此条不当立，可将《广雅》《白虎通》的解释置于义项①“同父母而年龄比自己小的女子”之中。

姓 ⑤通“性”。清朱骏声《说文通训定声·鼎部》：“姓，假借为性。”《国语·周语中》：“而帅其卿佐，以淫于夏氏，不宜嬻姓矣乎?”韦昭注：“姓，命也。”清陈鸿墀《全唐文纪事·贬斥》：“姓本纤狡，行惟党附。”（1111）

按，首先，谓“姓”通“性”依据不足。《国语》之例，韦昭分明释“姓”为“命”，“命”字怎能作为“姓”通“性”的证据呢？其次，所引韦注舛误，且有曲解。韦昭原注为：“贾（逵）、唐（固）二君云：‘姓，命也。’一曰：‘夏氏，姬姓。郑女亦姬姓，故谓之嬻（渎）姓。’昭谓：‘夏徵舒之父御叔，即陈公子夏之子、灵公之从祖父，妫姓也，而灵公淫其妻，是为媟嬻（亵渎）其姓也。’”据此可知：“命也”二字是韦昭引贾、唐二君之说，非其本人看法；韦昭未取贾、唐之说，而是在“一曰”的基础上另有所解。他认为，陈灵公与夏氏是同姓的，却“淫其妻”，因此是“嬻（渎）姓”，即亵渎族姓。总之，这个“姓”就是其常义族姓、姓氏，不能视为“性”的通假字。朱骏声《说文通训定声》“姓”字下引了《国语》此例，盖为《汉语大字典》所本。综上，《国语》此例不宜置于这条义项下。

妇 ③儿媳。《尔雅·释亲》：“子之妻为妇。”《诗·卫风·氓》：“三岁为妇，靡室劳矣。”郑玄笺：“有舅姑曰妇。”《新唐书·礼乐志八》：“舅姑即席，妇执笲枣、栗入。”元关汉卿《窦娥冤》第四折：“可怜他无妇无儿，谁管顾年衰迈。”（1137）

按，《诗》此例所属的篇章内容，主要是弃妇对负心丈夫的控诉。例句亦然。“儿媳”是相对于公婆而言的，而例中的“妇”则是对丈夫的自称，故与释义不合。“妇”有广、狭二义：广义泛指妇女，狭义则特指已嫁女性。郑笺之言，旨在说明此妇是已嫁而有了“舅姑”的女性，“妇”是特指义。编者这样处理，偏离了郑笺原意，会引起人们对例句的误解。应将此例置于义项④“妻子”中。这样一来，引例只有《新唐书》和元代的《窦娥冤》，显然用例偏晚。为此，补上一例先秦材料，《吕氏春秋·遇合》：“姑妐知之，曰：‘为我妇而有外心，不可畜。’因出之。”“姑”，指婆婆；“妐”，指公公。

婴 ⑥加。《汉书·贾谊传》："婴以廉耻，故人矜节行。"颜师古注："婴，加也。"《三国志·魏志·武帝纪》南朝宋裴松之注引《魏书》："太祖被甲婴胄，亲巡将士，明劝赏罚，众乃复奋。"（1162）

按，释文用单音节的"加"字，义不明确。引例一为贾谊给皇帝上书，论及国君如何对待大臣的问题。引例连同上句为："遇之有礼，故群臣自憙；婴以廉耻，故人矜节行。"颜师古注："憙，好也，好为志气也。""婴，加也。矜，尚也。"颜注的"加"，是"施加"的意思。国君将其意志施加于大臣，就有了约束、控制的意味。所谓"婴以廉耻"，即"以廉耻婴之"，言国君用廉耻等礼义道德约束他们。由此看来，这个"婴"，当为义项③"环绕；缠绕"的义位变体，与义项③下的引例"婴我身""以人事自婴"的"婴"有共同点，只是其对象"廉耻"稍微抽象一些。引例二中的"被甲婴胄"与义项②"系在颈上；戴"下引例中的"被甲婴胄"一样。不知何故，将其分置两条义项之下，是明显的硬伤。总之，此条不能成立，当撤去。

柱 ④直立高耸。《山海经·大荒东经》："有山名曰孽摇頵羝，上有扶木，柱三百里，其叶如芥。"郭璞注："柱，犹起高也。"南朝梁简文帝《招真馆碑》："雄柱千步，阳台百丈。"（1272）

按，此条盖因有郭璞之注，便据以立项，不妥。引例一形容扶桑树之高而直，所谓"柱三百里"的"柱"，是比喻性说法，意即像柱子一样笔直耸立，高达三百里，故"柱"当为名词临时用作动词。至于例二的"雄柱千步"，则是描写招真馆里的柱子粗大而高。"雄柱"与"阳台"对举，均为名词性偏正结构用作主语，犹言雄伟的柱子。而"雄伟""高耸"等乃为"雄"之义而并非"柱"字所有，"雄柱"与雄篇、雄辞、雄图、雄谋、雄姿等结构相同，都是偏正式，"柱"就是柱子。总之，此条不当立为义项。

业 ⑩高大。《广韵·业韵》："业，大也。"《集韵·盍韵》："业，壮也。"《诗·大雅·烝民》："四牡业业，征夫捷捷。"毛传："业业，言高大也。"《后汉书·班彪传附班固》："增盘业峨，登降昭烂。"李贤注：

“业峨，高也。”（1338）

按，“业业”“业峨”当为联绵词，故两条引例的注家均合而解之，并未单独训释“业”字。引例二朱熹集传作：“业业，健貌。”《诗·小雅·采薇》：“戎车既驾。四牡业业。”毛传：“业业然，壮也”。可见两字具有稳定性，不宜拆开来解释。由此看来，谓“业”字单用有“高大”之义缺乏实际用例证明，不可信，故此条不当立。

业　⑫创始。《尔雅·释诂上》：“业，绪也。”郭璞：“业，又谓端绪。”《广雅·释诂一》：“业，始也。”《史记·太史公自序》：“项梁业之，子羽接之。”《资治通鉴·汉光武建武二十五年》：“（马援）师已有业，未竟而死。”胡三省注：“业，绪也。”（1338）

按，此条释文与古注及用例均不够契合。“创始”即开始建立，是动词，而《尔雅》和郭璞注，以及例三《资治通鉴》下胡三省所注的“端绪”和“绪”则为名词，是“开头；开端”的意思，可见注文的词性和词义与释文有别。为此，应将释文调整为“开头；开端”。《广雅》的“始”字兼有名、动两种用法，因而可以纳入其下。至于引例一《史记》中的“业”，应当视为名词临时用作动词，置于义项⑦“功烈；基业”之中。所谓“项梁业之”，犹言项梁创立了基业。

檐　②檐下的平台。《国语·吴语》：“王背檐而立，大夫向檐。”韦昭注：“檐，屋外边坛也。”（1399）

按，此条释义范围偏窄，与用例不够切合。实际上，“檐”既指义项①“屋顶向旁伸出的边沿部分”，也可泛指被檐所遮盖的地面部分。引例中的“背檐”就是背朝屋檐下，“向檐”就是面对着屋檐下。例中的“檐”当涵括了屋檐和其下面能遮住雨水的地方。例如南朝梁江淹《杂体诗·效陶潜〈田居〉》：“归人望烟火，稚子侯檐隙。”此言小孩在屋檐下的某个门缝里候望着。《文选·曹摅〈思友人诗〉》：“延首出阶檐，伫立增想似。”吕向注：“阶，庭阶也。檐，屋檐也。”此“檐”即屋檐之下。清黄六鸿《福惠全书·刑名·用》：“每见有司刑具，多置檐堦之侧。”“檐堦”泛指檐下台阶一带。总之，这条释文可调整为“指屋檐下的地方”，并适当补上用例。

权 ⑮重。《广雅·释诂三》：“权，重也。”《战国策·齐策三》：“齐之所以敢多割地者，挟太子也。今已得地而求不止者，以太子权王也。”高诱注：“权，重也。”（1416）

按，此条释文、辞书解释及古注一概用单音节的“重”字，致使意义含糊笼统，不便确定。从引例看，“权”后带有名词“王”，无疑是动词，因而注文“重”亦可确定为动词。然例中这个“权”具体该作何解呢？引例系策士苏秦对楚王所言，“王”指楚王。其下还有鲍彪注：“权者，轻重所在。”指出了“权”的重要功用。句中的“权王”即权于王，“在楚王心里分量很重”的意思。因而这个“权”义为“有重量”。这一用法比较特殊，难以归入别的义项中。因此，可将释文调整为“有重量”或“分量重”。

狃 ⑤亲狎；安（于）。《玉篇·犬部》：“狃，狎也。”《国语·晋语三》：“（惠公入而背外内之赂。舆人诵之曰）得国而狃，终逢其咎。”韦昭注：“狃，忕也。”《后汉书·陈宠传》：“陛下每引灾自厚，不责臣司，臣司狃恩，莫以为负。”李贤注：“狃，习也。”《资治通鉴·晋孝武帝太元五年》：“秦王坚每得反者辄宥之，使其臣狃于为逆，行险徼幸，虽力屈被擒，犹不忧死，乱何自而息哉！”胡三省注：“狃，狎也。”明余继登《典故纪闻》卷一：“当天下无事，民狃于奢纵，治化为难。”（1435）

按，这条义项的问题主要在于，构成释文的两词义相隔较远，不能形成互补关系，且“亲狎”用作释文亦不浅明。“亲狎”指亲近、狎昵。《北齐书·穆提婆》：“天统初，奏引提婆入侍后主，朝夕左右，大被亲狎，嬉戏丑亵，无所不为。”《聊斋志异·王六郎》：“许初闻甚骇；然亲狎既久，不复恐怖。”如是，“亲狎”与“安”则缺乏共同的意义要素。编者这样处理，是因误解古代“狎”义所致。“狎”是多义词。既有“亲近、亲狎”义；又常用作“习惯”义。据引例一，《国语》韦昭注“狃”为“忕”，“忕”乃“习惯、习以为常”义。引例二《后汉书》中的“狃恩”，就是指习惯于这种恩德，所以李贤以“习”字释之。引例三《资治通鉴》中的“狃于为逆”就是指对于造反作乱习以为常。引例四中的“狃”，其“习惯”之义就更清楚了。总之，此条不能成立，应并入义项②“习惯；习以为常”中。

获 ⑪违误。《淮南子·兵略》：“音气不戾八风，诎伸不获五度。”许慎注：“获，误。五度，五行也。”（1470）

按，此条释义的来由不明。引例是言“古得道者，静而法天地”的作为。“音气不戾八风”即声音气脉不违逆八风；“诎伸不获五度”即手脚屈伸不搞乱五行。从对文角度看，“获”与其相应位置上的“戾”义近，许慎释为“误”不谬。问题在于，“获”由其常义似难引申出“违误”之义来。愚以为“获”通“惑”，此处是“惑乱，搞乱”之义。这样解释，似要合理一些。

猎 ③凌虐。《尔雅·释言》：“猎，虐也。”郭璞注：“凌猎，暴虐。”……《国语·吴语》：“今大夫国子兴其众庶，以犯猎吴国之师徒，天若不知有罪，则何以使下国胜!”韦昭注：“猎，震也。”（1476）

按，此条取《国语》韦昭注的“震”作为释义的依据，义有抵牾违戾。王引之《经义述闻·国语下》曰：“家大人曰：‘震与猎义不相近，诸书亦无训猎为震者。震当为虐，犯猎连文，故训猎为虐。’”王念孙认为“虐”作“震”，是两字隶书字形相似而讹。此说有一定道理，但论证不足。其实，把引例中“猎”的这一用法视为通“躐”，似要稳妥一些。“躐”即践踏，“犯猎吴国之师徒”就是侵犯、践踏吴国之师徒。“践踏”义用于句中，较“凌虐”义具体、贴切。可将此例并入义项⑨“通‘躐’。践踏”之中。

殆 ⑥近于；几乎。《广韵·海韵》：“殆，近也。”《字汇·歹部》：“殆，将也。”清王引之《经传释词》卷六：“殆者，近也，几也。将然之词也。”《诗·小雅·节南山》：“式夷式已，无小人殆。”郑玄笺：“殆，近也。”《吕氏春秋·士容》：“弟子谓田骈曰：‘客，士欤?’田骈曰：‘殆乎非士也。’”高诱注：“殆，近也。”《隋书·李密传》：“其夜雨雪尺余。众随之者，死亡殆尽。”（1485）

按，此条构成互补式释文的两个词语词性不合。“近于”是动词，“几乎”是副词，杂糅在同一义项条目中不伦。且“殆”的义项⑦已将其副词用法单列出来，就更不应掺和到此条之中。此条应为动词，然所引几部辞书及两条古注都以单音节的“近”“将”为释，而“近”“将”两词本身又都是多义或兼具几个词类的。《经传释词》谓“殆”为“将然之词”，不就是时间副词“将要”吗？引例三《隋书》中“殆尽”的“殆”，正是副词“将近，将要”义，与义项⑦下引例《权书下·六国》中的“殆尽之际”并无二致。引例二《吕氏春秋》中的“殆乎非士”的“殆”后有词尾“乎”，亦为“恐怕、可能”之义，副词。高诱注为“近”，当取其“大概”义。如是，作为动词的“殆”，便只有《诗》一例了。兹为其补上几例。《荀子·王制》：“若是，则大事殆乎弛，小事殆乎遂（坠）。”“乎”同“于”，介词。《逸周书·命训》：“旷命以戒其上，则殆于乱。”朱右曾集训校释：“殆，近也。”《礼记·檀弓下》：“哀哉！死者而用生者之器也，不殆于用殉乎哉？”孔颖达疏：“殆，近也。”以上几例，“殆”后有“于（乎）”，无疑是动词。综上，应将此项调整为动词“接近；近于”，副词“殆”的用例则应置于义项⑦“副词”之中。

殒 ②通“陨”。坠落。《正字通·歹部》：“殒，别作陨。”《荀子·赋》：“列星陨坠，旦暮晦盲。”杨倞注：“当时星辰陨坠，旦暮昏雾也。”……（1492）

按，《荀子》引例中的文字有误。既然“殒”通“陨”，那么《荀子》文中就应作“殒”而不是“陨”。然例中的《荀子》原文及杨倞注都用“陨”字，则通假就无从说起了。查《荀子》原文，本为“殒”字，应予以更正。

戎 ⑧大；扩大。《尔雅·释诂上》：“戎，大也。”《方言》卷一：“戎，大也。宋、鲁、陈、卫之间谓之嘏，或曰戎。”《书·康诰》：“天乃大命文王，殪戎殷。”蔡沈集传：“殪灭大殷。”《诗·周颂·烈文》：“念兹戎功，继序其皇之。”毛传：“戎，大。”（1500）

按，“大”是形容词，“扩大”则是动词，两者词性不同，不能组合在同一条释文中。从引例一看，《书》中的“戎殷”是偏正结构，蔡沈释为“大殷”，正确。引例二中的“戎功”即大功。戴震《毛郑诗考证》：“戎功，翼戴文武，佐定天下之大功也。”从两条引例看，反映不出“戎”有动词“扩大”之义。“戎”的“大”义在《诗》《书》中时见。《书·盘庚上》：“乃不畏戎毒于远迩，惰农自安，不昏作劳，不服田亩。”孔安国传：“戎，大也。”“毒”，害。周秉钧《尚书易解》：“戎毒，犹言大灾，盖指大水之害也。”《诗·大雅·思齐》：“肆戎疾不殄，列假不瑕。”朱熹集传：“戎，大也。疾，犹难也。”据此，释文“扩大”应去之。

成 ④成熟；茂盛。《左传·哀公五年》：“齐燕姬生子，不成而死。”杜预注：“不成，未冠也。”《吕氏春秋·明理》：“五谷萎败不成。”高诱注：“成，熟也。”《淮南子·天文》：“地不发其阳，则万物不成。”赵树理《刘二和与王继圣》：“三角坪地势高，庄稼成得晚，收割不得。”又肥壮。……（1502）

按，此条义项释文与引例有不合处。从引例一、引例二下的古注看，两例中的“成”都是“成熟、成长”义，与“茂盛”无涉。引例三亦然。其原文是：“是故天不发其阴，则万物不生；地不发其阳，则万物不成。”例中“生”指生长；而“成”无疑是指成熟。引例四的“成”义就更清楚了。“说有易，说无难”，我们不敢断言“成”在汉语中根本没有“茂盛”义，在此只是强调，在此条下引用的材料中，暂时还证明不了“成”有此义。释文中出现“茂盛”，则会造成理解的混乱。

威 ⑥震慑；欺凌。《易·系辞下》：“以威天下。”《后汉书·杜诗传》：“唯匈奴未譬圣德，威侮二垂，陵虐中国。”李贤注：“威，虐也。”《三国志·吴志·吴主传》：“夫法令之设，欲以遏恶防邪，儆戒未然也，焉得不有刑罚以威小人乎？”（1507）

按，构成此条义项的互补式释文“震慑”与“欺凌”意义不谐。“震慑”之义为“震动使害怕”，侧重于从心理上对对方产生的作用；“欺凌”则偏向于行动上对对方的压制、侮辱等，可见两者相去较远。释文这样杂糅凑合，盖因对引例二《后汉书》下李贤注的理解偏误所致。李贤注

“威”为“虐”，是对其临时义的解释，含“以威势危害”义，其“虐”为“残害、危害”。《书·尧典》：“刚而无虐，简而无傲。”孙星衍《尚书今古文注疏》引高诱注：“虐，害也。”《淮南子·览冥》：“故自三代以后者，天下未尝得安其情性，而乐其习俗，保其修命，夭而不夭于人虐也。”高诱注：“虐，害也。”可知，视李贤的“虐”为“欺凌”义不妥。如是，释文“欺凌”当去之；相应的《后汉书》之例及其注也应取消。

比 ③合；亲合。《庄子·逍遥游》：“故夫知效一官，行比一乡，德合一君，而征一国者，其自视也亦若此矣。”陆德明释文：“比，李云：‘合也。’”《礼记·射义》：“其容体比于礼，其节比于乐。”陆德明释文：“比，亲合也。”《汉书·楚元王传》：“与二三君子比意同力，冀得废遗。”颜师古注：“比，合也。”（1518）

按，释文“亲合”今义不显，《现代汉语词典》《汉语大词典》均不见收录，是个古语词，不宜用作释文。“亲合”或为陆德明临时组合起来用作释文的一个短语。“亲”有“接近、贴近”义，“亲合”即接近、符合，也就是“十分相合、密合”的意思。引例二《礼记》这段话的内容为：“古者天子之制，诸侯岁献，贡士于天子，天子试之于射宫。”是言天子要考核诸侯们的射箭本领。所谓“其容体比于礼，其节比于乐”，意为诸侯们射箭时，仪容体态要符合礼规，动作节奏要符合音乐，这样，才有资格参加天子的祭礼。陆德明所释不误，但用古词语作注则不通俗，释文不宜照搬。此条释文应调整为“符合；密合”。

止 ⑧留住；拘留。《论语·微子》：“（丈人）止子路宿。”《左传·僖公十五年》：“梁由靡御韩简，虢射为右，辂秦伯，将止之。”杜预注：“止，获也。”唐柳宗元《非国语下·戮仆》：“然则（魏）绛宜奈何？止公子以请君之命。”（1537）

按，此条义项的互补式释文义不相协。“拘留”有特定含义：扣留，拘禁，且带有强制性，今为司法用语。“拘留”与“留住”义差较大，故不宜置于同一义项，应为其单立“拘留；擒获”义项，将引例二、引例三置于其下。兹为其补上几例以证其义。《国语·晋语三》：“亦不克救，遂止于秦。”韦昭注：“止，获也，为秦所获。”《左传·僖公十七年》：“公有诸侯之事，未归，而取项。齐人以为讨，而止公。”杜预注：“内讳执，皆言止。”鲁国国君被齐国拘禁，因讳言“执”，故用“止”表示。《左传·哀公十二年》：“大宰嚭曰：‘寡君愿事卫君，卫君之来也缓，寡君惧，故将止之。’”杜预注：“止，执。”杨伯峻：“止之，不许其归，今言扣留。”《左传·成公二年》：“逢丑父与公易位。将及华泉，骖絓（挂）于木而止。”此言齐侯驾车的骖马被树挂住，因此被晋军擒获。此外，引例三之下，有蒋之翘辑注：“止，执也。”此注亦应补上。

至于引例一《论语》中的“止”，可以视为义项⑦“停留；逗留”义的使动用法，属临时义。“止子路宿”就是让子路留在家中住宿。

止 ⑬容止，礼貌。《广雅·释言》：“止，礼也。”《诗·鄘风·相鼠》：“相鼠有齿，人而无止；人而无止，不死何俟。”《荀子·大略》：“盈其欲而不愆其止。”杨倞注：“止，礼也。”《汉书·叙传上》：“嬴取威于百仪兮，姜本支虖（乎）三止。”颜师古注引应劭曰：“止，礼也。”清王士禛《渔洋诗话》卷下：“（曹）中丞沦没异域，未见其止。”(1538)

按，此条系互补式释文，但两词之义不相协适，因而概括失宜。“容止”指人的容貌举止，名词，色彩是中性的；“礼貌”兼有名、形两类词性，作为名词时，是言语动作谦恭有礼的表现，含有褒奖色彩。编者这样处理，盖与对两条单音节的古注含义未能准确把握有关。引例二《荀子》中的“盈其欲而不愆其止”句，是对《诗·国风》的评价：“《国风》之好色也，传曰：‘盈其欲而不愆其止。其诚可比于金石，其声可内于宗庙。’”杨倞注：“好色，谓《关雎》乐得淑女也。盈其欲，谓好仇，寤寐思服也。止，礼也。欲虽盈满，而不敢过礼求之。此言好色人所不免，美其不过礼也。”从此言及杨倞注可知，其释“止”为“礼”，并非指外在的礼貌表现形式，而是上升到比较抽象的礼规、礼法层面。引例三《汉书》中的“姜本支虖（乎）三止”句，应劭注曰：“姜，齐姓也。止，礼也。齐，伯夷之后。伯夷为秩宗，典天地人鬼之礼也。”这句话是讲齐姓家族的历史。“秩宗”为掌管宗庙祭祀的官员。既然伯夷主管“天地人鬼之礼”，那么这个“礼”就不当是文明礼貌之类的行为举止，而是礼仪、礼法。

鉴于此，可考虑将此项分为：1. 仪容，举止。2. 礼仪；礼法。将引例二、引例三置于其下。这样划分后，两项的用例均有欠缺，试为补充之。先为“仪容，举止”补上两例：《诗·大雅·荡》：“既愆尔止，靡明靡晦。”朱熹集传：“止，容止也。”陈奂传疏：“止，威仪容止也。”《诗·大雅·抑》：“淑慎尔止，不愆于仪。”郑玄笺：“止，容止也。”再为“礼仪；礼法”补上两例：《诗·小雅·小旻》：“国虽靡止，或圣或否。”郑玄笺：“止，礼。”“靡止”即没有礼法。《荀子·不苟》：“见由则恭而止，见闭则敬而齐。”杨倞注：“由，用也。止，谓不放纵也。或曰：止，礼也；言恭而有礼也。”“见由”，被重用。“止”在句中临时用作动词，是“有礼法”的意思。

收 ⑤收回；取回。……又指收取租赋。《盐铁论·非鞅》：“收山泽之税。”《汉书·宣帝纪》：“三辅民就贱者，且毋收事，尽四年。”颜师古注：“收谓租赋也。”（1551）

按，此条的又项处理不当。其引例一谓“收山泽之税”句，“收”后已明言有“税”，则“收”即为收取。引例二连同上下文是：“大旱。郡国伤旱甚者，民毋出租赋。三辅民就贱者，且毋收事，尽四年。”颜师古注：“收谓租赋也。事谓役使也。”颜注旨在说明动词“收”与“事”各自涉及的具体对象。其实，前面言“毋出租赋”，“收”的对象已明，故此句承前而省略。再引出颜注，反而增加了理解的难度。因此，又项不必设立，将此条释文调整为“收回；收取”，可以将其涵括。

政 ⑧禁令。《字汇·攴部》：“政，以法正名曰政，以道诲人曰教。”《礼记·王制》：“修其教不易其俗，齐其政不易其宜。”郑玄注：“政谓刑禁。”《论语·为政》：“道之以政，齐之以刑。”何晏注：“政谓法教也。”《大戴礼记·盛德》：“德盛则修法，德不盛则饰政。”卢辩注：“政，禁令。”（1556）

按，此条所引用的几条古注之间义有抵牾，且与释文亦有不协处。

“政”是个义域宽泛且具开放性的词，因其所处语境不同而义有差异，故各家对“政”的解释不一，是很正常的。但纳入同一义项的材料，词义应有基本一致的特点，才能给读者提供正确的信息。《字汇》的“政”是相对于“教”即“教诲、教育”而言的，指法令条文，带有强制性。引例一《礼记》中的“政”与之相同，指政令刑法之类。引例二《论语》中的“政”则相对“刑”即刑罚而言，何晏注为“法教”，犹今言“法制（法令）教育”。引例三《大戴礼记》的“政”相对于“法”即法规之类而言，指具体的禁令。由此而言，引例二的“政”之义与他例不合，宜置于义项⑦“政策；政令”之下。

曲 ⑧委曲；周全；普遍。《广韵·烛韵》：“曲，委曲。”《字汇·曰部》：“曲，《曲礼》言礼之节目若是其委曲也。”《易·系辞上》：“曲成万物而不遗。”《孟子·告子下》：“五命曰，无曲防。”杨伯峻注：“曲，与《易·系辞上》：‘曲成万物而不遗’、《荀子·非相篇》‘曲得所谓焉’、《礼论篇》‘曲容备物之谓道矣’诸‘曲’字同义，有‘无不’‘遍’之义。”宋陈亮《问答上》：“天下既定，周防曲虑，如一家私物，此岂三代公天下之法耶？”清方苞《古文约选序》：“永叔摹《史记》之格调，而曲得其风神。”（1591）

按，此条系用三个词组成的互补式释文。按照字典编纂条例，释文应选择通俗简明的现代汉语词语。《现代汉语词典》“委曲”有三条义项：1. 弯弯曲曲的；曲折。2. 事情的底细和原委。3. 勉强服从。从现代汉语的角度看，“委曲”作释文与另外两词义相差较大，不宜组合在同条义项中。诚然，“委曲”在古代有“周全”“详尽”之义。此条引《广韵》《字汇》中的“委曲”即其义。但将其照搬作为释文，则古今杂糅，会给读者造成理解上的困惑、障碍，因而释文“委曲”应去之。这样处理，并不影响释文及义项的合理性与完整性。

曳 ③困顿。《后汉书·冯衍传》：“贫而不衰，贱而不恨，年虽疲曳，犹庶几名贤之风。”李贤注：“曳，犹顿也。”（1593）

按，此条的释文与引例中的字义不够契合。此外，用孤例立项，依据亦单薄。“困顿”一词，现代汉语指劳累到不能支持，或（生计或境遇）艰难窘迫。引例内容为冯衍被废黜居家，暮年对自己一生的回顾与评价。“疲曳”是对主语“年”即年纪、年岁的描写，故其义应侧重在衰老疲弱方面。“曳”附于“疲”后，形容因身体衰弱而需牵引或拄杖行走的老态。其后所言的“名贤之风”，既指其内在的品质涵养，也应包括外在的形象风度。此言自己虽然垂垂老矣，身弱体衰，但仍显名士贤达的气韵风度。兹为“曳”的此义补充几例。《资治通鉴·魏纪八》：“士卒伤病，流曳道路。”胡三省注：“曳者，羸困不能自扶，相牵引而行。”王安石《乞退表》：“况于疲曳，加以瞀昏，若由昧冒而无惭，其必颠隮而不救。”这也是描写因年老而身体疲弱的情况。综上，此条释文应调整为“疲困，疲弱”等。

昆　（一）kūn ⑥通“焜”。盛明；照耀。《广雅·释诂二》：“昆，盛也。”王念孙疏证：“昆读为焜。”清朱骏声《说文通训定声·屯部》：“昆，假借为焜。”《文选·扬雄〈甘泉赋〉》：“樵蒸昆上，配藜四施。”李善注：“昆或为焜。《字书》曰：‘焜煌，火貌。’”（1597）

按，此条用作释文的两词词性不一。“盛明”是形容词，“照耀”为动词。从所引古辞书的解释看，“昆”通“焜”，是形容词。而《文选》例下李善的看法则有些游移不定。其注全文为：“张晏曰：‘配藜，披离也。’善曰：‘言燔燎之盛，故樵蒸之光同上，而披离四布也。’《周礼》曰：‘共祭祀之薪蒸。’郑玄曰：‘粗曰薪，细曰蒸。’《说文》曰：‘昆，同也。’昆或为焜。《字书》曰：‘焜，煌火貌。’”从李善注的前半部分看，“昆”即“同”，言祭祀时燃烧的柴火光一同冲上天空。而其后言“昆或为焜”，则视“昆”为“焜”的通假字，为“盛明、辉耀”义。但是，不管从两说中选取哪一种说法，都无法证明“昆”字有动词“照耀”义。因此，释文应去掉“照耀”二字。

时　⑤按照规定的或一定的时间。如：列车准时到站。《庄子·秋水》：“秋水时至，百川灌河。”《礼记·玉藻》：“亲老，出不易方，复不过时。”孔颖达疏：“复，还也。假旦启云‘日中还’，不得过中。”宋王安石《上运使孙司谏书》："又其间必有扞州县之令而不时出钱者，州县不得不鞭械以督之。"又及时。《韩非子·说林下》："不时筑，而人果窃之。"陈奇猷校注："不时筑，犹言未及时筑之也。"宋朱熹《答杨宋卿》："吏事匆匆，报谢不时，足下勿过。"（1614）

按，此条义项的问题有三：首先，自举的例子与释文不协。"准"与"时"合起来才是"按照规定的或一定的时间"，而"时"单独使用只表示"时间"。其次，释文是将"时"视为状语，具有副词的语法功能。而释文太长，应予简化。再次，引例二选取不当。孔颖达疏"不过时"为"不得过中"，这个"时"作为动词"过"的宾语，无疑是名词，义为"时间"，这里特指日中之时。可见，此例的"时"与义项释文不合。最后，又项"及时"不必设立，因为"及时"亦有副词用法，且与"按时"义有交叉。如引例一的"秋水时至"也可释为秋水及时到来；例三的"不时出钱"也可释为不及时拿出钱来。因此，可以将其合并，在语义上形成互补关系。

总之，此条释文应调整为"按时；及时"。至于引例五的"报谢不时"之"时"，则有形容词的功能，此例可置于义项⑥"适时；合于时宜"中。

时 ⑥适时；合于时宜。《孟子·万章下》："孔子，圣之时者也。"赵岐注："孔子时行则行，时止则止。"《商君书·壹言》："制度时，则国俗可化，而民从制。"《太平广记》卷九十一引《剧谈录》："钟律辨则风雨调，号令时则寒暑节。"（1614）

按，此条的"时"是形容词。其选取的引例一不够典型，例下引用的赵岐注亦不够清楚。"圣之时者"意即圣人中识时务的人，这个"时"之义与释文"适时；合于时宜"还不够贴切，而赵注的"时行则行，时止则止"之言，也给人隔靴搔痒之感。此例宜去之，可换上同期的用例。《孟子·尽心上》："有如时雨化之者。"朱熹集注："时雨，及时之雨也。"《荀子·天论》："养备而动时，则天不能病。""动时"即行动合宜。《庄子·渔父》："阴阳不和，寒暑不时，以伤庶物。""不时"即不适时。因此，可将释文调为"适时；合宜"。

求 ⑥感应；招引。《易·乾》："同声相应，同气相求。"孔颖达疏："广陈众物相感应。"《孟子·公孙丑上》："今国家闲暇，及是时般乐怠敖，是自求祸也。"《礼记·学记》："发虑宪，求善良。"郑玄注："求，谓招来也。"《马王堆汉墓帛书·十六经·观》："牝牡相求，会刚与柔。"（1657）

按，组成此条义项释文的两词义不相协。"感应"是受外界影响引起的反应，一般是被动行为；"招引"则指用各种方式、手段吸引他人，具有主动性。两词显然不属于同一语义场，应予分开。引例二、引例三、引例四中的"求"，其"招引"义甚明，可以单立。然"求"表"感应"义的材料不足，兹为其补充几条。《易·乾》："九五曰：'飞龙在天，利见大人。'何谓也？子曰：'同声相应，同气相求。水流湿，火就燥，云从龙，风从虎，圣人作而万物睹。'"孔颖达疏："此明九五爻之义。'飞龙在天'者，言天能广感众物，众物应之，所以'利见大人'。因大人与众物感应，故广陈众物相感应，以明圣人之作而万物瞻睹以结之也。'同声相应'者，若弹宫而宫应，弹角而角动是也。'同气相求'者，若天欲雨而柱础润是也。此二者声气相感也。"《易·乾》的这几句话，讲的都是同类相感的问题。而孔颖达疏，则把"求"的"感应"义解释得十分清楚。再如《易·系辞下》："子曰：君子安其身而后动，易其心而后语，定其交而后求。"焦循章句："求，犹应也。"《易·杂卦》："临观之义，或与或求。"焦循章句："求，犹应也。""应"即反应，感应。从以上材料可知，"求"表"感应"并非句中的临时用法，而是具有一定的稳定性，单立义项符合要求。

沐 ⑥整治；治理。《礼记·檀弓下》："孔子之故人曰原壤，其母死，夫子助之沐椁。"郑玄注："沐，治也。"（1670）

按，由于此条所引古注的释义失之宽泛，影响了义项释文的准确性。古代棺材有棺有椁，椁为外棺。引例中的"沐椁"，犹言砍削、修理外椁。若据释文解作"整治；治理"，则失之抽象、笼统。此义同义项⑤"芟除；修剪"之义联系十分紧密。义项⑤下所引几条用例中的"沐"，对象均指树枝之类。细绎之，“沐”的这一行为，并非将树干拦腰斩断，而是对其进行修理，即砍掉多余的、碍事的枝条。《管子·轻重丁》：“请以令沐途旁之树枝，使无尺寸之阴。”集校引何如璋云：“沐，治也。谓治其枝而去之，如洗濯也。”这一解释很有启发性。原来，“沐”表修理、修剪，是其“洗濯”之义的类比引申。《管子·轻重戊》：“沐途树之枝也。”集校引宋翔凤云：“此云沐者，亦谓修治去其枝也。”综上，可将此条与义项⑤合并，再将释文调整为“修整；修治”。

沛 ⑤迅疾貌。《楚辞·九歌·湘君》：“美要眇兮宜修，沛吾乘兮桂舟。”王逸注：“沛，行貌也。”《汉书·礼乐志》：“灵之来，神哉沛。”颜师古注：“沛，疾貌。”……（1671）

按，此条引用的古注有与释文不协者。引例一下王逸注“沛”为“行貌”，过于宽泛笼统，“行”有快行，有慢行，有徒步，有乘坐车船等方式，都可以“行貌”统括之。事实上，“行貌”与义项释文“迅疾貌”相差较远，不宜引以为据。据诗句意思看，“沛”当指快速行进的样子。引例二下的颜师古注所释甚明。取用王逸注，反会让人无所适从，难得确解。

沃 ④茂盛貌。唐玄应《一切经音义》卷十三：“沃，美也；亦柔也。”《玉篇·水部》：“沃，柔也。”《篇海类编·地理类·水部》：“沃，茂貌。”《诗·小雅·隰桑》：“隰桑有阿，其叶有沃。”毛传：“沃，柔也。”又《卫风·氓》：“桑之未落，其叶沃若。”孔颖达疏：“桑之未落之时，其叶则沃沃然盛。”（1679）

按，“茂盛”一般指植物繁茂而茁壮。而此条所引古辞书及古注有释“沃”为“柔”者，其义则与释文不吻合。因为“柔”的主要特征是柔嫩、柔软等，用于植物，也与“茂盛”的特征不尽相同。引例一的“沃”，朱熹《诗集传》：“沃，光泽貌。”陈奂《毛诗传疏》：“柔者亦是美盛之意。”此说比毛传要准确到位，可舍毛传而取陈奂说。处理的办法是，先把两条释“沃”为“柔”的辞书释义材料置于义项⑤“驯顺貌”下，再将其释文调整为“驯顺、柔顺貌”，这样一来，本条义项表“茂盛貌”的材料则有所不足，兹为其补充几例。《集韵·药韵》：“沃，茂。”《淮南子·地形》：“正南次州曰沃土。”高诱注：“沃，盛也。五月建午，稼穑盛张，故曰沃土也。”《文选·江淹〈杂体诗三十首〉》：“色滋畏沃若，人事亦销铄。”吕延济注：“沃若，盛也。”《文选·谢灵运〈七里濑〉》：“荒林纷沃若，哀禽相叫啸。”吕延济注：“沃若，茂盛貌。”

沮 （二）jǔ ④恐吓。《礼记·儒行》：“劫之以众，沮之以兵，死不更其守。”郑玄注：“沮，谓恐怖之也。”孔颖达疏：“劫之以众，沮之以兵者，谓他人劫协以军众，沮恐之以兵刃也。”又受到恐吓。唐元稹《莺莺传》：“崔之婢曰红娘，生私为之礼者数四，乘间遂道其衷。婢果惊沮，腆然而奔。”明李东阳《刘平妻》：“呼儿拔刀而不怖，厉声摧山虎为沮。”(1698)

按，此条释文主要参考古注释义而设，概括得不够准确。“恐吓”指用言行威胁对方，具有主动攻击的特点。引例一中的“沮”，郑玄释为“恐怖之”，孔颖达解作“沮恐之”，这个“沮”乃为临时用作使动，是“使……感到恐怖”的意思。《文选·潘岳〈西征赋〉》：“举伪烽以沮众，淫嬖褒而纵慝。”此为周幽王假举报警的烽火，以博褒姒一笑之事。李周翰注“沮，惊也”可证。所谓“沮众”就是使众诸侯紧张惊恐。总之，例中的“沮”就是“惊恐”，用作使动是临时性的，据以提炼出“恐吓”义欠妥。这一理解上的偏差，造成与此义密切相关的“沮”的用例难以概括，编者遂设置“受到恐吓”的又项作为补救，这样一来，又造成新的问题。实际上，从其下两条引例看，“惊沮”分明就是惊慌害怕；“虎为沮”就是老虎为之惊恐。综上，又项当去，将释文调整为“惊恐；恐怖”，就可一并解决和弥补这些矛盾和不足。

泥 （二）nì ⑦污；沾污。《易·井》：“井泥不食，旧井无禽。”孔颖达疏：“井之下泥污不堪食也。”明汤显祖《牡丹亭·惊梦》：“踏草怕泥新绣袜，惜花疼煞小金铃。”清邹容《革命军·革命之原因》：“今试游于穷乡原野之间，则见夫黧其面目，泥其手足，荷锄陇畔，终日劳劳而无时或息者，是非我同胞之为农者乎？”(1710)

按，从此条释文看，编者对古注的理解尚不到位。引例一下孔颖达疏讲得比较含混。“不堪食”的是“泥污”本身，还是被泥污弄脏的水？这是存在歧义的。王氏弼注：“最在井底，上又无应，沉滞滓秽，故曰‘井泥不食’也。井泥而不可食，则是久井不见渫治者也。”王肃认为是井底之泥。具体来说，当指井底与泥污混杂的脏水。总之，孔、王都将“泥”视为名词。然而，义项释文“污；沾污”则是动词，显然与之不合，故此例不应置于此项中。引例二、引例三中的“泥”是动词，“沾污；污染”之义。不过，此义与“（二）nì”中的义项⑤“用稀泥或稀泥一样的东西涂抹”，又存在交叉重合之处，因而可以合并。当然，两者有一定的差别：义项⑤侧重于人为的、主动的行为，而“沾污；污染”则侧重于非主观意愿造成的结果，多属无意的、被动的。但是，这种差别毕竟属于次要的因素。从概括性的角度考虑，这种细微差别可以忽略不计。释文整合为“涂抹，弄脏”，就可将这些材料囊括进来了。

浃 （一）jiā ①浸渍；透彻。《尔雅·释言》：“浃，彻也。”郭璞注：“谓沾彻。”汉司马相如《难蜀父老》：“故修烈显乎无穷，声称浃乎于兹。”《淮南子·原道》：“是故内不得于中，禀授予外而以自饰也，不浸于肌肤，不浃于骨髓，不留于心志，不滞于五藏。”高诱注：“浃，通也。”《后汉书·献帝伏皇后纪》：“（曹）操出，顾左右，汗流浃背。”（1736）

按，构成此条释文的两词义不相协。“浸渍”是动词，“透彻”为形容词，不宜组合在同条义项中。编者这样处理，盖受引例二下高诱注的影响。其实，引例二《淮南子》中的“浃”与相应句中的“浸”“留”“滞”一样，其后有介词结构，亦视为动词。高诱以单音节“通”为“浃”作释，而“通”义宽泛复杂，不便确定。揆之文意，“浃”与“浸”对举而义同，亦有“浸渍”义。高诱据上下文意而有所发挥，其“通”实含“通透地浸渍”的意思。为此，可将此例置于义项④“遍；遍及”之下。因为义项④下引例二有“下浃乎草木”句，结构正与之相同。如是，此条释文应删去“透彻”，再将《尔雅》之释置于义项④中。

浸 ⑦微视；仔细看。《淮南子·要略》：“乃始揽物引类，览取挢掇，浸想宵类……引人之意，系之无极。”高诱注：“浸，微视也。”（1753）

按，此条所取古注之义不清楚明确，且据孤例无以得知其概括是否合理。义项释文“微视”今不常用，《现代汉语词典》未收。《汉语大词典》收录，义为“非正眼相看”。其下仅有一条例证为：王阳明《传习录》：“直视就是看的眼，微视就是觑的眼。”然而，此条引例中的“浸”若作此义解，则使人不知所云。释文又将“微视”与“仔细看”组合起来，就更不可思议了。“微”有“暗暗、偷偷”义，高注盖取其义，而与“视”临时组合。但“浸”的“视”义又从何而来？用“微视”即“暗中偷看”义释“浸”，也与“浸”的他义脱节。引例这段文字是概括《淮南子·览冥》的主旨。所谓“揽物引类，览取挢掇”，意即广泛地搜集、观察世间的万事万物；“浸想宵类”则进入思考分析层面。高诱注：“宵，物似也。类，众也。”“浸想”为偏正结构，“浸”是修饰“想”，即思考的，含有“深入，沉浸其中”的意思。因此，“浸”的此义可以视为义项④“渗入；渗透”的义位变体，当并入其中，不必单立义项。

涸 ③堵塞。《楚辞·东方朔〈七谏·谬谏〉》：“悲太山之为隍兮，孰江河之可涸。”王逸注：“涸，塞也……若江河之决，不可涸塞也。”(1769)

按，“堵塞”之义，与“涸”的他义脱节。“涸”的常义干涸也好，竭尽也好，似乎都与“堵塞”无涉。引例下王逸注亦未说明其来由。此义盖与其通假义“冻结”有关。义项④“通‘冱（hù）’。寒气凝结”，“冱”的本义就是“冻结”。《庄子·齐物论》：“大泽焚而不能热，河汉冱而不能寒。”陆德明释文：“向云：‘冱，冻也。’”河水冻结则会堵塞，所以“涸（冱）”表“堵塞”，其内在的联系比较紧密。因此，此条可并入义项④中。

淫 ⑦游动。《广雅·释言》：“淫，游也。”……《礼记·曲礼上》：“毋侧听，毋嗷应，毋淫视，毋怠荒。”孔颖达疏：“淫谓流移也。目当直瞻视，不得流动邪眄也。”……(1772)

按，此条的问题是所引《礼记》之例与义项释文不合。引例是讲“侍坐于君子”时言行举止的规矩要求。郑玄注：“皆为其不敬。……淫视，睇眄也。”“睇眄”同义连文，即斜视。“淫视”是相对“直视”而言的。

在日常交际中，斜眼看人即为不敬的行为，何况侍坐时面对君子？从郑玄注看，“淫视”就是斜着眼看，这属于非礼的行为，所以郑注的“睇眄”就是对这一非礼行为的具体解读。孔颖达疏对郑玄注有所发挥，加上了“流移、流动”之语，从目光应为正眼直视变为转动斜视的动态过程，进一步将“淫视”具体化。这种据文意而临时添加的内容，是不宜作为释义概括的依据的。总之，此例的“淫视”同义项③下的“过度；滥。如：淫刑；淫辞；淫祀”等具有较多相同点，不宜置于此条之下，应作为义项③的用例使用。

淬 ⑤犯；浴；冒着。《广韵·队韵》：“淬，犯也。”《淮南子·修务》：“身淬霜露，敕跷趹，跋涉山川，冒蒙荆棘。”高诱注：“淬，浴也。”明方以智《东西均·开章》：“久淬冰雪。”(1778)

按，此条是用三个词组成的互补式释文，文字上存在提炼归纳不足的问题。如是，盖有以下原因：一是照搬《广韵》的“犯”。“犯”在古代确含表被动的“冒着；遭受”义。如《商君书·错法》：“民不死犯难，而利禄可致也，则禄行而国贫矣。”《淮南子·主术》：“犯患难之危。”高诱注：“犯，遭也。”但此义如今已不常见，用在此处易生歧解。二是照录引例一下的高诱注。高诱注“淬”为“浴”，视“淬”有“被霜露洗刷”之义；不过，这与今人带有浪漫色彩的“沐浴着霜露”之言，不可相提并论。引例讲的是鲁国的南荣畴不畏艰辛“南见老聃”之事，是以第三者的叙述语气，言尽其艰难险阻，因而这个“淬”实含“遭受”之义。综上，义项释文应调整为“冒着；遭受”。

湎 ③放纵；散漫无节。《左传·成公二年》：“蛮夷戎狄，不式王命，淫湎毁常。”《史记·乐书》：“世乱则礼废而乐淫，是故其声哀而不庄，乐而不安，慢易以犯节，流湎以忘本。”张守节正义：“失于终止，故言忘本。”《晋书·安帝恭帝纪赞》：“安承流湎，大盗斯张。恭乃寓命，他人是纲。”又困顿。清唐景崧《请缨日记》卷一：“粤若倾覆，则滇南粤西，亦必沈湎不起，沦为异族。”(1792)

按，从引例看，用“放纵”释“湎”有不相协适处。“放纵”义偏于

"放，无节度"；而"湎"则偏于沉迷其中不能自拔。引例一"淫"与"湎"连用，"淫"指放纵声色，"湎"指沉溺酒中。杨伯峻《春秋左传注》谓："淫谓淫于女色。湎谓沉湎于酒。毁常，败坏规矩法度。"引例二下张守节用"失于终止"合释"流湎"，意即放纵沉溺，没有底线。《礼记·乐记》亦有"慢易以犯节，流湎以忘本"之言，孔颖达疏："淫酗肆虐，是流湎以忘根本也。"盖以"淫酗"分指"流"和"湎"。《荀子·非十二子》："多言无法而流湎然，虽辩，小人也。"杨倞注："湎，沉也。流者不复返，沈（沉）者不复出也。""沈（沉）"，就是沉溺其中。综上，此条不当立，可考虑并入义项②"沉迷；迷恋"中，将释文调整为"沉溺；迷恋"。此外，又项"困顿"附于"放纵；散漫无节"下亦有隔膜，若视因"沉溺"而"困顿"，则比较合乎情理，作又项附于其下，正好解决了这一问题。

渥 ④深厚；充盈。《韩非子·说难》："周泽未渥也，而语极知，说行而有功则德忘。"《汉书·贾谊传》："割膏腴之地以王诸公，多者百余城，少者乃三四十县，惠至渥也。"颜师古注："渥，厚也。"宋王安石《答李参书》："李君足下：留书奖引甚渥，卒曰：'教之育之，在执事耳。'"……（1810）

按，构成此条释文的两词义不相协。"深厚"之义侧重于程度之深，"充盈"之义则近于充满，侧重于空间大、范围广，不留空隙。两词的义差较大，不能构成互补关系。从引例看，引例一"周泽未渥"，犹言君主的恩泽还没有十分充盈而遍及。《史记·老子韩非子列传》引有此语。司马贞索隐："谓人臣事上，其道未合，至周之恩未沾渥于下，而辄吐诚极言，其说有功则其德亦亡。"司马贞用"沾渥"解释"渥"，即润泽充盈之义。《诗·小雅·信南山》："益之以霢霂。既优既渥，既沾既足，生我百谷。"朱熹集传："优、渥、沾、足，皆饶洽之义。""饶洽"即丰盈、充足。《论衡·别通》："夫水精气渥盛，故其生物也众多奇异。""渥盛"即充足、丰盛。汉焦赣《易林·噬嗑之恒》："白鹤衔珠，夜食为明，膏润优渥，国岁年丰。""优渥"指雨水充足。总之，应将此项分开，另立"充盈；充足”义项，将引例一及上引材料置于其下。

溥 ①广大；丰厚。《说文·水部》：“溥，大也。”《广韵·姥韵》：“溥，大也，广也。”《诗·大雅·公刘》：“笃公刘，逝彼百泉，瞻彼溥原。”毛传：“溥，大。”郑玄笺：“溥，广也。”唐韩愈《元和圣德诗》：“赠官封墓，周匝宏溥。”五代徐铉《稽神录·王翊妻》：“二年间，获利甚溥。”《农政全书·水利·浙江水利》：“使湖果复旧，水常弥满，则鱼鳖虾蟹之类不可胜食，茭荷菱芡之实不可胜用。纵民采捕其中，其利自溥，何失业之足虑哉?”（1817）

按，此条义项的释文杂糅，义不相协，有概括过宽之失。“广大”之义侧重于指地域、范围宽广，或指人数众多；“丰厚”则多就经济价值、利益的大小方面而言，指钱财多，价值大。前两例中的“溥”，都是“广大”之义。后两例中的“溥”，则都与“利”直接相关，其义为“丰厚”。因此，应将此项分为“广大”“丰厚”两条义项，将相关的例证分置其下。

浇 ③浮薄。指社会风气不好。《玉篇·水部》：“浇，薄也。”清段玉裁《说文解字注·水部》：“浇，凡醨者浇之则薄，故引申之义为薄。”《淮南子·齐俗》：“浇天下之淳，析天下之朴。”高诱注：“浇，薄也。”南朝梁江淹《齐故司徒右长史檀超墓志文》：“人迩运旷，世促道辽；永矣仁矣，流芳无浇。”唐李白《古风五十九首》之二十五：“世道日交丧，浇风散淳源。”清汪彦博《胡明经传》：“凡举事哗嚣夸饰机巧浇伪之习，了无擩染。”（1859）

按，释文中，其后面的“指社会风气不好”之言似为蛇足，不仅未起到补充说明作用，反将此义限定在偏窄的范围，当删去。古籍中有例可证，《后汉书·蔡邕列传》：“籍梁怀董，名浇身毁。”李贤注：“籍梁谓（孔）融因籍梁冀贵幸，为作《西第颂》。怀董谓邕怀董卓之恩也。浇，薄也。”名浇，指声名浮薄。此与社会风气无涉。刘孝标《广绝交论》：“驰骛之俗，浇薄之伦，无不操权衡，秉纤纩。”李善注引许慎曰：“浇，薄也”。“浇薄”同义连用，“浇薄之伦”指品质浮薄之辈。《唐才子传·殷文圭》：“唐季，文体浇漓，才调荒秽。”“浇漓”指文风浮薄不实。此外，引例一下高诱的注文，其词性亦与释文不合。例中，“浇”与“析”对文，且带上宾语，是为动词。“析”即离散。“薄”则有使动意味，“使……变得浮薄”之义，而高诱仅以“薄”字释之。可见，此例不够贴切、典范。编者援引此例，可能出于其年代较早的考虑。若是，可换上早期的例证，《淮南子·俶真》：“施及周室，浇淳散朴，杂道以伪，俭德以行。”“浇淳”指使淳朴之风浮薄。《亢仓子·君道》：“浇危之代，务取可闻可见之材。”“浇危”指浮薄衰微的时代。从这些材料看，“浇”的此义早期有用作使动用法者，因而可为其设立使动用法的义项以区别之。

潜 ⑤暗中，秘密地。《左传·哀公八年》：“（子闾）与子西、子期谋，潜师闭涂，逆越女之子章立之，而后还。”杜预注：“潜师，密发也。”《新唐书·王世充传》：“文都憾焉，潜与楚谋，因世充入殿伏甲杀之。”……（1864）

按，引例一《左传》中的“潜”与释文的词性、词义不合，恐与对古注的理解疏失有关。义项释文“暗中，秘密地”具有副词性功能。而引例一“潜师”的“潜”，其后则为名词“师”即军队。杜预用“密发”合释“潜师”之意，其中的“密”显然不是“潜”的对应词。可见，杜预通释大意，比较笼统。这个“潜”应是动词，“潜伏；隐伏”之义；“潜师”即潜伏军队。据文意看，“潜师”当然是为了军队秘密行动，但并非“密发”的行动自身。如是，引例一应置于义项③“隐藏”之下。这样处理，则此项的早期用例缺失，兹为其补上几例以证之。《左传·僖公二十四年》：“三月，晋侯潜会秦穆公于王城。”《吕氏春秋·义赏》：“令张孟谈逾城潜行，与魏桓、韩康期而击智伯。”《战国策·秦策一》：“于是潜行而出，反智伯之约，得两国之众。”

滥 ⑥昏庸，不称职。《左传·昭公二十六年》：“士不滥，官不滔，大夫不收公利。”杜预注：“（不滥），不失职。”《宋史·范仲淹传》：“而仲淹以天下为己任，裁削幸滥，考核官吏，日夜谋虑兴致太平。”（1893）

按，此条义项的设置，盖受古注随文为释的影响。引例一中的杜预注，对句中的“滥”做了具体的解读，即玩忽职守、滥竽充数。杜注大体符合文意，但不够恰切。引例是晏婴与齐侯一起谈论以礼治国的基本要素问题。对于“士”的要求，“不滥”不仅为“不失职”，恐怕还包含不胡作非为、不违法乱纪等。例二中的“幸滥”，指代受宠幸而不胜其任的人，用作宾语，是名词。编者将词性不同的“滥”置于同条义项中，亦为小疵。总之，此条义项不能成立。引例一可置于⑤“质量低劣”中。不称职也好，胡乱作为也好，都是质量不高、条件不够在人行为做法方面的体现。至于引例二，可作为又项“不称职的人”，附于义项⑦“谦辞。意为‘滥竽充数’，才不胜任”之下。

二、《汉语大字典》义项的概括性问题

概括性是语文辞典义项设立的基本要求，也是衡量其释义质量、编纂水平的重要标尺。《汉语大字典》在义项的概括性方面取得了超越前人的成绩，值得充分肯定；但也难免有不足之处。本章从《汉语大字典》中选取在义项的概括性方面存在若干问题的条目进行讨论。内容大体分为两部分：一是根据句中临时义立项，义项的概括性不够；二是独立性把握失度，义项概括不当。

一、根据句中临时义立项，义项的概括性不够

字典的义项属于固定的语言义，需要从词语众多近似的临时用法中提炼、概括出来，从而使其具有较大的普遍性与较广的适用性。《汉语大字典》中，存在着拘守古注随文释义设立义项，或将词在句中的具体义、特指义、临时用法、附加含义等设立义项，导致义项的概括性不够的问题。例如：

世 ③后嗣。《书·大禹谟》："罚弗及嗣，赏延于世。"孔颖达疏："世谓后胤。"《史记·三代世表》："蜀王，黄帝后世也。"《汉书·王陵传》："吾世即废，亦已矣。"(16)

按，此条义项释文主要据引例一下孔颖达疏而设。孔颖达释"世"为"后胤"，盖参照相应位置上的"嗣"字而得出。就解读该句意思而言，孔疏不误。"赏延于世"的"延"即延续、延及，因而"世"可以视为特指后代、后嗣。然将句中偶见的特指义立为义项，则不合概括性的要求。其实，这个"世"解作"世世代代"也是讲得通的。引例二中"后"与"世"合起来才有"后嗣"之义。引例三《汉书》之例连同上下文是：

“始（陈）平曰：‘我多阴谋，道家之所禁。吾世即废，亦已矣，终不能复起，以吾多阴祸也。’”这是汉相陈平对自己一生行事的总结。“吾世”并非我的后嗣，而是指我这一生；“吾世即废”句当言我在世如果被废黜，而不是预言后世。“终不能复起”云云，才是假设后人最终不会被启用。由上分析可知，所引例句不足以支撑这一义项。此条不当立，应将各例分置于相应的义项中。

并 ⑤聚。《后汉书·张衡传》：“鱼矜鳞而并凌兮，鸟登木而失条。”李贤注：“并，犹聚也。”（119）

按，此条的引例是描写冬季天寒地冻的状况。吕延济注“鱼矜鳞”为“鱼竦其鳞也”。即鱼振奋鳞甲从冰凌下腾跃而出。李贤释“并”为“聚”，所谓“并凌”，即聚集在冰凌上。这是描写鱼多之状，带有夸张的意味。李贤注不误；然编者搬用单字“聚”建立义项则不合宜。“并”有“合并；在一起”的常义，众多鱼类的聚集、堆积，可以看作是“合并”义在该句中的具体表现，应当并入其中。

休 ⑪盛壮。《诗·周颂·载见》：“休有烈光。”郑玄笺：“休者，休然盛壮。”孔颖达疏：“休与烈光连文，故为盛壮。”（150）

按，引例加上前几句为：“龙旗阳阳，和铃央央。鞗革有鸧，休有烈光。”这是描写诸侯来朝致祭的盛大场面。“烈光”即明亮光辉。“休”的常义为“美好”，郑玄、孔颖达释“休”为“盛壮”，是把“休”视为作者描写盛大壮观场面的赞美称扬之词。换言之，“休”的“美好”之义，在这句诗中就体现为盛大壮观。因此，这一临时的具体场景义不足以构成义项，可将其置于“美好”义项之中。

伫 ③积聚。《文选·孙绰〈游天台山赋〉》：“惠风伫芳于阳林。”李善注：“宁，犹积也。伫，与宁同。”（172）

按。仅据李善“犹积也”之言，便为“伫”设立“积聚”义项，可商。查“伫”的义项①“久立”下设有“引申为长久地停止、停留”的又项，而又项下引例中或为“伫檝”，或为“伫驾”，均与此例的“伫芳”结构相同，其“伫”之义亦有相同之处，只是涉及的对象略有区别。“长久地停留”则意味着积聚不散，因而“伫芳”的“伫”可以看作是此义临时用作使动；“伫芳于阳林”意即使芳香长久停留在阳林中。为此，可考虑将义项①下的又项变为独立义项“停止、停留”，再将此例并入其中。

侍 ⑤亲临。《礼记·丧大记》：“大夫之丧，大胥侍之。”郑玄注：“侍，犹临也。”孔颖达疏：“侍者，临检之也。”(177)

按，引例所在的这段话是讲周代的丧礼制度，连同上下文是：“君之丧，大胥是敛，众胥佐之。大夫之丧，大胥侍之，众胥是敛。士之丧，胥为侍，士是敛。”周代，装殓者的身份地位是有等级之别的。据以上规定，国君的丧事，由大胥（即太祝，主神之官）亲自动手装殓，众胥佐之。大夫的丧事，大胥要到现场指挥，但不必亲自动手，而由众胥来装殓。可见，在大夫的丧事活动中，大胥虽然是主事者，但因地位要低于亡者大夫，故其行为用“侍”字来表达。此“侍”中含有“陪奉亡者，为其效劳”的意思。郑玄、孔颖达分别释“侍”为“临”“临检”，只是“侍”在句中的临时义，强调了大胥要临场奉职。且“亲临”一词，今多用于上对下、尊对卑的行为，因而用来替换注疏作义项释文亦不妥当。此条当并入义项②“在尊者旁边陪着”之中。

假 ⑥请；托。《吕氏春秋·士容》：“齐有善相狗者，其邻假以买取鼠之狗，期年乃得之。”高诱注：“假，犹请也。”(235)

按，就引例而言，高诱注“假”为“请”十分贴切，但这是据上下文意推求出来的，用作义项释文则无概括性可言。从语法结构考察，“其邻假以买取鼠之狗”句的“假”后省略了宾语“之”，即“善相狗者”；从语意上分析，邻居请他买回取鼠之狗，也就是依托他的本事、专长来满足自己的需求。从这个意义上说，“假”的此义当是其常义“凭借，依靠”的临时变体，应当归并到义项④“凭借；依恃”之下。

传 （二）chuán ⑪引。《汉书·武五子传》：“千秋才知未必能过人也，以其销恶运，遏乱原，因衰激极，道迎善气，传得天人之祐助云。”颜师古注：“传，引也。”(248)

按，颜师古释“传”为“引”，是根据上下文意推求出来的，不宜作义项释文。引例的前面讲千秋虽无过人之才，但做了很多得人心的好事、善事。这是前提条件。末句则为全段归总，言正是其功德影响深远，才引来天和人的佑助。这是应有的结果。颜师古注“传”为“引”，正是“延引、延及”的意思。如是，可将此例归并到“传”的义项⑦“延续；继承”之中。

友 ⑧二兽相聚为友。《诗·小雅·吉日》：“或群或友。”毛传：“兽三曰群，二曰友。”（425）

按，此条为“友”在句中的特指义立项，欠当。引例描写旷野中野兽众多。其大意是，野兽有的三个结成群，有的两个结为伙（友）。“群”“友”系名词用作动词，“结成群，结成友”的意思。“群”的“兽三为群”义在古籍中有例可稽，如《国语·周语上》：“兽三为群，人三为众。”韦昭注：“自三以上为群。”《论语·卫灵公》：“群居终日，言不及义。”皇侃疏：“三人以上为群居。”《史记·周本纪》：“夫兽三为群，人三为众，女三为粲。”但是，“友”的“（兽）二为友”的用法在古籍中并不常见。引例之下，毛传是用“析言”的方式，辨析“群”和“友”两词的差别，意在指明“友”在句中临时具有的特定含义。由于尚无材料佐证，只能视其为临时义。若要保留，可在义项②“朋友”之下设立小项，注明“特指两兽相聚”，并将此例置于其下。

幸 ⑬活；使……活命。《吕氏春秋·忠廉》：“汝天下之国士也，幸汝以成而名。”高诱注：“幸，活也。”（467）

按，引例是王子庆忌对刺客要离所言。高诱以“活”释“幸”，系疏通句意而随文作解。例中“幸”与“汝”组合后，确实含有不杀死你，放你一条生路的意思。“成而名”即成就你的名声。然而单就“幸”之义而言，应为其常义“幸福；幸运”临时用作动词，是“赐予福运”之义，“幸汝”即赐给你福运。而在特定语境中，赐你福运就是给你一条命了。编者依高注设此义项，或因此义不便归到别的义项中。但是，这样处理终欠妥当。弄清高诱将句中的“幸”释为“活”之缘由，疑惑庶几可解。

垠 ③形迹。《淮南子·览冥》：“日行月动，星耀而玄运，雷奔而鬼

腾，进退屈伸，不见朕垠。”高诱注：“垠，形状也。”(475)

按，此例下高诱释“垠”为“形状”，当为句中的临时义。高诱又注曰：“朕，兆朕也。”“兆朕”即形状，形体。如是，“朕垠”系同义连用，当酌。例中这几句是形容驭驾高手钳且、大丙出神入化的驾车技艺。所谓“不见朕垠”，即看不见车子的形迹踪影。“垠”的本义是“边际；界限”；今人习用的“无垠”意即没有边际，也就是混沌一片，看不见形迹踪影。可见，边际界限与形迹形状内在联系紧密。明乎此，就不必因有高诱此注而为之设置义项。此条可并入义项①“边际；界限”中。

塞 ⑧障蔽的设施。《左传·僖公二十年》：“春，新作南门。书，不时也。凡启塞，从时。”杜预注：“门户道桥谓之启，城郭墙堑谓之塞。”孔颖达疏：“城郭墙堑所以障蔽往来，故以为塞。”(510)

按，据引例下杜预、孔颖达随文所做的解释来为“塞”设此义项，缺乏概括性。例中的“启”和“塞”本是动词，在特定语境中临时指代动作涉及的相关对象：“启”由“开启”指代门户之类；“塞”则由“障蔽；遮蔽”指代城郭墙堑等障蔽设施。这类用法是临时性的，离开特定语境将不复存在，因而不宜设为字典义项。诚然，例中“塞”之所指比较特殊、少见，若需保留，至多将其作为又项置于义项⑨“蔽；遮掩”之下。

壅 ⑥水道弯曲的地方。《史记·司马相如列传》：“批壧冲壅，奔扬滞沛。”张守节正义引司马彪云：“壅，曲隈也。”(530)

按，引例这两句是形容江水奔腾浩荡的景象。“批壧”即拍打着山岩；司马彪注“壅”为“曲隈”，则“冲壅”意为冲刷着弯曲处。然则“壅”义本为“壅积”，动词，何以与水道的弯曲处发生关联呢？这是因为，泥沙多会壅积在水道弯曲的地方。司马彪注指出了壅积的位置所在，属于“壅”在句中的具体所指义；从词性分析，这个“壅”系动词“壅积”临时用作名词。总之，此项不能成立，当归入义项③“凝聚，堆积”之中。

左 ③向左。《论语·宪问》：“微管仲，吾其被发左衽矣。”邢昺疏：“衣衿向左谓之左衽。”《史记·项羽本纪》：“项王至阴陵，迷失道，问一田父，田父绐曰‘左’。左，乃陷大泽中。”裴骃集解引文颖曰：“绐，欺

也。欺令左去。”《红楼梦》第十七回：“左右一望，雪白粉墙。”（541）

按，这条义项是参考邢昺疏和裴骃集解设置的。两家据文意对“左”在句中的特定含义所做的解释，大体都讲得通；但编者据以所做的概括整理，则存在一定的不足。引例一下，邢昺用串讲的方式，合释“左衽”之大意为“衣衿向左”。若细加分析，“左”应是方位名词作状语，“向左边”的意思；“衽”则为名词用作动词，“开衣襟”之义。引例二中，田父虽单言一个“左”字，但由于对话双方处在特定的语境中，加之还可能伴有手势动作，因而其动作指向还是清楚的，是“向左走，向左去”之义。裴骃引文颖之说为“令左去”，旨在通其大意，但也注意到了“左”含有动词性特征。由此看来，两例中的“左”都属词类活用，因而将这种用法设为义项是欠妥的；况且，活用的类别并不相同：一为名词作状语，一为名词用作动词，不能笼统地用“向左”涵括之。至于《红楼梦》中的“左右”亦为方位名词作状语，分别是“向左、向右”。总之，此条不当立，几条材料都应归入义项②“方位名词。左边（与‘右’相对）”中。

射 ④放箭的人。《孟子·尽心上》：“羿不为拙射变其彀率。”赵岐注：“羿不为新学拙射者，变其彀率之法也。”（549）

按，引例中的“射”系由动词“开弓射箭”，转指开弓射箭之人。这种动名词之间的临时转换在古书中比较常见。然此义仅有一例，恐难确认是“射”固有的意义，尚不足以设立义项。编者这样处理，盖因不忍舍弃赵岐之注所致。然细绎之，赵注中“新学拙射者”之言，本是对原文“拙射”这一偏正式组合所做的通释，并非单就“射”字为解。明乎此，此条去之无妨。

专 ⑫肥厚。《仪礼·士虞礼》：“用专肤为折俎，取诸脰膉。”郑玄注：“专，犹厚也。”（550）

按，引例讲的是祭祀时取用牲体材料的问题。“折俎”即祭祀时置于俎上的牲肉，“专肤”指牲肉较肥厚的部位；郑玄用“厚”释“专”，旨在说明选取牲肉的特征要求。“脰膉”指脖颈肉，因肉比较厚实，适宜祭祀专用，故谓“专肤”。可见，例中的“专”仍为其常义“专门，专用”，只是与“肤”组合后，一起指代肥厚的肉块罢了。“专”的这种用法属临时特征义，是不宜设为义项的。

尊 ⑨高位。《吕氏春秋·爱类》:“匡章谓惠子曰:‘公之学去尊，今又王齐王，何其到也?’”高诱注:“去尊，弃尊位也。”(552)

按，将引例中的“尊”释作“尊位”或“高位”，是为其形容词“尊贵”之义的名词性扩展，属临时用法。“尊”的义项⑧为“尊贵；高贵”，其下所引例证有柳宗元的《封建论》:“然而降于夷王，害礼伤尊。”这个“尊”指的是尊严，尊贵的脸面，亦为形容词临时用作名词。为何其归属不一呢？义项⑧的处理是对的。此例的“尊”不能因为有高诱注而为其另设义项。

弊 (二) ②定罪。《汉书·刑法志》:“凡囚，上罪梏拲而桎，中罪梏桎，下罪梏；王之同族拲，有爵者桎，以待弊。”颜师古注:“弊，断罪也。”(561)

按，引例是言因犯罪者身份不同而对其拘禁方式有别的问题。例句的前半部分是讲关押普通囚犯时的拘禁方式。后半部分则讲王公贵族被囚期间享有的优待:“王之同族”无论罪大罪小，都只“拲”，即双手铐在一起；“有爵者”无论罪大与小，通通“桎”，即戴上木制脚镣。“弊”本有“断决；断定”之义，而在此例的特定语境中，断决的内容自然就是罪了。颜师古释作“断罪”是合理的；但将其设为义项，则不具概括性。此条应并入义项①“断决”之中。

小 ②狭隘；不足。《书·仲虺之诰》:“好问则裕，自用则小。”孔传:“问则有得，所以足；不问专固，所以小。”《礼记·表记》:“义有长短小大。”孔颖达疏:“小谓所施狭近也。”(607)

按，此项用两个词语构成互补式释文。然“狭隘”主要从范围、空间而言，而“不足”则主要从数量、程度而言，两者义差较大，组合在同一义项中不够合宜。此条盖因编者迁就古注所释的具体义而拼凑成的。引例一的“小”与“裕”构成相反的语义关系。“裕”指知识丰富，充足；“小”则临时有了“不足”之义。引例二的主语“义”是古代的道德标准，较为抽象，孔颖达疏对其“长短小大”做了比较具体的解读说明：“长谓国祚久远，大谓覆养广多，短谓世位浅促，小谓所施狭近也。”所谓“所施狭近”，即“义”施及的范围不宽，这是“小”在句中的具体所指义。由此而论，“小”的义项①“细；微”是能够将这两例涵括进去的。范围不宽，程度不深，可以视为“细；微”的具体表现形式。

可 ⑪相当于“所”。《礼记·中庸》：“子曰：‘鬼神之为德，其盛矣乎！视之而弗见，听之而弗闻，体物而不可遗。’”郑玄注：“可，犹所也。”《大戴礼记·武王践阼》：“席前左端之铭曰：‘安乐必敬’；前右端之铭曰：‘无行可悔’。”按：《说苑·敬慎》作“无行所悔”。《太平广记》卷二百六十二引魏邯郸淳《笑林》：“无可有，以大豆一斛相助。”（615）

按，设此义项的依据主要是《礼记》郑玄注及古文献的异文材料。然“可”的常义为助动词、动词或形容词，而释文谓“相当于‘所’”，虽其具体所指不确定，但从引例看，“所”的这一用法属特殊指示代词。如是，其义甚虚，且附着性强，这就与“可”的常见诸义相去远矣，不知其缘由，因而是值得怀疑的。引例一，郑玄随文释义：“可，犹所也。”此言只是告之，“可”字相当于“所”，而且郑注也值得斟酌。“体物而不可遗”同前面的“视之而弗见，听之而弗闻”两句平列，分别对鬼神的盛大功德进行陈述。“体物”即体生万物。“不可遗”与“弗见”“弗闻”结构应当相同，都是否定词加动词的偏正结构，意为“不会被遗漏”。因此，这个“可”应是助动词，“可能，会”之义。该句比前两句多一“可”字，盖为突出表被动的语义特点。“可”若为特殊指示代词“所”，“所遗”则成了名词性词组，这既与副词“不”搭配不当，也在句式上与“弗见”“弗闻”不协。引例二中“无行可悔”的“可”与“安乐必敬”的“必”对举，显然是修饰动词“悔”，当为“值得”之义。此句言没有什么行为值得后悔，意即不要做追悔莫及的事。《说苑》的异文“无行所悔”与之意同，只是表述方式略异，不足以证明“可”即“所”义。引例三中的“无可有”，即无应有之物。总之，这三例的“可”均用在动词前面，是助动词。其区别在于：引例一的副词“不”否定的“可遗”是谓词性的；引例二、引例三是动词“无”表否定，后面的谓词性结构充当宾语，因而名词化了。总之，引例中的“可”虽大致可释为“所”，但并不具有“所”的功能，而是助动词，因而不能据以立为义项。此条释义及引例均出自以随文释义方式作解的《经传释词》《经词衍释》《古书虚字集释》，其释均有未安者。

右 ⑩迂曲。《诗·秦风·蒹葭》：“溯回从之，道阻且右。”郑玄笺：“右者，言其迂回也。”（617）

按，此条系据句中的临时义立项，盖与古注有关。引例下先有毛传：“右，出其右也。”指出了“右”不是一般表示方位的名词，而是具有谓词的特点。因诗句前两段相应位置上作“道阻且长”“道阻且跻”，于是郑玄在毛传的基础上，据“长”“跻”而类推“右”，亦当形容道路难走。马瑞辰《毛诗传笺通释》：“周人尚左，故以右为迂回。”又进一步话明了郑玄说。实际上，例中“右”的字面义即“向右行走”。相对于直走，向右走就是绕道而行，故郑玄释为“迂回”。朱熹《诗集传》：“不相直而出其右也。”所言甚明。就训释“右”的句中义而言，郑玄、马瑞辰最为贴切。但这只是特定语境中临时具有的含义，不宜为其设立义项。此条可并入义项④“往右”之中。

史 ⑥画师。《庄子·田子方》：“宋元君将画图，众史皆至。”成玄英疏：“画师并至。”宋王安石《虎图》：“想当槃礴欲画时，睥睨众史如庸奴。”（618）

按，此条释义主要来自成玄英疏。引例一中的“史”，成玄英释为“画师”，甚确。然这一用法属于“史”在句中的特指义，特指画官。引例二，王安石的诗用了这一典故，“史”义亦同。一般而言，特指用法的概括性不足，不当立为义项。又，“史”的义项①为“古代文职官员。最初指王者身边担任星历、卜筮、记事的人员”。其释文用“古代文职官员”已经概括得较好，再进行列举式补充，难以穷尽，反生罅漏，成为蛇足。古代“画师”也属文职官员。因此，可将此条并入义项①中，再将释文简化为“古代王者身边的文职官员”。

同 ⑥参与；一起主持；一同干某事。《书·立政》："惟羞刑暴德之人，同于厥邦；乃惟庶习逸德之人，同于厥政。"孔颖达疏："惟进用刑罚与暴德之人同治其国，并为威虐；乃惟众习为过德之人，与之同共于其政，由其任同恶之人。"《孙子·谋攻》："不知三军之事，而同三军之政者，则军士惑矣。"《晋书·卢循传》："我今将自杀，谁能同者?"（626）

按，此条使用三个词语，分三层构成，释文欠简洁。引例一下孔颖达以"同治其国"释"同于厥邦"，以"同共于其政"释"同于厥政"。编者或因力图兼顾义项释义与三条例证的分别对应，遂用三条意义接近的词语或短语互补，导致释文如此复杂、冗长。然而，义项释文越具体，越难涵括同类形形色色且有细微差异的句中词义，造成概括失度。从引例看，引例一的两个"同"是"一起主持"；引例二的"同"是"参与"；引例三的"同"是"一起干某事"。其实，即使"参与"也不是个人单方面的行为。作为义项释文，不必细分动作行为的施行者是主角，还是处于辅助地位的配角，应归纳其共同点。这个共同点即并非单独行动，而是和别人一起做某事。因此，释文可调整为"共同做；一起做"。

启 ⑦门。《左传·僖公二十年》："'新作南门'，书，不时也。凡启塞，从时。"杜预注："门户道桥谓之启，城郭墙堑谓之塞。"孔颖达疏引服虔曰："阖扇所以开，键闭所以塞。"（698）

按，释文"门"应为"启"的临时义。"启"和"塞"一样，本是动词，在引例中临时指代了动作涉及的相关对象，即由"打开门户"指代门户之类；这种临时性用法不宜设为字典义项。且细绎之，"启塞"承上"新作南门"而言，前有副词"凡"修饰，又产生了新的动词义——修建城门。"凡启塞，从时"，是言凡是修建城门以及城郭墙堑，都应在适宜的季节，即不违农时。因此，不宜单立义项。可以作为又项附于义项①"打开"之下。

崇 ⑪修饰。《国语·周语中》："容貌有崇。"又《楚语下》："礼节之宜，威仪之则，容貌之崇。"韦昭注："崇，饰也。"（809）

按，"崇"的"修饰"义与其他意义有隔，且只有《国语》两例以及韦昭对“祟”的注释，立项的依据亦不够充分；此外，引例中两个“祟”的对象仅限于“容貌”，范围偏窄，代表性不够。兹为其补上几条例证。《左传·文公十八年》：“少皞氏有不才子，毁信废忠，崇饰恶言。”杨伯峻注：“‘崇饰’为同义词连用。”《三国志·魏志·高堂隆传》：“崇饰居室，士民失业。”《旧唐书·列传·外戚》：“时宗族咸以外戚，崇饰舆马，维鋆独清俭自守。”参考这些用例，可将释文调整为“修饰；装饰”。

役 ⑬助。《广雅·释诂二》：“役，助也。”《周礼·春官·菙氏》：“遂歈其焌契，以授卜师，遂役之。”郑玄注：“役之，使助之。”《礼记·少仪》：“怠则张而相之，废则埽而更之，谓之社稷之役。”郑玄注：“役，为也。”孔颖达疏：“为，谓助为也。”（876）

按，此条参考古注所释的句子临时义立项，缺乏概括性。引例一是言“菙氏”的职责。这段文字为：“菙氏掌共燋契，以待卜事。（孙诒让正义：‘凡灼龟先用燋取火，而后以契就燋然之，乃以灼龟。’）凡卜，以明火爇燋，遂歈其焌契，以授卜师，遂役之。”可知，菙氏的任务是为占卜灼龟做准备，在卜事的实施过程中，他居于辅助地位。因而“役”即“为”，指从事某种职事。由于菙氏所做的事是助卜师之为，所以郑玄以“使助之”解释“役之”。这是指出“役”在句中的特定含义。引例二《礼记·少仪》是讲“为人臣下者”应遵守的准则。前两句大意是，君主懈怠，臣下要拿出主张来辅助他；政令废弛，臣下要设法清扫弊端来改变现状。所谓“社稷之役”，即为国家应做的役事。郑玄以“为”释“役”，即所为之事，此字带有名词词性。孔颖达疏：“为，谓助为也。社稷之臣谓为助社稷之臣也。”孔氏补充作“助为”，是将臣下的行为按其身份、地位予以具体化，并非指“役”即“助”义。因此，两例都可并入义项⑭“为；作为”中。此义项范围十分宽泛，种种不同身份、方式的“作为”都可囊括之，“助，助为，帮助”等也不例外。至于《广雅》之释义，或许正来自郑注。

衍 ⑤多余。《楚辞·天问》：“东西南北，其修孰多？南北顺椭，其衍几何？”朱熹注：“衍，余也。”宋文莹《玉壶诗话》卷二：“苏晓为淮

漕……置四十四场，一萌一櫱，尽搜其利，岁衍百余万缗，淮俗苦之。”（882）

按，对于引例一中的“衍”字，最早王逸有注：“衍，广大也。言南北隋长，其广差几何乎？”然注文增加一个原文未含的关键字眼“差”，似有增字为训之嫌。这正反映出他释“衍”为“广大”不能自圆其说的困惑。因为“隋”指狭而长，所谓“南北顺隋”，即由南到北地形狭而长，如是，怎么接着追问其“广大”方面的问题呢？古人认为大地南北比东西要略短些，此问“其衍几何”，既是问东西的长度比南北多出多少，也就隐含着南北比东西少多少的意思。王逸注的“差”也透露出这一信息。朱熹注“衍”为“余”，即多余，多出，是从“其”指东西长度的角度为释的，可取。引例二中的“衍”是“增加、增多”义。因此，可将此项同义项②“溢出”合并，该项之例的“衍”均指水多而漫出。从概括性的角度考虑，合并后的释文宜调为“溢出；多出”。

徙 ④逾；越。《礼记·檀弓上》：“祥而缟，是月禫，徙月乐。”孔颖达疏：“逾月可以歌。”晋谢沈《祥禫议》：“徙月后吉，不宜立异履改也。”（889）

按，这条义项主要据引例一下的孔颖达疏“逾月”而立，值得斟酌。例中涉及父母去世后一定时期的礼制。“是月禫”，是言这个月份（指父母去世后二十五个月）举行禫祭。“徙月乐”即过了这个月就可以奏乐了。“徙月”特指过了父母去世的当月。因此，例中的“徙”当为其常义“迁移；移动”的临时变体，这是由空间的移动临时转指时间的推移。相对“是月”而言，“徙月”就是往后推移了一个月。引例二的“徙月”义与之相同，不赘。因此，此条可并入义项①“迁移”之中。

得 ⑨晓悟；了解。《韩非子·外储说左下》：“臣昔者不知所以治邺，今臣得矣，愿请玺，复以治邺。”《礼记·乐记》：“礼得其报则乐。”郑玄注：“得谓晓其义，知其吉凶之归。”宋苏轼《答黄鲁直书》：“见足下诗文愈多，而得其为人益详。”（890）

按，此条盖主要据引例二下的郑玄注“晓其义”立项。《礼记》此例连同上下文为："乐也者，动于内者也；礼也者，动于外者也。……故礼有报而乐有反。礼得其报则乐，乐得其反则安。礼之报，乐之反，其义一也。"孔颖达疏："礼得其报则乐者，言礼能晓其义理而自进，则和乐不至困苦，故和乐也。"从例中可知，"得"的此义当从其常义"获得"引申而来。前言"礼有报"，是说"礼"中含有回报从而使人勉力进取；"得其报"就是得到应有的回报，而这种"得到"的具体内容，就是"晓其义理而自进"。郑注、孔疏不误。然字典若将不同语境中的具体所指义都列为义项，则无概括性可言。至于引例一中的"得"即"得知"，系承上省略了得知的内容"所以治邺"，这个"得"亦是"获得"在句中的临时所指。引例三的"得"亦可释为"获得"，其涉及的内容比较抽象，可以"晓悟；了解"释之。由此看来，三条引例中的"得"义，都可以涵括在义项①"得到；获得"中。

形 ⑩指声音动静。《礼记·乐记》："故人不耐无乐，乐不耐无形。"郑玄注："形，声音动静也；耐，古书能字也。"孔颖达疏："乐不耐无形者，内既欢乐，不能无形见于外，谓声音动静而见于外也。"唐裴铏《聂隐娘》："空空儿之神术……善无形而灭影。"（916）

按，此条义项的概括性不足。引例一中所指音乐的"形"，是相对于人内心的"乐"，即欢乐而言的。音乐需要一定的载体，即表现形式，而这个表现形式当然就是声音动静。因此，孔颖达疏所谓的"声音动静"，只是"形"在特定语境中的具体所指内容，故不具概括性。再看引例二，讲的是"空空儿之神术"，原文还提及他有"人莫能窥其用，鬼莫得蹑其踪，能从空虚之入冥"等本事，为引例所省略。例中，"善无形"的"形"是指其行动时被人察觉的各种踪迹响动。总之，两例中的"形"都属于事物的外在表现形式，为"形"在文中的具体所指义，不当立为义项。此条可以作为又项"表现形式"附于义项④"表现；显露"之下。

庸 ④劳苦。《诗·王风·兔爰》："我生之初，尚无庸；我生之后，逢此百凶。"郑玄笺："庸，劳也。"（955）

按，引例中的"庸"字，最早有毛传释为"用"，未引；编者据郑笺设置“劳苦”义项，恐与郑玄的意旨相违。这首诗是周朝没落贵族面对国家祸乱动荡发出的哀叹。前两段是：“我生之初，尚无为；我生之后，逢此百罹。我生之初，尚无造；我生之后，逢此百忧。”“尚无为”句，毛传：“尚无成人为也。”郑笺：“谓军役之事也。”“尚无造”句，毛传：“造，伪也。”“伪”即人为，指人为之事。“为”“造”“庸”三词对文，意义应比较接近。毛亨释“庸”为“用”，其义宽泛，可理解为“被使用”。郑玄释“庸”作“劳”，当为“庸”在句中指代的具体内容，即劳役之事，具有名词词性，可视为“庸”的义项②“任用；使用”的义位变体，不宜为其另立义项。

它 ②邪，不正。《玉篇·它部》：“它，非也。”《法言·问道》：“适尧、舜、文王者为正道，非尧、舜、文王者为它道。君子正而不它。”《汉书·卫绾传》：“（卫绾）忠实无它肠，乃拜绾为河间王太傅。”颜师古注：“心肠之内无他恶。”(977)

按，单就本条而言，其设计安排比较合理，义项能够成立。但是，“它”的基本用法是指示代词，主要起指称作用。按照词义引申规律，代词“它”是难以引申出比较抽象的形容词“邪，不正”之义来的。下面对引例试做考察分析。《汉书》例中的“它肠”即别的心肠，指的是与卫绾正面的“忠实”品质相反且对立的东西，当然就属于不好的品质了。颜师古以“他恶”释“它”，意思是别的邪恶品质。《法言》之例亦然。“它道”是“正道”以外别的道。在儒家看来，不遵循尧、舜、文王者就是旁门邪道，因而在特定的语境中，“它”就临时有了“邪恶，不正”之义。由此看来，不宜为此义设置义项。引例中的“它”应并入义项①“代词。后作‘他’”之中，或设又项附于其下。

强 ⑤有余，略多。《诗·周颂·载芟》：“侯亚侯旅，侯强侯以。”郑玄笺：“父子余夫俱行，强有余力者相助。”(1070)

按，此条所引诗句的内容，是歌颂国君率领耕作的人员众多。“侯”为语气助词，“亚”指国君次子，“旅”指国君众子。毛传：“强，强力也。”孔颖达疏：“强有余力，谓其人强壮，治一夫之田仍有余力，能佐助他事者也。”马瑞辰《毛诗传笺通释》：“强，指强有力者。”几家对“强”表“强壮，有力”的看法一致，这也正是“强”的基本用法；而郑笺及孔疏中的“有余力”之言，只是“强”在句中临时附加的含义，是不宜据以建立义项的。

染 ⑧豆豉酱。《吕氏春秋·当务》：“曰：‘姑求肉乎？’一人曰：‘子肉也？我肉也？尚胡革求肉而为？’于是具染而已。”高诱注：“染，豉酱也。”（1274）

按，“豆豉酱”系“染”在句中的临时所指义。引例这段话讲的是“齐之好勇者”二人饮酒时，互相拔刀割取对方的肉吃，“因抽刀而相啖，至死而止”的故事。例中的“具”指准备；“染”系动词临时用作名词，指浸染以调味的东西，犹今言调味品，恐怕未必专指“豆豉酱”。因为作为调味的“酱”在先秦已经出现。《论语·乡党》：“割不正，不食；不得其酱，不食。”《周礼·天官·膳夫》：“酱用百有二十瓮。”而“豆豉”“豆酱”等词，汉代才有。《论衡·四讳》：“世讳作豆酱，恶闻雷。”《急就篇》第十章：“芜荑盐豉醯（醋）酢酱。”颜师古注：“酱以豆合面为之也。”《史记·货殖列传》：“蘖曲盐豉千荅。”《释名·释饮食》：“豉，嗜也。五味调和，须之而成，乃可甘嗜也。故齐人谓豉，声如嗜也。”总之，引例中的“染”，不管指“豆豉酱”，还是泛指调味品，作为义项都不能成立，至多作为又项附于义项③“浸染；沾污”之下。

乐 （一）yuè ⑥生。《淮南子·本经》：“天覆以德，地载以乐。”高诱注：“乐，生也。”（1373）

按，“生”系“乐”的句中临时义。大概由于编者对例中的“乐”及高诱注的意思不甚清楚，遂照搬“生”字作为释文，因而给读者提供的仍是比较笼统模糊的信息。引例这段讲的是理想中远古圣王无为而治的“太清之始”时期的自然形态。其时“是以天覆以德，地载以乐；四时不失其叙，风雨不降其虐；日月淑清而扬光，五星循轨而不失其行”。据文意，引例应按“天覆（之）以德，地载（之）以乐”理解，宾语“之”省略，指世间万物。从句法结构看，介宾结构“以德”“以乐”又应分别提到谓语动词“覆”“载”之前。其“乐”字高诱注为“生”，盖指“生长、生养”。然此义与“乐”的他义几无联系，又从何而来？高注恐怕并非认为“乐”单独有“生”义，盖谓“以乐”即“以乐而生”，句中隐含以音乐来承载万物生长的意思。但这只是该句中临时特有的意义，用于他处则无以为解。这两句可合释为：老天用德泽覆盖万物，大地用音乐生养万物。总之，此条不当立。

樵 ④焚烧。《公羊传·桓公七年》：“焚之者何？樵之也；樵之者何？以火攻也。”何休注：“樵，薪也。以樵烧之，故因谓之樵之。樵之，齐人语。”（1387）

按，义项释文“焚烧”应为“樵”的临时性用法。引例下何休注“以樵烧之，故因谓之樵之”解释得比较清楚。且引例原文的设问自答，也说了这个问题。“樵”的这种临时作动词的用法，是不宜单立义项的。

狱 ⑥判决书。《汉书·张汤传》：“（张汤）并取鼠与肉，具狱磔堂下。”颜师古注：“具为治狱之文，处正其罪而磔鼠也。”（1465）

按，义项释义“判决书”属于“狱”的句中临时义。引例下颜师古的注中还有“处正其罪”之言，是对上句注文“治狱之文”的补充，应结合起来理解，方得其义。引例讲的是张汤小时候为报复因“鼠盗肉”而遭其父鞭笞，后逮住老鼠对其进行模拟审判并予处死的事。例中的“具”即准备好，定案；所谓“具狱”，并非说他只是写好判决文书，还应包括象征性地做出判决——“处正其罪”，然后才“磔堂下”——将偷肉老鼠分尸处死堂下。从引例的前文看，张汤“劾鼠掠治，传爰书，讯鞫论报”，已经模拟完成了前期的审讯程序。因此，此例的“狱”，当视为义项⑤“罪；过失”的临时用法，义即判决定罪，加之此为孤例，就更不宜为其设立义项了。

殆 ③畏惧。《管子·度地》：“人多疾病而不止，民乃恐殆。”《淮南子·说林》：“腾蛇游雾，而殆于蝍蛆。”高诱注：“殆，犹畏也。”（1484）

按，此条主要据古注的临时义立项，缺乏概括性。引例二连同前后文为：“月照天下，蚀于詹（蟾）诸；腾蛇游雾，而殆于蝍蛆；乌力胜日，而服于鼈礼：能有修短也。”是说各类事物的能力都有长短。《尔雅》郭璞注“蝍蛆”：“似蝗而大腹，长角，能食蛇脑。”从引例前后相应位置上的“蚀”“服”看，均含被动语义，分别是“被咬缺”“被制服”的意思。所以，此处的“殆”，高诱据文发挥，解释为“畏”则未必合宜。因为“畏”即畏惧，是心理行为，是主观的感受。例中的“殆”应按其常义理解，含有“遭受危险”之义。两句是说，腾蛇虽然很厉害，可在云雾中游弋，却被“蝍蛆”置于危险的境地。清人庄逵吉按“殆，《太平御览》作‘困’”，亦可参证。至于引例一《管子》中的“恐殆”，就是恐慌危险的意思。因为“多疾病”，故谓。总之，此条不当立，应并入义项①“危亡；危险”中。

成 ⑰奏乐一曲为一成。《书·益稷》：“箫韶九成，凤皇来仪。”孔传：“备乐九奏。”(1502)

按，此条释文为句中的具体所指内容，缺乏概括性。实际上，奏完一曲音乐，就是“成”的义项⑬所说的“达到一个完整的数量单位”的具体内容。例中的“箫韶九成”，就是演奏完箫韶九曲。所不同的是，此例的“成”与义项⑬下用例中的“成”所处位置有别：“成夜”“成句”“成数”的“成”置于名词之前，而此例的“成”则置于名词“箫韶”之后。但是，这毕竟是大同中的小异，还不能作为分设两条义项的依据。此条应并入义项⑬之中。

威 ④刑罚。《书·洪范》：“惟辟作福，惟辟作威，惟辟玉食。”孙星衍疏引郑玄曰：“作威，专刑罚也。”《韩非子·用人》：“上无私威之毒，而下无愚拙之诛。”陈奇猷集释：“私威者，不案法而行罚也。”三国蜀诸葛亮《斩断》：“设斧钺之威，以待不从令者诛之。”又惩罚。清归庄《送昆山令黄冈万侯序》：“以奖善威恶。”(1507)

按，义项释文系句中具体义，为之立项，盖受引例一下郑玄注的影响。为弄清此例中“威”之义，不妨参看各家对《书》之例的解释。孔传：“言惟君得专威福，为美食。”孔颖达疏：“惟君作福，得专赏人也；惟君作威，得专罚人也；惟君玉食，得备珍食也。”《史记·宋微子世家》

引作："维辟作福，维辟作威，维辟玉食。"裴骃集解引郑玄曰："作福，专爵赏也。作威，专刑罚也。玉食，备珍美也。"周秉钧《尚书易解》引郑玄曰："此凡君抑臣之言也。作福，专爵赏也。作威，专刑罚也。玉食，备珍美也。"以上各家的解读文字虽不尽一致，但都是将"作威""作福"合而释之，如一定要对号入座，那么"作"是否义为"专"，即"专擅"呢？恐怕不能这样理解。"作"义宽泛，是施行、实施。所谓"作福"就是施予福祉，这一行为用在国君身上，且是相对于下句"臣无有作福作威（之）玉食"而言的，这样，国君的"作"就临时有了"专擅"之义。因此，引例一中的"作威"，就是专擅威权。众所周知，国君威权的重要标志，就是掌握对臣民生杀奖惩的权柄，而施以刑罚，不过是专擅威权的具体表现形式之一。再看引例二。《韩非子》例中的"私威"，即凭个人意气滥施淫威的意思。陈奇猷之注串讲大意，并不能证明"威"指的是刑罚。如上所言，滥施刑罚只是专擅威权的内容之一。所谓"私威之毒"，其意当为滥施淫威的危害。引例三中的"斧钺之威"，就是斧钺的威严，而斧钺本身就代表刑罚、杀戮。总之，此条不当立。

历 ⑧逢；遭逢。《广韵·锡韵》："历，过也。"《楚辞·离骚》："惟兹佩之可贵兮，委厥美而历兹。"王逸注："历，逢也。"（1549）

按，此条系根据随文释义的古注立项，不具概括性。"历"的义项①"经历；经过"下有《说文·止部》："历，过也。"不知此条引《广韵·锡韵》的"历，过也"与其有何不同？或许这是编者为另立义项才将其分而置之。这种强生分别，正好说明"过"与"逢"两义间的牵缠。再看引例。对于作者来说，所叙之事都是既往之事——不管过去了多久，因曾遭逢这样的打击（"兹"），也就意味着经历过这样的不幸，可见两者是相通的。王逸据文释"历"为"逢"，是从不同角度对其进行的解释，不宜单立义项。此条当并入义项①中。

攻 ⑥排斥。宋张载《正蒙·太和》："天地之气，虽聚散、攻取百涂，然其为理也，顺而不妄。"王夫之注："同者取之，异者攻之，故庶物繁兴，各成品汇。"（1552）

按，此条取句中的临时义立项，不可取。引例中的“攻”与“取”对文而义相反。王夫之注只是串讲句子大意，并未具体解释“攻”义为何。“取”指取用，那么“攻”就相应有了“对抗、排斥”之义，这正是“攻”的常义“进攻、攻打”义在“天地之气”面对“百涂”时的表现形式之一，是其临时变体。因此，此义项应归并到义项①“攻打；进击”中。

攻 ⑨砍伐。《山海经·大荒南经》：“有云雨之山，有木名曰栾。禹攻云雨，有赤石焉生栾。”郭璞注：“攻谓槎伐其林木。”(1552)

按，“攻”的此义，属于句中的临时义，不当立。从引例看，禹所“攻”的对象为“云雨之山”，其目的是砍伐树木，还是开采别的什么，并未指明。郭璞注为“槎伐其林木”，盖因此节中提及“栾”即栾树，这恐怕未必符合原文之意。其实，对“攻”的语义理解不妨宽泛一些。义项⑧为“开采；开凿”，此例可以归于其下，将“砍伐”视为“开采”的内容之一。而义项⑧下的引例中，“攻”的对象或为“山”，即“攻山取铜铁”，或为“石”，即“攻荆蓝之石”（《汉书·贡禹传》），这与本例的“攻云雨（之山）”又有何不同呢？

败 ②砍伐。《诗·召南·甘棠》：“蔽芾甘棠，勿翦勿败。”马瑞辰通释：“《说文》：‘伐，一曰败也。’《广雅》：‘伐，败也。’是勿败犹勿伐耳。”《三国志·吴志·陆逊传》：“居庐桑果，不得妄败。”(1565)

按，此条取古注具体义立项，概括性不够。引例一所在《诗》的前一段作“勿翦勿伐”，可见“伐”与“败”两词义有相同点，《说文》的“一曰”可为佐证。不过问题没这么简单，既然上文相同位置上作“伐”，这里再用“败”，两词之义若完全一样，岂不语义上重复累赘？实际上，例中的“败”与“伐”之义是有差别的：前言“伐”是砍断，“败”则是“毁坏”。清胡承珙《毛诗后笺》：“败者，谓伤其本根。”“败”已涉及本根，可见其伤害程度要比“伐”深。引例二中的“不得妄败”就是不得滥加毁坏，这个“毁坏”理应包括砍伐在内。“败”的义项①为“毁坏”。据以上分析可知，“砍伐”的意义范围、伤害程度等，都不及“毁坏”；因而可用“毁坏”将“砍伐”涵括之。此条应并入义项①中。

败　⑮沉没。《淮南子·说林》：“游者以足蹶，以手抻，不得其数，愈蹶愈败。”高诱注：“败，犹没也。”（1565）

按，“沉没”系“败”在句中的临时义。引例讲的是初学游泳的人，因不得游泳要领而采取的错误做法。“蹶”，指用脚乱蹬；而“败”则是这种错误做法造成的严重后果。高诱注“败”为“没”，旨在说明这种危害的后果——沉溺于水中。所谓“愈蹶愈败”，意即越是乱扑腾，其造成的危险就越大。“败”的义项⑭是“害；危害”，而“沉没”则可视为“危害”在该句中的具体表现形式。因此，此条应并入其中。不能因不忍割弃随文为释的古注而影响义项的概括性。

敏　⑥才能。《国语·齐语》：“尽其四支之敏，以从事于田野。”韦昭注：“敏，犹材也。”（1566）

按，为“敏”设“才能”义项是十分勉强的。《国语》之例，讲的是安心于农业耕作的人们之所为。韦昭注“敏”为“材”，而“材”指资质，能力，为名词。“敏”的义项①为“疾速”，形容词。韦注将“敏”转换为名词，是以偏代正，实含“迅捷快速的本领”之义。这种临时性的意义是未达到立项条件的。

昔　⑤终了；末尾。《吕氏春秋·任地》：“孟夏之昔，杀三叶而获大麦。”高诱注：“昔，终也。”（1596）

按，义项释文“终了；末尾”属于“昔”的比喻义，且是临时性的。夜晚为一天完结或即将完结的时间，引例的“昔”则是以夜晚来喻时令季节的完结终了之时。引例中，高诱以“终”释“昔”不误，但将这种孤例中的临时义立为义项的做法则不合宜。此条应并入义项④“夜晚”中。

没　⑧贪。《国语·晋语二》：“退而不私，不没于利也。”韦昭注：“不没，不贪。”《史记·货殖列传》：“吏士舞文弄法，刻章伪书，不避刀锯之诛者，没于赂遗也。”元佚名《陈州粜米》第三折：“那厮每不依钦定，私自加添，盗粜了仓米，乾没了官钱。”（1683）

按，此条义项盖因引例一下有韦昭以“不贪”解释“不没”而设。韦昭注随文为释，是比较具体的临时义，作为义项则不够条件。“贪”往往有隐秘不显的行为特点，和深陷其中难以自拔的心理特点。这几条引例中的“没”都直接与钱财有关。揆之引例一，所谓“不没于利”，就是不沉迷、陷入财利中；引例二的“没于赂遗”就是沉迷于他人赠送的不义之财中；引例三的“没了官钱”就是暗中将官钱据为己有。总之，这些材料不足以构成义项。前两例可以并入义项④“陷入；沦落”中，引例三则可并入义项③“隐没，消失不见”之中。

洼 ②潴积。《淮南子·览冥》：“山无峻干，泽无洼水。”高诱注：“洼水，渟水。”(1716)

按，“潴积”当为“洼”的临时义，不宜立作义项。引例讲的是夏桀之时的社会自然乱象。“山无峻干”即山上没有良材美树。高诱注“洼水”为“渟水”，不误，此“渟”乃“聚积”的意思。低洼之处通常是水积聚停留的地方，因而“泽无洼水”意即大泽干涸，连低洼处都没有积水，由此可见干涸程度之严重。例中的“洼”实为“低洼处积聚”的意思，故应看作是义项③“低凹；低凹的地方”临时用作动词。

洫 ④空出。《管子·小称》：“是以长者断之，短者续之，满者洫之，虚者实之。”尹之章注：“洫，虚也。长、满者，人所忌，故或断之，或虚之。”(1726)

按，此条立项的主要依据是引例下尹之章的注文。尹氏注“洫”为“虚”，系随文释义。所谓“满者洫之”，是用水的存积流通喻社会人事的调节变换。“洫”本为沟洫河渠，用来排泄疏通水流，在例中用作动词，而临时产生了“用沟洫排空”的意思。显然，“洫”的此义不具义项的概括性，可考虑作为又项，附于义项②“泛指河渠”之下。

洫 ⑥小水。《太玄·达》：“大达无畛，不要止洫。”范望注：“洫，小水也。”(1726)

按，引例中，“大达”指大的通道，“畛”指田地间小路。此例下还有司马光集注：“洫，所以明田界也。”未引。司马光是就“洫”的功用为释的，言沟洫可以用来划分田界。范望注“洫”为“小水”，是从沟渠里水的流量方面而言的。正如今人以“江”代表江河水，用“塘”代替池塘水一样，例中是用较为窄小的“洫”指代洫中之水，故范望释为“小水”。由是言之，范望注较司马光注为胜。但“小水”毕竟是此例中的临时指代义，故不能单立为义项。

浪 ④鼓动。《文选·孔稚珪〈北山移文〉》：“今又促装下邑，浪拽〔枻〕上京。”李善注：“《楚辞》曰：‘渔父鼓枻（枻）而去。’……浪犹鼓也。”（1752）

按，引例中，“枻”即船桨，“浪枻”即鼓动船桨，犹今言荡起船桨。单就此例而言，李善“浪犹鼓也”之释可谓十分贴切。惜此义只是句中临时具有的含义，缺乏概括性。细绎之，“鼓动，荡起”与“浪”的义项③“水波涌起”的联系很紧密，故此条可以并入其中。不过，义项③的释文用“水波”加以限定，范围似乎偏窄，将释文调整为“涌起；荡起”，就概括适度了。

淫 ⑥僭越。《国语·吴语》：“今君掩王东海，以淫名闻于天子，君有短垣，而自逾之，况蛮、荆则何有于周室？”韦昭注：“淫，僭也。”《司马法·定爵》：“立法……七曰百官宜无淫服。”（1772）

按，“僭越”系“淫”的具体义，不宜单立为义项。所谓“僭越”，即超过规矩、法度行事，属于“滥用、过度”的行为表现。引例一的“淫名”即超越本分的称名；引例二的“淫服”就是不合礼制的服装。例中的“淫名”“淫服”的“淫”与义项③“过度；滥”下列举的“淫刑；淫辞；淫祀”中的“淫”在意义和用法上并无二致，不知出于何种考虑，将其分置为两条义项。将此条与义项③合并，方符合义项的概括性要求。

淫 ⑫奢侈。《战国策·韩策三》：“不如止淫用，以是为金以事秦。”鲍彪注：“淫，侈也。”《礼记·王制》：“齐八政以防淫，一道德以同俗。”孔颖达疏：“淫谓过奢侈。”《后汉书·荀悦传》：“俗无奸怪，民无淫风。”（1773）

按，此条释文属词的具体义，为其立项，盖与对古注的理解不到位有关。引例一，鲍彪注“淫”为“侈”，“侈”实为“过度，过常”的意思。

例中的“淫用”即过度的开支、用度。“侈”表“过度，过常”义。例如，《尚书·泰誓上》：“惟宫室台榭陂池侈服，以残害于尔万姓。”孔安国传：“侈谓服饰过制，言匮民财力，为奢丽。”《管子·大匡》：“乃令四封之内修兵，关市之征侈之。”尹知章注：“侈，谓过常也。谓重其税赋。”引例二，孔颖达释为“过奢侈”，“奢侈”主要指钱财用度方面，用在此例中，则其意义范围偏窄。此例是言司徒的职责问题。司徒的职责是掌管国家土地和人民的教化等。例中所言“齐八政”之“八政”，据孔颖达疏：“一曰饮食，二曰衣服，三曰事为，四曰异别，五曰度，六曰量，七曰数，八曰制。”“齐”有规范、统一的意思。《礼记》此例中的“淫”当泛指在“八政”方面违背礼制规定的过度行为，用作名词。朱彬《礼记训纂》引方性夫曰：“齐八政，所以使之无过行，故曰防淫。”是为得之。引例三的“淫风”与“奸怪”对举，当泛指那些超越国家法令、道德伦常等的不良风气，若仅指奢靡之风则涵括面偏小。综上，此条不应单立，可并入义项③“过度；滥”中。

沟 ⑧划断；隔开。《左传·定公元年》：“季孙使役如阚，公氏将沟焉。”杜预注：“阚，鲁群公墓所在也。季孙恶昭公，欲沟绝其兆域，不使与先君同。”（1814）

按，释义是“沟”的常用动词义“开沟”的临时变体，不宜立为义项。古人开挖沟渠，其主要作用大概有二：一是使之成为流水的通道，二是起划界、隔离之用。显然，引例中“沟”的作用属于后者，是“挖沟隔开”的意思。因此，此例可以并入义项⑥“开沟；疏通”中。

满 ⑤饱满。《吕氏春秋·审时》：“后时者，茎叶带芒而末衡，穗阅而青零，多秕而不满。”陈奇猷注：“谓多空壳而实不满也。”（1838）

按，“饱满”为“满”在句中的具体义，不宜设为义项。引例下，本有高诱注“满”为“成”，惜未予取用。高诱在《淮南子·本经训》“甘露下，竹实满”下亦注曰：“满，成也。”这两条材料中的“满”有相同之处，都指的是庄稼、植物结实。常识告诉我们，植物成熟，其果实就会颗粒饱满，外壳充实。由此看来，此条应并入义项①“充盈；全部充实，没有余地”中。不过，义项①的释文偏长，“充实”就意味着整个空间填满，没有全部、大部之分，也没有余地可言。所以，将释文删减为“充盈；充实”，则言简而意赅。

渐 ⑤疏导。《史记·越王勾践世家》：“太史公曰：禹之功大矣，渐九川，定九州，至于今诸夏艾安。”裴骃集解引徐广曰：“渐者亦引进通导之意也，字或宜然。”（1840）

按，引例中的“渐”含有“逐渐疏通、慢慢引导”之义，这是“渐”与其特定对象“九川”组合后临时具有的。参之义项②“慢慢地，逐步发展”可知，此例中的“渐”义与其联系紧密，有共同的意义特征，可以归入其下。不过，仔细观察，义项②的释义文字尚有微瑕。若是互补式释文，前者为形容词，后者则为动词，不能杂糅在一起；若“慢慢地”是修饰“发展”的成分，又与副词“逐步”之义重复。因此，将合并后的释文调整为“逐步发展、完成”，就能较好地涵括两条义项下的全部用例了。

澜 ③兴起波澜。《文选·宋玉〈神女赋〉》：“望余帷而延视兮，若流波之将澜。”李善注：“言举目延视，精若水波，将成澜也。”（1916）

按，引例中的“澜”实为其常义“波澜”临时活用为动词。这在文学性较强的文章中，是十分常见的现象。不能因为有李善注而不忍割爱，为其单立义项，从而造成义项琐碎，失去了应有的概括性。

慊 （二）qiǎn ②不足；缺少。《孟子·公孙丑下》：“彼以其富，我以吾仁，彼以其爵，我以吾义，吾何慊乎哉？”赵岐注：“慊，少也。”《文选·陆机〈辨亡论〉》：“宫室舆服，盖慊如也。”李善注引刘兆《谷梁传》注曰：“慊，不足也。”（2505）

按，释文“不足；缺少”是形容词。赵岐根据文意，以“少”释“慊”，当为“慊”在句中的临时义，且并非形容词。“慊”的前面有疑问副词“何”修饰，看来应为动词。朱熹集注“慊，恨也，少也”，杂糅了二义，亦不够清晰、明确。这段话系孟子引用曾子之言。意思是，拿齐国同晋、楚相比，他们有财富和爵位，我们有仁和义，各有优势，为什么要感到自卑与不满呢？可见，“少”字是意动用法，“认为不足而不满”的意思。赵岐注用一“少”字，旨在说明不满的原因，即财富、爵位等不如他人，并非解释“慊”的词义。编者不察，将其作为义项设置的主要依据，失之。产生不满的原因多种多样，若都照此为其单独设项，就没有概括性可言了。引例一应置于义项①“怨恨；不满”之下。

趾 ⑥终。《庄子·天地》：“凡有首有趾，无心无耳者众。”郭象注：“首趾，犹始终也。”（3934）

按，郭象以“始终”释“首”和“趾”，是可取的。“趾”的古代常义是脚，“有首有趾”就是有头有脚，比喻做事有始有终。汉语中，“首”与“尾”连用或对举，喻指“始”“终”，习见，已经形成比较固定的比喻义。而“趾”的这一比喻用法古籍中则少见，只是在这一特定的语境中，“趾”与具有比较固定的“开始”义的“首”字并列连用，才临时表示“终了”的意思。因此，这个比喻义是不能立为义项的，此条当并入义项①“脚”之中。

降 ③流窜。《山海经·大荒西经》：“耕既立，无首，走厥咎，乃降于巫山。”郭璞注：“自窜于巫山。”（4439）

按，这条引例的前文是：“有人无首，操戈盾立，名曰夏耕之尸。故成汤伐夏桀于章山，克之，斩耕厥前。”“耕”为夏桀的下属，被成汤在章山砍了头，为了“走厥咎”——逃避再遭殃祸，才“降于巫山”。“窜”在古代的常义是逃走、隐匿，显然，与“降”在意义上缺乏关联；郭璞用“窜”为释，当有其特定的用意，即要说明夏耕的“降”不是一般的从高处往下行走，而是有目的的逃窜躲藏。可见，“窜”只是“降”在此句之中才有的特殊含义，其指向是单一的、排他的，因而不能仅凭此例设立“流窜”的义项。此条不当立，应并入义项①“从高处走下来，与‘陟’相对”中。从空间移动看，夏耕就是从章山下行到巫山的。

二、独立性把握失度，义项概括不当

一个概括性的义项，在其所属词的意义系统中，首先应有自身的特征，与其他意义区别开来，形成相对的独立性；同时，又与其他义项存在关联性。这种独立性是指各义项间有比较清楚的界限，而不是每个义项都脱离该词义系统而孤立存在，彼此毫无牵连。所谓关联性，是指义项之间有一定的内在联系，但这种联系又不能过分密切，更不能相互交叉重合、涵括包容。当然，在义项划分的操作中，要把握好这个尺度，也不是一件容易的事。《汉语大字典》中就存在这样的情况：有的义项单独来看，所引材料比较丰富，释义与例证之间也比较协调，是能够成立的。但是，结合相关的义项比较分析，则发现存在种种问题：或者与左邻右舍边界不明、纠结牵缠；或者区别性特征不显，与他义似曾相识；或者本当从属于某个义项而节外生枝、另行设立。这些问题，都影响了义项的概括性。兹举例分析如下。

之 ④用。《战国策·齐策三》："故物舍其所长，之其所短，尧亦有所不及矣。"高诱注："之，犹用也。"(49)

按，此例下高注的全文是："舍，收也。之，犹用也。收所长者，用所短者，故尧有所不能及为也。"从注文看，高诱是先认定"舍"指收藏不用，进而推知与其相反的"之"为"用"，即使用。就该例而言，如此为释并无滞碍，但置于"之"的词义系统考察之中则有些另类。实际上，例中的"之"与其常义"前往，往就"的联系较为紧密。而"往就"既可表示具体的空间移动，也可指向较抽象的目标，即"就取，取用"。例如《汉书·律历志上》："是故有礼谊动作威仪之则以定命也，能者养以之福，不能者败以取祸。"颜师古注："之，往也，往就福也。""之福"犹言取得福祉。又，高诱释"舍"为"收"有点舍直求曲。句中的"舍"乃用其常义，即舍弃，离开。如是，"离开"与"往就"义正相反。"离开"往往隐含着因不中意而舍弃，"往就"则意味着因合意而取用。此条应并入义项①"往；到……去"之中。

大 ⑥极；很。《诗·鲁颂·閟宫》："奄有龟蒙，遂荒大东。"郑玄笺："大东，极东，海邦近海之国也。"《汉书·霍光传》："长公主大以是怨光。"宋苏轼《留侯论》："天下有大勇者，卒然临之而不惊，无故加之而不怒。"(563)

按，因《诗》例中，郑玄以“极东”解释“大东”，编者于是再加上两条例证，为“大”设立了这一义项。单就此条而言，这样处理并无不妥。然而，“大”有义项②“在程度、规模、声势、时间等方面超过一般或超过所比对象”。由此言之，这条释文的意义范围偏小，义项②可以将其涵括。具言之，《诗》例中的“大东”，就是在距离上超过东部其他地方；《汉书》例中的“大以是怨”，意即怨恨的程度超出一般；《留侯论》例中的“大勇”即非同一般之勇。总之，应将此条合并到义项②中，不应拘泥郑玄的随文解释而影响义项的概括性。

召 ②请，召请。《广雅·释言》：“召，靓（请）也。”《吕氏春秋·分职》：“今召客者，酒酣，歌舞，鼓瑟吹竽。”高诱注：“召，请也。”唐韩愈《欧阳生哀辞》：“观游宴飨，必召与之。”清龚自珍《明良论一》：“今士大夫，无论希风古哲，志所不属，虽下劣如矜翰墨，召觞咏，我知其必不暇为也。”（622）

按，设此义项，盖受引例一下高诱训“召”为“请”的影响。单就此项而言，义例相合，可以成立。然其相邻义项①为“召唤”，两项的意义都含有叫人前来做某事的意思。若将此项下引例中的“召”以“召唤”解之，未尝不通，反之亦然。诚然，“召请”与“召唤”有双方地位身份以及主事者的态度情感等方面的差别，但这只是次要因素，义项设置不宜放大这种细微差别。从概括性考虑，可以将两项合并为“召唤；召请”。

含 ⑤忍受。《左传·宣公十五年》：“国君含垢，天之道也。君其待之！”杜预注：“忍垢耻。”《人物志·释争》：“君子知屈之不可以为伸，故含辱而不辞。”南朝梁简文帝《拟古诗》：“忆人不忍语，含恨独吞声。”（641）

按，为“含”设此义项，与引例一下杜预以“忍”释“含”有关。几条引例中的“含”，其对象均为“垢”“辱”“恨”等让人感到难受的事，将其概括为“忍受”，是合乎情理的。问题在于，“含”还设有义项④“包含未露”，且在其下的引例中，“含”的对象又分别是“愁”“情”“笑”等，而所谓“包含未露”，不就是“忍住，忍受”而不显现出来吗？

况且，其中的“愁”与“恨”也都是使人难受的，就更不应该区别对待，分设义项了。鉴于此，应将两项合并为“含藏，忍受”。

命 ⑦教诲。《广韵·映韵》：“命，教也。”《孟子·滕文公上》：“夷子怃然为间曰：‘命之矣。’”赵岐注：“命之，犹言受命教矣。”朱熹集注：“命，犹教也，言孟子已教我矣。”唐柳宗元《非国语上·灭密》：“康公之母诚贤邪？则宜以淫荒失度命其子，焉用惧之以数。”梁启超《节省政费问题》：“此犹父母之于子弟，长成以后，提命可减。”又指尊长的言论。……（653）

按，此条据赵岐及朱熹的注释设立义项，单就本项而言，是可以成立的。然“命”的义项⑧为“告诉；奉告”，则与“教诲”具有共同的语义特点，且存在包含与被包含的关系，不宜将其一分为二。“告诉”也好，“教诲”也好，都是把知道的情况、明白的道理送达给对方，让其知晓。编者这样划分，或许出于言说者与接受者双方身份地位不同等因素的考虑。“教诲”一般是长对幼，尊对卑的告知；“奉告”是带有敬意的告知；而“告诉”使用范围较广，是可以涵括前两类情况的。既然如此，就不必将“告诉”的下位义再独立设为义项了。俞樾在《诸子平议·管子六》“特命我曰”条下说：“特者，人名也。命犹告也。《礼记·缁衣篇》郑注曰：‘傅说作书以命高宗。’是古者上下不嫌同词。以君告臣谓之命，以臣告君亦谓之命也。”此言甚是。释为“教”的“命”固然一般用于上对下。然释作“告”的“命”也不乏用于上对下者。《国语·鲁语上》：“宣公使仆人以书命季文子。”韦昭注：“命，告也。”《文选·扬雄〈甘泉赋〉》：“于是乃命群僚。”李善注引《尔雅》：“命，告也。”综上，此条宜与义项⑧合并，再将释文调整为“告，告诉”。

品 ⑧法式，法则。《广韵·寝韵》：“品，式也，法也。”《管子·宙合》：“乡有俗，国有法……品有所成，故曰人不一事。”《汉书·梅福传》：“叔孙通遁秦归汉，制作仪品。”（665）

按，单就本项来说，释义与例证甚洽，比较合理。但参看义项⑦“标准；基准”及其所引例证，则有义项划分琐碎，概括失度之病。一般来说，“标准”就是制定法则的依据、基础。如引例一中的“乡俗”“国法”，这些“品”，既是人们遵守的规则，也是言行的标准。引例二的“仪品”，既是礼仪的规则、法则，又可作为礼仪的标准、范式。因此，此条缺乏独立性，应与义项⑦合并，再将释文调整为“标准；法则”，就概括适当了。

咫 ②少。《国语·楚语上》：“是知天咫，安知民则？”韦昭注：“咫，言少也。”清田北湖《论文章源流》：“况复屈守咫闻，谬承家法。”又喻称微小。《战国策·秦策五》：“虽有高世之名，无咫尺之功者，不赏。”（673）

按，引例一下韦昭注的全文是：“咫，言少也。此言少知天道耳，何知治民之法。”例中的“咫”盖由表示短的名词用以转指数量少，因为事物的长短往往与数量的多少有关系。“知天咫”，即知道天之道很少。引例二的“咫闻”即很少的见闻。引例三的“咫”与“尺”连用，共表短、少，“咫尺之功”也就是很少的功勋。由此而论，此项设置合理。再看相邻义项。义项③为“短，距离不长”，其下设又项“又喻指狭小”；而义项①为“古代长度名”，其又项为“常用来比喻距离很近”。可见，编者对“咫”的这几条义项以及又项的处理比较混乱，概括欠当。综合起来看，应按基本义和比喻义将三条义项及其又项予以整合，概括成两条义项：1. 古代长度名。2. 比喻短、少、细小等，将此条义项及义项①③下的又项合并，置于其下。

善 ⑩赞许。《汉书·霍光传》：“善善及后世，其封光兄孙中郎将云为冠阳侯。”颜师古注：“善善者，谓褒宠善人也。”唐刘禹锡《上杜司徒书》：“当食而叹，闻弦尚惊，不以众人之善为是非，而以相公之意为衡准。”（712）

按，此项盖参考引例一下颜师古注的“褒宠”之言而设。当然，单就这两例中的“善”而言，释文“赞许”与之是比较契合的。问题在于，若将这两例放在义项⑨“喜爱；认为善”下，也基本上讲得通。两项的界限不清，如此划分就存在一定问题了。“喜爱”是内在的情感活动，需要以一定的方式表现出来；“赞许”则是喜爱重要的外在表现方式之一，因而两者牵缠纠结，难以截然分开。尤其是引例二，“众人之善”释为“众人的喜好（认为好的东西）”，似乎更为贴切。义项⑨下的引例，如“所善者”，既可释为“所喜爱的人”，同时也是“所赞许的人”。总之，由于义项⑨⑩在意义上存在交叉，影响了各自的相对独立性，应将两条合并，概括为“喜爱；赞许”这一新义项。

帅　⑥引导；带头。《周礼·天官·九嫔》：“若有宾客，则从后。大丧，帅叙哭者亦如之。”郑玄注：“帅，犹道也。”《论语·颜渊》：“子帅以正，孰敢不正！”《北齐书·神武娄后传》：“（娄昭君）手缝戎服，以帅左右。”（848）

按，编者为“帅”设此义项，与引例一下郑玄注“帅”为“道”即引导有关。然而“引导；带头”之义与义项⑤“率领”十分接近，甚至重合。“率领”也是“带头”，都是以主导者的身份带着众人从事某事。从引例一、引例二看，“帅”释为“率领”或者“带头”，于文意皆可通。至于引例三，置于此条下并不合宜。若言娄昭君“引导”或“带头”左右之人，都不够顺畅。这个“帅”应是“作楷模、表率”之义，“帅左右”即作其左右的表率。由此看来，此条应与义项⑤合并，再将释文调整为“率领；带头”。引例三则当置于义项⑨“表率；楷模”之下，而该项下仅有一例，正可补充其不足。

徇　④炫耀；夸示。《广韵·稕韵》：“徇，自炫名行。”《文选·左思〈吴都赋〉》：“徇蹲鸱之沃，则以为世济阳九。”李善注引刘逵曰：“夸物示人亦曰徇。”（881）

按，参看“徇”的相邻义项，此项的区别性特征不显。“徇”的义项③为“当众宣令”，此义显然与本条的“炫耀；夸示”在基本意义方面有共同之处，即以公开的形式在众人面前展示事件或告知意图。而“炫耀；夸示”义的细微差别，在于公开展示的是当事者认为出众、得意的内容，因而主观的因素比较强烈。例中，“蹲鸱”指大芋，因其状如蹲伏的鸱而得名。李善注引卓王孙曰：“吾闻岷山之野，下有蹲鸱，至死不饥。”

所谓“徇蹲鸱之沃”，意即蜀公子向东吴王孙夸示蜀都周围有生长大芋的沃野。按照概括性要求，“炫耀；夸示”义尚未达到单独立项的条件，应将其并入义项③“当众宣令”中，再把释文调整为“当众宣令；夸示”，就比较合理了。

外 ⑤抛弃；鄙弃。《吕氏春秋·有度》：“有所通，则贪污之利外矣。”高诱注：“外，弃也。”三国魏嵇康《与山巨源绝交书》：“吾顷学养生之术，方外荣华，去滋味，游心于寂寞，以无为为贵。”（923）

按，此条系为具体义立项。引例一是对许由辞让天下的评价，其大意为，因为许由对于人世生命等事通晓明白，所以才会将贪婪私利之心抛弃。高诱随文为释作“弃”，甚洽。引例二的“外荣华”，是指把荣华抛弃。这条义项本身并无问题，但与义项④“排斥；推卸”之义有交叉之处：其一，两者都含有对事物的拒绝抵制、不接受；其二，“抛弃”多由内心的“排斥”而起，是“排斥”的行为体现或结果，而“抛弃”也就意味着将其排斥在外。因此，此条可与义项④合并，将释文调整为“排斥，抛弃；推却”。

序 ⑤次序；顺序。《广雅·释诂三》：“序，次也。”《仪礼·乡饮酒礼》：“众宾序升，即席。”郑玄注：“序，次也。”《隋书·音乐志上》：“乐失其序，则亲疏乱。”郭沫若《虎符》第三幕：“老百姓最讲究长幼有序，男女有别的。”（939）

⑥位次；序列。《左传·昭公二十九年》：“卿大夫以序守之。”杜预注：“序，位次也。”《国语·齐语》：“班序颠毛，以为民纪统。”韦昭注：“序，列也。”（939）

按，为讨论方便，不烦将两条义项的内容全部列出。对其进行比较分析，可以看出，两条义项释文的意义近似且有交叉重合之处。由于所引古注是对不同语境中的“序”字随文作释，对其解释自然会略有差异，然而编者据以将其分设为两条义项，则不免琐细，概括失宜。“次序；顺序”与“位次；序列”有着共同的核心内容，就是“次序”，即事物在空间或时间上排列的先后。试以“次序”验证义项⑥，契合度较高。义项⑥下所引《左传》之例，是孔子就晋国失其法度，行将灭亡所发的议论。“卿大夫以序守之”的“序”指卿大夫的位次，也就是官位的大小。所引《国语》之例，是管子向齐桓公追述齐国祖先的治国之法。前面两句是“劝之以赏赐，纠之以刑罚”。韦昭注：“班，次也。序，列也。颠，顶也。毛，发也。统，犹经也。言次列顶发之白黑，使长幼有等，以为治民之经纪。”韦昭注“班”为“次”，是动词，排列；注“序”为“列”，义为“序列”。“颠”指头顶。所谓“班序颠毛”即“以颠毛班序”，依照头顶毛发黑白的比例排列尊卑的序列。这个“序”就是长幼尊卑的次序。由以上分析可知，义项⑥引例中的“序”，一为官位次序，一为尊卑次序，都可以“次序；顺序”涵括之。

康 ②逸乐；淫乐。《书·盘庚上》：“无傲从康。”孔传：“无傲慢从心所安。”《淮南子·主术》：“狡躁康荒，不爱民力。”(955)

按，此条由于对古注或理解不当，或失收，影响了释义的合理概括。引例一是盘庚对其臣下的告诫之辞。孔传以“从心所安”解释“从康”，显然比“逸乐；淫乐”的程度要轻一些。看来，编者对孔传的含义还把握不确。周秉钧《尚书易解》注：“傲，慢也。康，安也。……无傲从康，戒其不可傲上而怀安也。”周注以“安”“怀安”训释“康”，似更近其原义。这个“康”就是“安逸、安乐”的意思。引例二之下本有高诱之注：“康，安；荒，乱也。”恐怕是编者选择性失收。此例讲乱政之君的行为。“康荒”即安乐或迷乱。由此看来，这两例“康”的核心之义为“安”，与义项①“安乐；安定”之义有交集，当并入其中，再将释文调整为“安乐；安逸”。

广 ⑮宽弘；宽畅。《诗·鲁颂·泮水》：“济济多士，克广德心。”孔颖达疏：“谓心德宽弘，并无褊躁。”《礼记·大学》：“心广体胖。”(963)

按，因为例一下孔颖达疏有“宽弘”之言，便为之凑成一条义项，失之草率。细绎之，“宽弘；宽畅”与义项⑭“宽广；辽阔”相似度较高，义有交叉，其共同点是“宽，范围广”。它们之间的细微区别，是由“广”的对象不同而造成的。义项⑭的引例中，“广”主要用于较为具体之物，此条的“广”则用在心胸、道德等方面，较为抽象，但这属于大同小异，都可以“宽广”概括之。为此，可将两项合并，释文调整为“宽，宽广”。

寓 ⑤托付；委托。《庄子·田子方》：“昔者寡人梦见良人，黑色而髯，乘驳马而偏朱蹄。号曰：‘寓而政于臧丈人。’”王先谦集解：“寓，寄。”（1011）

按，此条释文为句中的临时义，又与他义交叉，恐不宜设为义项。引例所述，是周文王欲以先人托梦的方式，举用姜太公（臧丈人）的事。其前文是“（文王）于是旦而属之大夫曰”，其后文是“……庶几乎民有瘳乎？”成玄英疏：“既欲任贤，故托诸梦想，乃属语臣佐云：‘我昨夜梦见贤良之人，黑色而有须髯，乘驳马而蹄偏赤，号令我云：“寄汝国政于臧丈人，慕贤进隐，则民之荒乱病必瘳差矣。”’”疏中，成玄英用“寄汝国政”通解“寓而政”，释“寓”为“寄”，其后王先谦不过承用其说而已。将国家大事寄于太公，这个“寓”当然就是“托付”了。义项释文如此理解不误。“寓”的义项⑥作“把希望、意愿、感情等寄托于他人或其他事物”。看来编者试图以列举的方式，与义项⑤“托付；委托”之义区别开来。实际上，这种强生分别的做法是不妥的。因为“托付”与“寄托”之义本有交叉重合之处，而且“政”即国政，与“希望、意愿、感情”一样，都是比较抽象的事。应将这两条合并，再把释文调整为“寄托，托付”。这样，庶几可收一举两得之效。

察 ⑤知晓；明了。《广韵·黠韵》：“察，知也。”《孟子·离娄下》：“察于人伦。”赵岐注：“察，识也。”《吕氏春秋·长利》：“行激节厉，忠臣幸于得察。”高诱注：“察，知也。”宋辛弃疾《美芹十论》：“能定而审，故情虽万里之远可坐察矣。”（1017）

⑥辨别，区分。《淮南子·说林》：“秋毫之末，视之可察。”高诱注：“察，别。”《新语·道基》：“尝百草之实，察酸苦之味。”《礼记·礼器》：“无节于内者，观物弗之察矣。”孔颖达疏：“察，犹分辨也。”《南齐书·高帝纪上》：“深识九变，妙察五色。”（1018）

按，将这两条义项的材料悉数列出进行比较，可以发现，对其划分存在概括不合理的问题。这与编者受古注的影响不无关系。古人注疏随文而释，对意义相同的“察”出现在不同的语境中的义位变体做出大同小异的训释，十分正常合理。从释文看，义项⑤的“知晓；明了”之义可以涵括义项⑥的“辨别，区分”，后者可以看作前者意义的具体化，它们之间不是平行独立的关系，而是交叉乃至上下位的关系。“辨别，区分”建立在“知晓；明了”的基础上。也就是说，只有“知晓；明了”，才能够“辨别，区分”。试用义项⑤的“知晓；明了”检验义项⑥的用例，基本上可通。引例一的“可察”可释为“可以明了”；引例二的“察酸苦之味”，可解作“知晓酸苦之味有别”；引例三的“弗之察”也可释为“不明了各类事物的特点”；引例四的“妙察”与“深识”对举，“察”的“知晓、识别”义甚明。因此，可将两项合并，释文则调整为“知晓；明了；识别”。

存 ④有。《玉篇·子部》：“存，有也。”《庄子·则阳》：“若存若亡乎?”成玄英疏：“存，有也；亡，无也。”宋张先《百媚娘》：“乐事也知存后会，争奈眼前心里。”《天工开物·乃粒》：“上古神农氏，若存若亡。”（1082）

按，为“存”设“有”的义项，系直接取用《玉篇》的解释及成玄英疏，其概括性不够。实际上，事物的存在就是“有”，消亡就是“无”。若用“存在”去解释以上几条引例中的“有”，都是十分顺畅的。大致说来，“存在”涉及的事物较为具体，而“有”涉及的事物则抽象一些。作为义项概括，就是要将具有共同核心义素而又存在细微差别的具体用法归纳在一起，不能根据次要因素的差异分设义项。将此条与义项②“存在；生存”合并，调整为“存在；有”，形成互补，就可化解两项意义间交叉重合的矛盾。

如 ④相当。清王引之《经传释词》卷七：“如为相当之当。”《战国策·宋卫策》：“夫宋之不足如梁也，寡人知之矣。”高诱注：“如，当也。”（1099）

按，引例中，高诱随文作解，释“如”为“当”。据此，该句解作宋国与梁国现状相当，于文意是很贴切的。但是，例中的“如”字若用义项

②“如同，好像”解释，则与释作“当，相当”在语义上并无多大的区别：相当于梁国，或与梁国相当，不就是如同梁国吗？“相当”指两方面差不多，而“如同”的喻体与本体具有相似点，也意味着差不多。因此，应当归纳在同一义项中。合并后，释文可作“如同；相当”。

妄 ③不法；胡作非为。《左传·哀公二十五年》：“彼好专利而妄。”杜预注：“妄，不法。”汉班彪《王命论》：“况乎天子之贵，四海之富，神明之祚，可得而妄处哉！”（1100）

按，引例一中的“妄”具有动词词性，杜预用“不法”释之，比较到位。“不法”即不按规则办事，“法”用作动词。然今之“不法”已凝固成一个形容词，指违反法律法规的（行为、人物等），故照搬杜注用作释文不妥。此其一。其二，据杜注设立义项，与概括性的要求不合。由上可知，引例一的“妄”是形容词临时用作动词，有“妄行，乱为”之义。而引例二的“妄处”，是谓胡乱对待、处置。“妄”的义项④为“胡乱；随意”，若将此条引例中两个“妄”的意义用法同义项④引例中“妄听”“妄奔走”“妄加杀害”之“妄”比照分析，无疑具有较大的一致性。因此，此条不当立，应并入义项④中。

环 ⑧循环。《文选·张华〈励志〉》：“四气鳞次，寒暑环周。”刘良注：“四时寒暑，如鱼鳞之相次，循环而无极。”《梁书·武帝纪下》：“朕思利兆民，惟日不足，气象环回，每弘优简。”（1221）

按，单就此项而言，释文“循环”与引例中的“环”义相协适，可以成立。然此义与相邻义项的意义交叉，作为义项则概括失当。引例一下，刘良注为“循环”，是将“环”与“周”两词合起来作解的。“周”也有“环绕、回环”义，“环周”系同义连用。寒暑之往来，犹如转圈一样，周而复始。引例二的“环回”亦为同义连用，义即“回环”。而“环”又设置了义项⑦“旋，转动”，其释文及引例中的“环”，同样含有“回环，循环”之义。因此，应将此项与义项⑦合并，释文则调整为“旋转；回环”。

栗 ⑥以篦梳发。《荀子·礼论》：“不沐则濡栉，三律而止。”唐杨倞

注："律，理发也，今秦俗犹以枇发为栗。"（1281）

按，《荀子》此例，是讲古代丧礼中"以生者饰死者"的仪节。引例所取用的并非《荀子》原文，而是杨倞的注文。惜为孤例，不足为信。参之"栗"的义项④"坚实；结实"，其释义主要来自《礼记·聘义》下的郑玄注，亦有欠妥当之处。《礼记·聘义》这段话是："夫昔者君子比德于玉焉：温润而泽，仁也。缜密以栗，知也。廉而不刿，义也。"郑玄注："栗，坚貌。"这是将玉的品质与人的美德相比。其中的"缜密以栗"是同人的智慧作比的。而智慧重在思维方面，"坚实"则侧重于意志方面，与之还有一定的距离。朱彬《礼记训纂》引王引之曰："栗者，秩然有条理之貌。栗之为言犹秩也。"王引之之说可取。此言玉的质地缜密而有条理，类似人的智慧。义项④引例二的《说苑·杂说》，其大意亦同："玉有六美，君子贵之。望之温润，近之栗理。""栗理"为同义连文，释为"有条理"之义。其引例三的"如彼荆珍，既柔且栗"，也是赞扬人的美德，是既柔和又有条理的意思。综上，可将义项④调整为"有条理，有秩序"，再将此例附于其下，因为"以篦梳发"正是按条理来操作，同时又是为了使头发变得柔顺、有条理而为。

楚　⑤整齐。《仪礼·士冠礼》："三醮曰：旨酒令芳，笾豆有楚。"郑玄注："楚，陈列之貌。"（1334）

⑦鲜明；华美。《战国策·秦策五》："异人至，不韦使楚服而见。"高诱注："楚服，盛服。"南朝梁沈约《少年新婚为之咏》："腰肢既软弱，衣服亦华楚。"（1334）

按，编者盖因古注对两例中的"楚"字所含的具体义解释不同，遂为之分设两条义项，致使这两条义项都缺乏概括性。义项⑤下引例中的"笾豆有楚"，即装满食物的笾豆排列齐整。义项⑦下的引例一是说，吕不韦让秦国作为人质的异人穿戴整齐去见赵国王后。高诱释"楚服"为"盛服"，未必指漂亮、华美的服装。古代的"盛服"往往有特定的含义。例如《左传·宣公二年》称晋国大臣赵盾平时的言行举止十分严肃有节，曰："盛服将朝，尚早，坐而假寐。"《礼记·中庸》："使天下之人，齐明盛服，以承祭祀。”两个“盛服”都指齐整、规矩的服饰。《汉书·霍光传》：“太后被珠襦，盛服坐武帐中。”此“盛服”指华美的服装。将两条义项合并为“整齐，华美”，则符合概括性的要求。

乐 （二）lè ③安乐。《诗·魏风·硕鼠》：“逝将去女，适彼乐土。”《史记·乐书》：“啴缓慢易繁文简节之音作，而民康乐。”张守节正义：“乐，安也。”（1374）

按，编者大概考虑到引例二下张守节释“乐”为“安”，便为之凑成一条义项。这样处理，概括失当。因为“乐”（lè）的义项①为“喜悦；愉快”，亦为形容词，与“安乐”之义有交叉处，可以互为训释、补充。如引例一的“乐土”就是使人心情愉悦的地方。引例二中，民众受到音乐的熏陶与教化带来的“康乐”，也主要体现在心情愉快上。而义项①下几条引例中的“乐”，用“安乐、快乐”解释亦通。此不赘述。因此，两条义项可以合并为“愉悦；安乐”。

猥 ③多。《汉书·沟洫志》：“闻禹治河时，本空此地，以为水猥，盛则放溢。”颜师古注：“猥，多也。”《后汉书·仲长统传》：“所恃者寡，所取者猥。”李贤注：“猥，犹多也。”（1456）

按，此条取古注的具体所指之义立项，概括性不够。古代“猥”可表示“多”，但并非指普通意义上的数量之大，而是常含“多而盛，多而乱”的意思。引例一是王莽手下的大臣讨论治理黄河的事情，连同上下文为：“河决率常于平原、东郡左右，其地形下而土疏恶。闻禹治河时，本空此地，以为水猥，盛则放溢，少稍自索，虽时易处，犹不能离此。”从“盛则放溢，少稍自索”之言看，“盛”指水大，“少”指水小。“盛则放溢”指水大则泛滥漫出，“少稍自索”指水小就渐渐消失、渗干。颜师古注：“索，尽也。”可见这个“猥”侧重指水的多而泛滥，没有规律。引例二出自《后汉书·仲长统传》，连同上文是：“盗贼凶荒，九州代作，饥馑暴至，军旅卒发，横税弱人，割夺吏禄，所恃者寡，所取者猥。”这段讲的是荒年乱世时官吏们的处境。由于他们的“吏禄”被“割夺”，赖以为生的东西缺少，于是转而向老百姓索取的东西就会繁多而庞杂。《汉书·贾山传》："地之硗者，虽有善种，不能生焉；江皋河濒，虽有恶种，无不猥大。"颜师古注："猥，盛也。"此言庄稼、植物等在肥沃的地方上疯长且茂盛。由此看来，此条可与"猥"的义项④"庞杂"合并，因为义项④下引例中有"猥多""烦猥"，都与繁多、杂乱、无规律等义联系紧密。"多"与"杂"义有交叉，不宜分开设项。再将释文调整为"繁多；杂乱"，便可将这众多的用例涵括进去了。

成　⑥和解；媾和。…… 又指调解。《周礼·地官·调人》："凡有斗怒者成之。"郑玄注引郑司农云："成之，谓和之也。"《左传·文公七年》："仲叔惠伯谏曰：'……今臣作乱而君不禁，以启寇仇，若之何？'公止之，惠伯成之。"杜预注："平二子。"（1502）

⑦裁决。《周礼·秋官·讶士》："四方有乱狱，则往而成之。"孙诒让正义引惠士奇云："成者，断狱之名。"《礼记·王制》："疑狱……必察小大之比以成之。"（1502）

按，这两条义项存在意义界限不够清晰之处。义项⑥"和解；媾和"的达成，主要是靠当事双方自行决断，单独列为义项是可以的。然将"调解"作为又项附于其下，就欠妥当了。因为"调解"和义项⑦"裁决"一样，都是由第三者出面，对当事双方的利益与权益之争端等做出决定，或提出意见、建议，两者之义具有相同点乃至交叉处。例如，"调解"下引例二的"惠伯成之"，杜预注为"平二子"，其意为惠伯做出裁决，使襄仲和穆伯双方感到公平而和解。因此，应将义项⑥的又项"调解"并入义项⑦中，释文则调整为"调解；裁决"。

我　③表示亲密。《论语·述而》："窃比于我老彭。"朱熹集注："我，亲之之辞。"汉曹操《步出夏门行》："经过至我碣石，心惆怅我东海。"（1504）

④ 存有私见或固执己见。《论语·子罕》："毋意，毋必，毋固，毋我。"朱熹注："我，私己也。"（1504）

按，这两条义项都属于第一人称"我"的特定语用义，不宜为其分别设立义项。具体而言，义项③的"我"仍是指代第一人称，只是临时附加了“亲密”的感情色彩，故引例一下朱熹以“亲之之辞”释之。义项④则应看作是第一人称代词临时用作动词，“以我为中心”之义。编者在朱熹注的基础上补充了“固执己见”之辞，有随意发挥之嫌，因为“固执己见”本为“毋固”之“固”的内容，此不赘论。总之，从概括性的角度考虑，这两条义项都不当立，应并入义项①“代词。表示第一人称”之中。

比 ⑧相连接。《汉书·诸侯王表》：“诸侯北（比）境，周市（匝）三垂，外接胡、越。”颜师古注：“比谓相接次也。”《论衡·物势》：“或诎弱缀跲，蹥蹇不比者为负。”（1518～1519）

按，此条的释义与他项义有交叉，因而概括得不尽合理。引例一《汉书》中的“诸侯北（比）境”，是说汉初分封的诸侯王，他们的土地边界紧密相连。引例二《论衡》中的“蹥蹇”形容口才不好，说话结巴的样子；“不比”就是言语不连贯、流畅。单就本项来说，义项释文与引例是契合的。但是，“比”的义项①“亲；亲近”下还设了又项“靠近；挨着”，其引例为《齐民要术·种谷》：“苗长不能耘之者，以鉤镰比地刈其艸矣。”“靠近；挨着”都是两物靠在一起，即零距离接触，这与“相连接”显然具有共同的意义特征。处理的办法是，将本项与义项①下的又项“靠近；挨着”合并，释文则调整成“靠近；相连”。

放 ⑥逃逸。《字汇·攴部》：“放，逸也。”《孟子·尽心下》：“今之与杨墨辩者，如追放豚。”赵岐注：“放逸之豕豚。”又《告子上》：“人有鸡犬放，则知求之。”（1554～1555）

⑦散失，散落。如：放失；放绝。《汉书·叙传下》：“厥事放纷。”颜师古注：“放，失也。”汉曹操《举贤勿拘品行论》：“今天下得无有至德之人放在民间。”（1555）

按，这两条相邻义项存在意义交叉的问题。具言之，除义项⑦下引《汉书》例中“放纷”的“放”外（“放纷”即散失混乱），其余引例中的“放”，用两条释文来解释均可以讲通。例如，义项⑥中的“放豚”既可释为逃逸的猪，也可理解为走失、散失的猪；杨伯峻《孟子译注》则译为

“已走失的猪”。“鸡犬放”，鸡犬不见了，未必是主观的逃逸，恐怕也会是无意的走失，故杨伯峻《孟子译注》解为“走失”。至于义项⑦中“至德之人”的“放”，也存在两种可能：其不在官场的原因，或为主观隐居，逃避；或为战乱走失。可见，两义之间有交叉重合之处，且其界限亦不明晰，故不符合义项分立的原则。因此，应将两项合并，释文则调整为“逃逸；散失”。

故 ⑥巧诈。《国语·晋语二》：“多为之故，以变其志。”韦昭注：“故，谓多作计术。”《淮南子·主术》：“是以上多故，则下多诈。”高诱注：“故，诈。”（1557）

按，此项的概括欠当。引例一，韦昭连带全句通释，谓“多作计术”，“计术”即计谋权术。不过“计术”是名词性的，与义项释文“巧诈”（形容词）并不相合。引例二的“上多故”，即居上位的官员多玩弄权术，耍花招，干一些不好的事，这就属于巧诈行为了。单就本条而言，此项可以成立。然参之“故”的义项④“意外的或不幸的事变”，则此义与之联系紧密。因为计谋权术往往是非正常、出乎他人意料的手段与方式。由是言之，此条可并入义项④中，释文用“意外的或不幸的事变；出人意料的做法”涵括之。

明 ⑦明了；通晓。《广雅·释诂一》：“明，通也。”《韩非子·外储说右下》：“爵禄生于功，诛罚生于罪，臣明于此，则尽死力而非忠君也。”《南史·隐逸传下·刘慧斐》：“慧斐尤明释典，工篆隶。”《三国演义》第一百一十六回：“（爰邵）素明《周易》。”黄节《宴集桃李花下》：“我少学兵法，亦明古武备。”（1599）

⑨明白；清楚。《玉篇·明部》：“明，审也。”《战国策·齐策一》：“此不叛寡人明矣，曷为击之！”高诱注：“明，审。”明王世贞《艺苑卮言》卷三：“《檀弓》简，《考工记》烦；《檀弓》明，《考工记》奥。”鲁迅《书信·致增田涉（一九三二年一月十六日）》：“评论《铁流》的作者，底细不明。”（1599）

按，为便于分析，不烦将两条义项的材料尽数引出。分别单看这两条义项，都相对完整，释文与引例亦比较契合，可以成立。但比照，其意义间的界限并不清楚，是互相涵括、渗透的。试将两条义项释文互换位置，再验之以对方所引的例证，都是能够讲通的。或许编者认为“明了；通晓”较“明白；清楚”的程度略高，故做了分项处理。其实，词的某一义位在不同语境、不同组合中，会呈现出程度上的高低之别，且较微小，这种义位变体是十分正常、普遍的现象，不能据以作为义项分立的依据。将这两条义项合并，再把释文调整为“通晓；明白”，既可兼容两者原有的差别，又能使两者的共同点更为明显、突出。

易 ⑥改变。《玉篇·日部》：“易，转也，变也。”《广韵·昔韵》：“易，变易也，改也。”《易·系辞下》：“上古穴居而野处，后世圣人易之以宫室。”汉曹操《度关山》：“嗟哉后世，改制易律。”唐柳宗元《愈膏肓疾赋》：“余今变祸为福，易曲成直；宁观天命，在我人力。”（1602）

⑦替代。《左传·僖公三十年》：“因人之力而敝之，不仁；失其所与，不知；以乱易整，不武。”《汉书·赵尧传》：“（高祖）孰视尧曰：‘无以易尧。’遂拜尧为御史大夫。”颜师古注：“言尧可为之，余人不能胜也。易，代也。”《新唐书·魏征传》：“以暴易暴，与乱同道。”（1602）

按，这两条义项释文的意义存在交叉重合。“改变”即改换，变动，指使原有事物性质状态发生变化；“替代”是指原事物移位、退出，代之以别的事物。表面看来，它们义差不小，相对独立。但实际上，两者的内在联系是紧密的：原有事物“改变”后，就意味着有新的东西“替代”，而替代也可能对原事物产生影响。所以，用义项⑦“替代”检验义项⑥“改变”中的用例，也是讲得通的。义项⑥下引例一的“易之以宫室”句，就是用宫室替代原来的“穴居而野处”；引例二的“改制易律”，就是用新律替代旧律；引例三的“易曲成直”，其结果就是用“直”替代之。反过来，义项⑦“替代”下也有两例可用义项⑥“改变”通释。引例一的“以乱易整”就是使“乱”变为“整”；引例三的“以暴易暴”的两个“暴”内涵并不相同，以此“暴”替代彼“暴”也就改变了原“暴”的含义。而这两例中，“易”所在的格式也大致与义项⑥相同。至于例二的

“无以易尧”，则只能用“替代”释之。由此看来，两项可以合并起来，将释文调整为“改变；替代”。编者对古辞书及古注的解释未做认真辨析就分设义项，从而影响了义项的概括性。

灭 ④掩盖住；埋没。《荀子·臣道》：“明主尚贤使能而飨其盛，暗主妒贤畏能而灭其功。”杨倞注：“灭，掩没也。”唐柳宗元《鞭贾》：“其节朽黑而无文，掐之灭爪，而不得其所穷。”（1818）

按，此条义项划分失度，与相邻的义项有交叉。“灭”的义项③为“淹没”。而义项④引例一中的“灭”，杨倞注作“掩没”。诚然，“淹没”与“掩没”这一组合对象稍异，前者是指被水盖住看不见，主要是自然因素造成的；后者是指用某种方式或手段盖住看不见，多是人为因素造成的。但是，两者的主要内容和结果“没”，即“隐没，看不见”则是一致的。若将这两条义项下的用例同释文交换验证，大致相合可通。如是，何必要分设二项呢？将其合并为“淹没；埋没”，则可提升概括的程度，义项更为合理。

满 ④成就。《吕氏春秋·贵信》：“故《周书》曰：‘允哉允哉！’以言非信则百事不满也，故信之为功大矣。”高诱注：“满，犹成。”周恩来《送蓬仙兄返里有感》：“待得归农功满日，他年预卜买邻钱。”（1838）

按，此条取用的古注释义过于具体，将其设为义项则概括性不足。引例一中“百事不满”的“满”，按照高诱的解释即为“百事不成”，的确甚为恰当。但若与“满”的相邻义项比照，则缺乏区别性特征。实际上，这个“不满”也可理解为“不能令人满意”。令人满意的因素可能多样，而事业成功、取得成绩只是其中一个方面。同样，引例二的“功满”即功成，也是事业令人满足的要素之一。由此可知，“成就”只是“满”的具体义。此条可以并入义项②“满足”之中，再将释文调整为“满足；满意”。

三、《汉语大字典》孤例建项释义问题

字典义项的概括，需要在词的众多相近用法的基础上才能得以实现。从理论上说，用孤例来设置义项，无以进行归纳、提炼，是难有概括性可言的。不过，编纂历时性大型语文字典，一概否定孤例立项的做法或许有点不切实际。因为至少有两种情况需要变通处理：一是在古代文献中，个别字确实冷僻且古奥的用法例证极少；而大型语文字典承担着存古备查的任务，所以还得为其设目立项；二是由于现有的资料有限，有的字义仅在孤例中“昙花一现”，且具有相对的独立性，很难将其归并到别的义项中，只能暂时为其立项，留待以后有了新材料再作调整补苴。除此之外，对于字在孤例中出现的用法不做深入考察便率尔立项，无疑是字典编纂的缺陷与败笔。兹举《汉语大字典》据孤例立项而有失允当的若干条目进行讨论。孤例之“例”，是指语言材料中的实际用例，不包括古辞书中的解释。这些义项有的可以取消，有的可以调整、合并到相关义项中，有的需要补充例证方能成立。需要说明的是，本章的内容与第二章划分不严，或有交叉，这是由于讨论问题的角度略有不同，以及考虑各章篇幅的大致协调而“强生分别”，不必苛责。

川　②河流的源头。《楚辞·招魂》：“川谷径复，流潺湲些。”王逸注：“流源为川。”（37）

按，为孤例设此义项，或因不愿舍弃王逸注中提示的“川”字的语义信息。王逸注：“流源为川，注豀为谷。”旨在以“析言”的方式，说明同义词“川”“谷”的意义差别：“川”是流入谷中之水的源头，“谷”则是两山之间的水流。其实，河流真正的源头是“源”“泉”而不是“川”；“川”只是“谷”的直接来源。且就例句而言，“川谷”连用，系泛指山谷中的水流；所谓“川谷径复”，即山谷中的水流回环往复。可见，王逸的解释未必恰当，立为义项更需谨慎。此条当并入“川”的义项①“水道，河流”中。

卑 ⑧柔弱。《文选·宋玉〈神女赋〉》：“性和适，宜侍旁；顺序卑，调心肠。”李善注：“卑，柔弱也。”(72)

按，此例是宋玉为楚襄王解析梦中神女如何美好之言。“顺序卑”形容神女温顺得体，柔弱可爱。然凭孤例及李善注立此义项，则失之单薄。“卑”的此义亦在一些组合中可见。例如《淮南子·要略》：“齐桓公之时，天子卑弱，诸侯力征，南夷北狄，交伐中国。”“卑弱”同义连用，谓软弱，弱小。唐元稹《唐南阳郡王赠某官碑文铭》：“自是，南阳王勋名显于代，性卑顺不伐。”卑顺，软弱驯顺。可将两例补上，释文则调整为“软弱；柔弱”。

罔 ②编结。《楚辞·九歌·湘夫人》：“罔薜荔兮为帷，擗蕙櫋兮既张。”王逸注：“网，结也。言结薜荔为帷帐。”(115)

按，“罔”的常义即渔网，猎网。在此例中，作为名词的“罔”带上了宾语“薜荔”，则活用作动词；所谓“罔薜荔”，就是把薜荔编成网状。或因其时“罔”的这种用法少见，所以王逸特为注明之。然而，仅凭孤例及王注来设立义项，显然缺乏概括性。“罔”的义项①为“同‘网（網）’”，其下又设了4个小项，既有名词性的，也有动词性的。此例若要保留，至多只能作为小项纳入义项①之下。

兴 ③升起。《礼记·乐记》：“降兴上下之神。”孔颖达疏：“谓降上而出下也。”(131)

按，首先，仅凭六字例句及引例下孔颖达对“降”与“兴”两词的合释之言，便为“兴”设立“升起”的义项，材料简略且单薄。再看例中“兴”的意义，引例所在的这段文字谈论的是“礼”“乐”的本质、功用等问题。原文是：“礼乐偩天地之情，达神明之德，降兴上下之神，而凝是精粗之体，领父子君臣之节。”郑玄注：“偩，犹依象也。降，下也；兴，犹出也。”所谓“依象”，就是模仿。孔颖达疏：“降兴上下之神者，兴，犹出也。礼乐既兴，天地相合，用之以祭，故能降出上下之神，谓降上而出下也。”孔疏的意思是，礼乐产生后，使得天与地、人与神相合，天神便从天上降临大地，地祇则从地下出现。郑玄、孔颖达都以“犹出也”解释“兴”，正确。“出”就是出现，具有由下往上的特征。这一用法属于“兴”的常义“兴起”的义位变体，故不当为其单设“升起”的义项。

仍 ③从；连续。《广雅·释诂一》：“仍，从也。”《楚辞·九章·悲回风》：“观炎气之相仍兮，窥烟液之所积。”王逸注：“相仍者，相从也。”（142）

按，此条仅有一条实际用例，而《广雅》的释文，或许就取自王逸注。引例中，“炎气之相仍兮”是谓炎热之气息前后相连接续，没有停止、中断，所以王逸用“相从”来训释“相仍”。“从”则意味着跟从、跟随，可见其与“仍”的本义“因仍，沿袭”联系较密，只是其涉及的对象为“炎气”，在语义上有具体和抽象之别而已。这种临时性的小差别，不足以作为分立义项的条件。此条可以并入义项①“依照；沿袭”之中；再将释文调整为“沿袭；连续”。

偕 ④等同；统一。《管子·幼官》：“修道路，偕度量。”戴望注：“偕，同也。”（226）

按，引例中，据戴望注将“偕度量”理解为“统一度量”，十分顺畅协适。然其训“偕”为“同”，恐非其固定义，而应视为“偕”的义项③“和谐；调和”在句中的临时变体。所谓“偕度量”就是调节度量，使原来不规范、不一致的度量统一起来的意思。加之仅此一例，更不宜设为义项。此条当并入义项③之中。

备 ⑯用。《淮南子·修务》：“贵其所欲达，遂为天下备。”高诱注：“备，犹用也。”（239）

按，此义项系取高诱注而设。引例原为：“昔者仓颉作书，容成造历，胡曹为衣，后稷耕稼，仪狄作酒，奚仲为车。此六人者，皆有神明之道，圣智之迹，故人作一事而遗后世。非能一人而独兼有之，各悉其知，贵其所欲达，遂为天下备。”其大意是说，六位先贤做出了“遗后世”的重大贡献，其奥秘在于他们重视并专注于既定的目标，所以才有发明创造为天下所用。高诱释“备”为“用”即取用是正确的；惜无例以助之，设为义项则依据不足。高诱是把该句按被动句解读的；若换成主动句解读，那么，能为天下取用就意味着为天下做好准备而待用。因此，可将“用”视为“备”的常义“预备；准备”的临时用法，不必另立义项。

侪 ④婚配。《汉书·扬雄传上》：“侪男女，使莫违。”颜师古注：“侪，耦也。违，谓失婚姻时也。”（272）

按，引例下颜师古注中的“耦”即配偶，当为名词。《左传·桓公二年》：“佳耦曰妃，怨耦曰仇”，是其证。颜师古同义为释，旨在说明句中的“侪”与“耦”是同义关系，并没有揭示句中“侪”的具体用法及含义。实际上，这个“侪”带上了宾语“男女”，已具有动词功能，且用作使动，当为“使……成为伴侣”的意思，也就是使其结为夫妻。编者对颜注未予深察，便率尔设立“婚配”义项，致使其与例中的“侪”义不合。此条又系孤例设项，难以独立，故宜置于义项①“同辈；同类的人”之下，以又项的方式注明。

优 ⑤协调。《淮南子·原道》：“其德优天地而和阴阳，节四时而调五行。”高诱注：“优，和调也。”（274）

按，“优”在孤例中的临时用法尚不足以设立义项。查引例下高诱注文本为：“优，柔也；和，调也。”原来，“和”才是“协调”之义。引注错讹，义项释文自然会受影响。例中“优”后有宾语“天地”，具有动词性，其前后相应位置上的“和”“节”“调”亦然。据考，“优”在汉代已产生了优秀、优良的新义，故这个“优”可以视为形容词的使动用法，“优天地”即使天地变得美好的意思。这种“美好”播散在天地间就是使其柔和、和顺。此条应并入义项②“优良；好”之中。

刍 （一）chú ⑤用草喂牲口。《周礼·地官·牛人》：“凡祭祀，共其享牛，求牛，以授职人而刍之。”孙诒让正义：“凡以草及禾稿饮牲并谓之刍，正字当作犓。”（287）

按，引例中的“刍”后有代词宾语“之”，因而有了动词性，这是毋庸置疑的。如是，孙诒让对“刍”的解释可取。惜仅此一例，尚无其他材料佐证，因而此义尚不具概括性特征，只能视为临时用作动词。“刍”的义项②为“牲口吃的草”，此义正是这一名词词义的活用，应将此条置于其下。

劳 （一）láo ③劝勉。《吕氏春秋·孟夏纪》：“命野虞出行田原，劳农劝民，无或失时。”高诱注：“劳，勉也。”（411）

按，此条仅凭高诱注及孤例建立的义项，过于单薄，故缺乏可信度。事实上，“劳”的此义古书不乏用例，兹为其补充几例。《礼记·月令》：“是月也，命野虞出行田原，为天子劳农劝民，毋或失时。”此与所引《吕氏春秋》例大意相同。《汉书·扬雄传》：“其勤若此，故真神之所劳也。”颜师古注：“劳谓劳来之，犹言劝勉也。”《经义述闻·通说上·劳》：“宪问篇：‘爱之能勿劳乎？忠焉能勿诲乎？’劳，亦勉也，谓爱之则当劝勉之也。”

延 ⑪高。《淮南子·本经》：“延楼栈道。”高诱注：“延楼，高楼也。”（439）

按，引例所在的这段话是批评统治者穷奢极欲的做法：“大构架，兴宫室，延楼栈道，鸡栖井干……”高诱释“延楼”为“高楼”，编者据以认定例中的“延”有“高”义，都是可以成立的；但将孤例中的释义“高”用作义项释文，则不可取。句中“延”的“高”义是在“延楼”这一组合中临时产生的，没有概括性。由低处仰视，高耸的楼阁就好像延伸到空中。可见，这一用法与其常义“延伸”紧密相关。此条应并入义项③“伸长；延长”中。

壹 ③等；同。《广韵·质韵》：“壹，辈也。”《左传·昭公十年》：“佻之谓甚矣，而壹用之，将谁福哉？”杜预注：“壹，同也，同人于畜牲。”（501）

按，此义项系据孤例下杜预的解释而立，证据不足，且不够合理。揆之文意，引例中的“壹用”当指同等使用，即将俘虏和牲畜一样宰杀祭祀。如是，这个“壹”与义项④“划一；统一”联系甚密：所谓“划一；统一”，就是将不同的事物、对象按照某个标准同等对待、处理。据此，此例当并入其中，再将释文调整为“等同；统一”。至于《广韵》的“辈”，或是“等辈，同辈”义，与此义相去较远，应当另行处理。

塗　⑨解冻。《诗·小雅·出车》：“今我来思，雨雪载塗。”毛传：“塗，冻释也。”陈奂传疏：“冻释，谓雪冻开释也。”(510)

按，“解冻”之义，与“塗”的其他意义脱节，且孤例立项，似难成立。引例中，毛传以“冻”训“塗”，并未直接诠释“塗”的语义，而是在解说道路难走的原因，故不宜用作义项释文。孔颖达疏：“雪落而释为塗泥，是春冻始释也。”已联系“塗”的词义作释。朱熹《诗集传》解释更为明确：“塗，冻释而泥塗也。”该句乃描写雪冻消融后的路况，“雨雪”作主语，“塗”则充当动词谓语。“塗”在古代有“路途”和“泥塗”两个常义。这首诗写军队出征回朝，须行走于途不言自明，故其“塗”应当指“泥塗”，句中临时用作动词，意为变得泥泞。“雨雪载塗”之意，即雪冻融化，到处都是泥泞。因此，此义可视为义项①“泥；泥巴”的活用。

左　④指古代将车上的御者。帅在中，御在其左。右边一人保护主帅。《诗·郑风·清人》：“左旋右抽，中军作好。”郑玄笺：“左，左人，谓御者。”(541)

⑤指古代一般战车上的弓箭手。《左传·宣公十二年》：“吾闻致师者，左射以菆。”孔颖达疏：“兵车自非元帅，皆射者在右，御在中央。”(541)

按，两条义项都是据一条例证加上古注的解释构成。单就两例中“左”字的解释而言，古注及释文无可厚非。然而按照字典义项的要求，则有可商之处：一是据孤例设置的义项过于琐碎，没有概括性可言；二是义项④的释义文字偏长，近于随文注释，失之辞费。处理的办法是将两条合并起来，释文则简化成“古代战车上居左的人”。其下分设两个又项：一是将帅车上的御者；二是一般车上的弓箭手。兹为第二个又项补充一条材料，《书·甘誓》：“左不攻于左。”孔安国传：“左，车左。左方主射。”此外，义项⑤《左传》例下引孔颖达疏为“皆射者在右”，对照原疏，

“右”字当为“左”，应予正之。

巧 ④擅长；善于。《广韵·巧韵》：“巧，善也。”《楚辞·天问》：“穆王巧梅，夫何为周流。”洪兴祖补注：“巧梅，言巧于贪求也。”（542）

按，义项释文是动词性的。《广韵》释为“善”，其字多义多用，词性、意义都不好确定。加之仅一条例证，且“巧梅”之言比较冷僻，作为用例不够典型，这些都是此项的缺陷。解决的办法是补上几条“巧”作动词“擅长；善于”的用例。《荀子·哀公》：“昔舜巧于使民，而造父巧于使马。”《大戴礼记·曾子事父母》：“孝子唯巧变。”王聘珍解诂：“巧，善也。”

奄 （一）yǎn ①覆盖。《说文·大部》：“奄，覆也。”《淮南子·修务》：“万物至众，而知不足以奄之。”高诱注：“奄，盖之也。”（578）

按，《说文》中“奄”有“覆也”“欠也”两义，而将“覆”列在前面，说明此义在当时是相对习见的。然此条仅有《说文》之释及孤例，则不免单薄少据。其所引用古例系汉代文献，又有例证迟后之不足。兹为其补苴如下，《尔雅·释言》：“蒙，奄也。”郭璞注：“奄，奄覆也。”《诗·大雅·皇矣》：“受禄无丧，奄有四方。”郑玄笺：“世世受福禄，至于覆有天下。”孔颖达疏：“奄，亦是覆盖之义，故笺以为覆有天下。”陆机《辩亡论下》：“昔三方之王也，魏人据中夏，汉氏有岷、益，吴制荆、杨而奄交、广。”李善注引毛苌诗传曰：“奄，覆也。”此言吴国的势力覆盖到交州、广州一带。有此材料补证，义可圆足。

就 ⑥能。《左传·哀公十一年》：“季孙曰：‘须也弱。’有子曰：‘就用命焉。’”杜预注：“虽年少，能用命。”（600）

按，释文“能”是从孤例下的杜预注中提取出来的。例句所述内容是，季孙认为樊须幼弱，不堪重任；有子则以“就用命焉”为樊须任事而力争。杜预注旨在疏通此言之大意，不宜轻将“能”同“就”字对号入座。况且“就”可作助动词“能”，古书中尚无材料可证，又与“就”的他义相隔。杜注中的“能”，是对有子认为樊须“就用命焉”可行性的解读，系句意所隐含的，杜预并未对“就”字作释。例中的“就”应是

"听从，顺从"的意思；"用命"即效命；"就用命"犹言能够顺从地效命国家。"就"的这一用法古书有例。《庄子·人间世》："形莫若就，心莫若和……就不欲入，和不欲出。"郭象注："就者，形顺。""形顺"即表面上顺从。《礼记·学记》："就贤体远，足以动众，未足以化民。"郑玄注："就，谓躬下之。""就贤"就是恭顺地礼待贤者。《战国策·赵策一》："然则韩义王以天下就之，下至韩慕王以天下收之，是一世之命制于王已。"吴师道补注："就者，屈就也。""屈就"犹言俯就，恭顺地服从。总之，此条不当立，可为"就"另立"顺从；恭顺对待"义项，将此例置于其下。

尚 ⑦奉。《正字通·小部》："尚，奉也。"《文选·司马相如〈长门赋〉》："愿赐问而自进兮，得尚君之玉音。"李善注："尚，犹奉也。"（610）

按，此项仅一条例证，且《正字通》及引例中的李善注均取单音节"奉"字，其意义所指不明。此条建项的主要依据盖为李善注，明代《正字通》当取自前期的李注。从该例看，"尚"是"聆听，奉听（君王的声音）"的意思。对于属下、臣民来说，能获得上面乃至君王赐予的东西，那是高攀的结果，当然也是受宠若惊的好事。"尚"又另立义项⑧"娶帝王之女为妻"，其实这是特指意义。有材料可证，《史记·绛侯周勃世家》："勃太子胜之尚之。"裴骃集解引韦昭曰："尚，奉也，不敢言娶。"《史记·张耳陈馀列传》："张敖已出，以尚鲁元公主故，封为宣平侯。"司马贞索隐："韦昭曰：'尚，奉也。不敢言取。'崔浩云：'奉事公主'。"《读书杂志·汉书第八·张耳陈馀列传》："引之曰：《王吉传》：'汉家列侯尚公主。'则所谓尚者，乃奉事之称。"据此，可考虑将此项与义项⑧合并，释文调整为"奉事，承奉。特指娶帝王之女为妻"。

后 ⑤后土。《楚辞·九章·橘颂》："后皇嘉树，橘徕服兮。"王逸注："后，后土也。"（628）

按，此条之不足有二：其一，是直接照搬王逸注文为释义，而王注之义不甚明了。实际上，王逸是将"后皇"二字同注的："后，后土也；皇，皇天也。”可知“后”即“后土”的省文，大地的美称。单引王注中“后土”为义，易生困惑；有此参照，“后”义易明。《左传·昭公二十九年》：“土正曰后土。”杜预注：“土为群物主，故称后也。”《左传·僖公十五年》：“君覆后土而戴皇天。”因此，释文应调整为“后土，指大地”。其二，是孤例立项，依据单薄。兹为其补充几条相关材料。不过需要注意的是，“后”有此义，均是在“后皇”连用时出现。例如唐柳宗元《斩曲几文》：“后皇植物。”蒋之翘辑注引《楚辞注》：“后，后土也”。明何景明《雨颂》：“后皇惠鲜，终悔其伤。”

合 ㉘坚密。《周礼·考工记·弓人》：“秋合三材则合。”郑玄注：“合，坚密也。”（630）

按，此条在材料处理上多有不足。一是引例文字偏短，不知句子意思为何。二是例中出现两个“合”字，未对与释文有关的“合”字加点注明，不明是何字。据文意考察，当是后者。三是孤例设项，证据不足。引例连同前文是：“凡为弓，冬析干而春液角，夏治筋，秋合三材……秋合三材则合。”这段话是讲制作弓箭的事。郑玄注：“三材，胶、丝、漆。”是指制作弓箭的三种材料。例中的前一“合”是聚合，备齐。引例此句言秋季要备齐这三种材料，做出的弓箭质量才好。可知，例中的后一“合”字，是指弓箭的质量——坚固密实，这才与质量要求相合。这个“合”即“合意，符合要求”的意思，而“坚密”只是对弓箭质量要求的具体内容，系句中临时所指。因此，此条可并入义项⑫“适合”中，不宜为孤例单设义项。

吹 ⑩燃。《文选·木华〈海赋〉》：“熺炭重燔，吹炯九泉。”李善注：“吹，犹然也。”（642）

按，此条系为孤例的临时义立项，不当。引例是描写想象中的海底“水府之内，极深之庭”的壮观景象。李善注的全文是：“熺炭，炭之有光也。《广雅》：‘熺，炽也。’重燔，犹重然也。吹，犹然也。《汉书》：赵氏无吹火焉。《说文》曰：‘炯，光也。’言火之光，下照九泉。地有九重，故曰九泉。”据此可知，李善注“吹”为“然（燃）”，已不是其词语义，而是“吹”所产生的结果。所谓“吹炯九泉”，犹言吹燃照亮了九泉。对于“吹”的这一孤例中的临时义，应并入义项②“空气流动触拂物体”中为宜。

吝 ⑤羞耻；耻辱。《后汉书·杨震传》：“三后成功，惟殷于民，皋陶不与焉，盖吝之也。”李贤注：“吝，耻也。”（643）

按，此条释文主要摘自李贤注，就该例而言，义例相合。惜此义并不常见，仅有一例，不足为信。引例的出处亦有小疵，应出自《后汉书·杨震传》所附《杨赐传》。杨赐是杨震之孙，例文这几句系杨赐所言。兹为援引几条材料以补其证据之不足。《易·系辞上》：“悔吝者，忧虞之象也。”孔颖达疏：“吝者，当事之时，可轻鄙耻，故云吝也。”孔疏道出了“吝”有“耻”义之来由。《后汉书·张衡传》：“姑亦奉顺敦笃，守以忠信，得之不休，不获不吝。”李贤注：“休，美也。吝，耻也。”又：“用后勋，雪前吝。”李贤注：“吝，耻也。”《后汉书·黄宪传》：“时月之间不见黄生，则鄙吝之萌复存乎心矣。”胡三省注：“作事可羞恨者谓之吝。”

哭 ②吊唁。《淮南子·说林》：“桀辜谏者，汤使人哭之。”高诱注：“哭，犹吊也。”（679）

按，此条系为孤例的随文释义立项。引例中，高诱为常用词“哭”作注，释为“吊”，旨在说明商汤派人为死者的“哭”并非仅是内心悲哀伤痛的情感表达方式，而是具有特定的礼仪功能，即祭奠哀悼死者。可见，“哭”的“吊唁”义是特定语境中的临时义，因而不必为此立项。若要存义，至多用特指或又项注明。

哭 ③歌。《淮南子·览冥》：“昔雍门子以哭见于孟尝君。”高诱注：“哭，犹歌也；见，犹感也。”（679）

按，“歌”当为“哭”在孤例句中的特指含义，不宜立为义项。引例下的高诱注还对雍门子做了介绍：“雍门子，名周，善弹琴，又善哭。”可见，“弹琴”和“哭”都是雍门子的强项、专长。而弹琴与歌唱又是连在一起的，因此，高诱释“哭”为“歌”，就不足为奇了。实际上，这个“哭”是与“歌”混同进行的。哭与歌交融，情感更浓，更能打动对方。

土家族姑娘出嫁时的哭嫁歌，也是边哭边哼唱的。她们的哭只是表达情感的形式，唱的才是实质的内容。综上，此条可以又项方式附于义项①“因悲伤或过分激动而流泪、发声”之下。

喘 ②轻声说话。《篇海类编·身体类·口部》：“喘，微言。”《荀子·臣道》：“礼义以为文，伦类以为理，喘而言，（蠕）而动，而一可以为法则。”杨倞注：“喘，微言也。”（707）

按，此条为孤例立项，系编者对孤例中的古注理解有误所致。引例中，“喘”和“蠕”对举，分别作状语修饰“言”“动”。杨倞注：“喘，微言也；蠕，微动也。一，皆也；言一动一息之间皆可以为法则也。”“喘而言”的“喘”是表言说的方式，即一边气喘吁吁一边说话。如此言说，表意自然会受到影响。所以，杨倞的“微言”之“微”不是指声音轻微、微小，而是传达信息不够清楚、明白，是“隐微不显”的意思。荀子这段话是讨论“敬人有道”的问题。认为只要做好“礼义”“伦类”等大事，具体的“言”“动”方式就无关紧要了，即使喘着气说一说，轻轻地动一动，即象征性地做个样子，都可以当作法则。此外，杨倞用“微言”释“喘”，径将后面的“言”带入注中，盖受了语境尤其是后面“蠕”的影响，遂随文增字作解。这种孤例中的临时义，是不当立为义项的。《篇海类编》的解释，或取自杨注，因无相关依据，故存疑。综上，此条宜并入义项①“急促呼吸”中。

啬 ⑥贪。《方言》卷十：“啬，贪也。”《左传·襄公二十六年》：“夫小人之性，衅于勇，啬于祸，以足其性，而求名焉者，非国家之利也。”杜预注：“啬，贪也。”（718）

按，引例中的“啬于祸”，意即小人贪求发生祸乱，以便从中谋利。可知“啬”为“贪”义可以成立。惜仅此一例，证据不足。兹为其补上几条例证，《老子》：“治人、事天莫若啬，夫唯啬，是谓早服。”河上公注：“啬，贪也。”此言治人、事天莫若有贪求之心，有贪求，才能变成动力。《史记·五宗世家》：“晚节啬。”张守节正义：“啬，贪吝也。”《新唐书·陆馀庆传》：“中宗朝，幸臣贵主斜封大行，蹈利啬祸之人，与相干没。”

回　⑥回护，偏向。《国语·晋语八》：“且秦、楚匹也，若之何其回于富也。”韦昭注：“回，曲也。”（768）

按，引例中的“回于富”即回护富有的秦公子。可见义项释文“回护，偏向”与例相协；且此义又与“回”的“回转而不直行”之义相联系，可以成立。然例证单薄，终为缺憾。兹援例以充实之。《孟子·尽心下》：“哭死而哀，非为生者也。经德不回，非以干禄也。言语必信，非以正行也。”朱熹集注：“自然而中，而非有意于中也。经，常也。回，曲也。三者亦皆自然而然，非有意而为之也。”“经德不回”即坚持常德而不偏邪。《汉书·赵广汉传》：“见事风生，无所回避，率多果敢之计，莫为持难。”颜师古注：“回，曲也。”此言赵广汉做事迅疾果断，“回避”即绕过、避让。《后汉书·马武传》：“帝虽制御功臣，而每能回容，宥其小失。”李贤注：“回，曲也，曲法以容也。”

圄　②囚禁。《玉篇·口部》：“圄，禁囚也。”《左传·宣公四年》：“子越又恶之，乃以若敖氏之族，圄伯嬴于轑阳而杀之。”杜预注：“圄，囚也。”（774）

按，据现有文献记载，“圄”的这一动词用法在古书中鲜见，因而不宜迁就孤例的古注释义设立义项。《玉篇》之释，可能来自引例一的杜预注。“囚禁”之义，可以视为义项③“监狱”临时活用为动词，此例当附于其下。

圜　③钱币。《汉书·食货志下》：“太公为周立九府圜法：黄金方寸，而重一斤。”颜师古注引李奇曰：“圜即钱也。圜一寸，而重九两。”（783）

按，此条仅凭孤例及其注释立项，是其不足。兹为其补上几条材料。《魏书·食货志》：“太公立九府之法，于是圜货始行，定铢两之楷。”“圜货”系同义连用，共表钱币。《清史稿·食货志一》：“乃改海运以节漕费，变圜法以行国币。”“圜法”即钱币制度。

岸　②比喻高位。《小尔雅·广诂》：“岸，高也。”《诗·大雅·皇矣》：“诞先登于岸。”毛传：“岸，高位也。”孔颖达疏：“岸是高地，故以喻高位。”（791）

按，《小尔雅》释“岸”为“高”，是将其当作形容词，而“高位”则是名词，可见材料与释文的词性不协。引例下，孔颖达疏说得很清楚：“岸是高地，故以喻高位。”可知“高位”只是临时性的比喻用法，加之此条只有一条用例，怎能据以单立为义项呢？此条应并入义项①“靠江、河、湖、海等水边的高地”中，或按又项处理。

幕 ⑦古代作战用的臂甲、腿甲。《史记·苏秦列传》：“当敌则斩坚甲铁幕。”司马贞索隐：“刘云：‘谓以铁为臂胫之衣。’”（861）

按，“幕”的释文之义，是在引例中与“坚甲”对举的“铁幕”这一特定组合里才临时具有的，离开此例恐无从寻觅。“幕”的义项⑪为“覆盖；笼罩”，而臂甲、腿甲正是遮盖着用以护臂、护腿之物。此为孤例，更不宜为之设立义项。此条可附于义项⑪之下。

帜 ②标记。《后汉书·虞诩传》：“以采綖缝其裾以为帜。”李贤注：“帜，记也。”（867）

按，《释名·释言语》：“识，帜也。”王先谦疏证引苏舆曰：“帜之本义为旌旗之属，军事以旌旗为标识也，引申为凡有标记者之称。”此言道明了“帜”有“标记”之义，也给“帜”设立此项提供了理据。当引用之。惜仅此一例，语料不足，试为其补充一些相关材料。《广韵·宵韵》：“幖，头上帜也。”《金史·程寀传》：“明立标帜，为出入之驰道。”《说文·巾部》：“幖，帜也。”段玉裁注：“《通俗文》曰：‘徽号曰幖，私记曰帜。’”《慧琳音义》卷七十六“幖帜”注引《考声》：“帜，记也，以帛长五尺广半幅缀于旗上也。”

行 （二）xíng ⑰降落。《礼记·月令》：“大雨时行。”孔颖达疏引蔡邕《〈月令〉章句》云：“行，降也。”（873）

按，“降落”系孤例中的特指义，不宜立为义项。引例所在的这段话讲的是“季夏之月”的气候情况：“是月也，土润溽暑，大雨时行，烧薙行水，利以杀草，如以热汤。可以粪田畴，可以美土强。”“时行”，即按时、应时运行，而雨水的运行就是自天降下，故蔡邕以“降”释之。而孔颖达疏讲得更为清楚：“土既润溽，又大雨应时行也，不云降，降止是下耳，欲言其流义，故云行。行犹通彼也。”原来，季夏的大雨，可以消灭野草，用以肥田，是农业上的及时雨。降雨谓之“行”，盖取其“如愿而运行”之义。明乎此，则可将其并入义项⑩“运行；流动”之中。

行 （二）xíng ⑫通晓。《吕氏春秋·适音》：“故先王之制礼乐也，非特以欢耳目、极口腹之欲也，将以教民平好恶、行礼义也。”高诱注：“行，犹通也。”（873）

按，首先，此条引例的原文本作“行理义”而非“行礼义”，当正之。其次，为孤例中的“行”立“通晓”义项，依据不足。例中，作为动词的“行”义较为宽泛，且宾语又是比较抽象的“理义”，故高诱特为这一常用词做出解释。高注的“通”，实为“流通、沟通”之义，而“通晓”只是“沟通”的目的及结果。由此看来，引例中的“行”义与义项⑩的“运行、流动”联系紧密，可视为其义位变体而置于其下。

役 ⑤服劳役的人。《左传·襄公十一年》：“季氏使其乘之人，以其役邑入者无征。”孔颖达疏：“役谓共官力役，则今之丁也。”（876）

按，此条为孤例立项，例中的“役”究竟当并入何义，尚须分析考酌。根据孔颖达疏，“役”指“丁”，即丁壮，就是力役之人，名词。而“役”的义项⑥“仆役；差役；役夫”亦为名词。“役夫”就是服劳役的人。如是，又何必为其另立此条义项呢？孔颖达是对“役”的基本义做出解释，与“役”在此例中的具体用法还有距离。杨伯峻《春秋左传注》则将“役邑”合起来理解，其注曰：“役邑即提供兵役之乡邑。民如入于季氏，为季氏服军役、劳役，则免其家之税收。”据此，“役”是修饰“邑”的，“役邑”就是派出劳役的乡邑。如是，“役”则具有了动词词性。总之，为此例的“役”单立义项不妥，此条可考虑并入义项④“劳役；出劳力的事”之中。

往 ⑨亡去。《管子·权修》：“无以畜之，则往而不可止也。”尹知章注：“往，谓亡去也。”（878）

按，此条释文照搬古注“亡去”存在歧义：是“死亡（今义）”，还是“逃走（古义）”？引例这段话是讨论国君的重民问题。例句的上文言：

“欲为天下者，必重用其国。欲为其国者，必重用其民。欲为其民者，必重尽其民力。”引例则承上文从反面做了假设。“畜”即蓄养，养活。据文意看，“往”当指离开国土，逃走他国。不过，“亡去”亦属孤例中的临时义，不宜设为义项，应归并到义项①“去；到（某处）。与‘来’‘返’相对”之中。

待 ⑦宽容；容忍。《国语·晋语九》：“以其五贤陵人，而以不仁行之，其谁能待之?”俞樾平议：“待，犹忍也。”(880)

按，“宽容；容忍”盖为“待”在句中的临时义。引例记载的是，晋宣子将立儿子智瑶为继承人，但晋国大夫智果不同意，由此对智瑶做出了以上评价。例句大意是，智瑶若以五处过人的本事欺凌他人，又以不仁的心肠实施其主张，将没有人能宽容地对待他。俞樾释“待”为“忍”是合宜的，但此义只是在该句中才临时具有的，无概括性可言。实际上，例中的“待”义与其常义“对待”联系紧密。因为智瑶的才德以及手段非同一般，假若他高居君位后不行仁政，那么，他的臣民面对这种情况，就只能隐忍宽容了，即宽容对待。由此看来，此条可以并入义项④“对待；招待”之中。

律 ⑤依法治理、处治。《书·微子之命》：“弘乃烈祖，律乃有民。”孔传：“以法度齐汝所有之人。”(883)

按，引例所言，是殷王对微子治理国家的要求。孔传解读“律乃有民”之大意，用“以法度齐”诠释“律”字，可知“律”具有动词性，孔传是正确的。惜此义没有其他用例支撑，尚不宜设为义项。可考虑并入义项⑥“约束”中，将释文调整为“约束；治理”。因为治理、管理同“约束”一样，都需要根据相应的法令条规来实施。再补上一例。宋叶适《宋故孟夫人墓志铭》：“信安王以恭俭律家，夫人尤勤苦敬顺，事夫训子，率用寒素。”“律家”即治家。

后 ⑧摒弃。《汉书·邹阳传》：“原大王察玉人、李斯之意，而后楚王、胡亥之听。”颜师古注：“以谬听为后。后犹下也。”(884)

按，根据引例的文意及颜师古注“后犹下”，例中的“后”就是“放在后边”的意思。义项释文作“摒弃”，其义则为“排斥舍弃”，看来两者还有不小的差异。从例中看，并不是要求对楚王、胡亥之言弃之不管，而是不能先于“玉人、李斯之意”，应将其作为最后一步来考虑。这当然是委婉之辞。由此看来，释作“摒弃”，其义所含的处置程度则较原文重，因而欠妥。此其一。其二，“后”的“摒弃”义，属临时性用法，又据孤例而立，则难以令人信服。参看与其相似的用例，《战国策·齐策四》：“今不问王而先问岁与民，岂先贱而后尊贵者乎?”《吕氏春秋·义赏》：“君用其言而赏后其身，或者不可乎?”两例中的“后”带上了宾语，均为“置于其后”的意思。“后”的义项③为“落在后面”。从概括性考虑，可将此义与之合并，释文调为“落在后面；放在后边”。前者侧重于因条件不够而在时间、距离、速度等方面跟不上；后者侧重于从主观意愿出发对人、事、物等进行处置，两者都产生相同的结果——后置、后移，合在一起正好互补，符合概括性要求。

径 ⑨度量；衡量。《文选·张衡〈西京赋〉》：“通天訬以竦峙，径百常而茎擢。”李善注引薛综曰：“径，度也。”(886)

按，引例是描写通天台之高。“訬”，高。“竦峙”即耸立，挺立。李善又注曰：“倍寻曰常。茎，特也。擢，独出貌也。”“常”是长度单位，“八尺为寻，倍寻为常”，可见“百常”之高。李善引薛综注及义项释文不误。惜此义出现在孤例中比较突兀，立为义项尚缺相关证据。“径”的义项⑩为“长”，此例的“径”可视为“长”临时用作动词，“量长度”的意思，“径百常”犹言丈量长度有百常之高。

徙 ⑥夺取。《国语·吴语》：“焚其姑苏，徙其大舟。”韦昭注：“徙，取也。”(889)

按，引例记载的是越王勾践偷袭吴国都城，烧毁了姑苏台（《吴越春秋》作“焚姑胥台”），并夺走了吴王大船之事。韦昭注：“大舟，王舟。”其注“徙”为“取”，乃着眼于解读“徙”的行为所致的结果。夺走吴王的大船，也就是移动大船原有的停泊位置，实际上是变易其主人。这是“徙”的“迁移；移动”义在句中的临时含义，因而不宜为其设立义项。

得 ②贪得。《论语·季氏》:“及其老也,血气既衰,戒之在得。”何晏集解引孔安国曰:“得,贪得。”(890)

按,“贪得”当为句中的临时义,不宜为之立项。其实,古籍中,这一用法并不仅见于此例。《后汉书·陈蕃传》及《后汉书·马皇后传》中,都引用了“戒之在得”句,且李善分别以“贪也”“贪啬也”解释“得”字。尽管如此,此义仍不具义项的概括性。因为“贪得”“贪求无厌”云云,无非是义项①“得到;获得”义的临时变体,只不过增加了不合常理的心理需求而已,这种处于次要地位的意义因素,义项概括是可以忽略不计的。因此,此条当并入义项①中。

复 ⑨遏止。《淮南子·时则》:“规之为度也,转而不复,员而不垸。”高诱注:“复,遏也。”(896)

按,此条盖因字典编纂者对古注理解有偏差而为孤例立项。从引例的句意看,是讲圆规的特点。“遏止”一般指因外力作用而中途停止,含有被动语义。而作为画圆的器具圆规,转动中是否能停下来,并非自身决定的。因此,其“转而不复”解作圆规转动而不会受到遏止,于文意不通。高诱注“复”为“遏”,盖取其“绝止,断绝”之义。《易·大有·象传》:“君子以遏恶扬善。”李鼎祚集解引虞翻曰:“遏,绝也。”《书·舜典》:“四海遏密八音。”孔安国传:“遏,绝也。”《书·武成》:“敢祗承上帝,以遏乱略。”孔安国传:“言诛纣敬承天意,以绝乱路。”据上,“转而不复”即转动而不会中断停止。此条可以并入⑩“免除(赋税徭役)”中。免除,则含有停止原来的要求等,与“断绝”义有关联。

循 ⑨大;扩大。《吕氏春秋·明理》:“其残亡死丧,殄绝无类,流散循饥无日矣。”高诱注:“循,大也。”(897)

按,此条设立的依据是孤例中的古注,须慎重审视。引例下,高诱注“循”为“大”,有点突兀。因这一用法与“循”的他义相隔较远,难以找到其内在联系。引例这段话的前面讲到,国家出现了很多怪异现象,诸如“马牛乃言,犬彘乃连”;“马有生角,雄鸡五足”;“有豕生狗”等。然而,“国有此物,其主不知惊惶亟革,上帝降祸,凶灾必亟”。如是,产生的后果是老百姓“残亡死伤，殄绝无类，流散循饥无日矣”。“流散”，指百姓到处流浪，而用于其后的“循”则当为其常义“顺着”在句中的临时义，即“顺势蔓延，扩展”。饥民逃难潮扩展开来，极易形成大的态势，故高诱以“大”释之。由是言之，高注不误，但欠具体，且孤例不宜立项，因而此条至多作为又项“顺势扩大”，附于义项①“顺着；沿着”下。

德 ⑬福，喜庆的事。《广韵·德韵》：“德，福也。”《礼记·哀公问》：“哀公曰：‘敢问人道谁为大？’孔子愀然作色而对曰：‘君之及此言也，百姓之德也。’”郑玄注：“德，犹福也。”孔颖达疏：“言君今问此人道之大，欲忧恤于下，是百姓受其福庆。”(904)

按，此义不当立为义项。从引例看，鲁哀公向孔子问及“人道”即治世之道的问题，说明其关注民生，意图有所作为，故孔子称此举是“百姓之德”，即为百姓的福分。郑玄注为“福”不误。然从词义角度看，“德”训为“福”，又是与其常义密切相关、互为依托的，是“恩惠；恩德”临时具有“获得的恩德，蒙受的德泽”之义。百姓得到恩德，当然是其福祉了。孔颖达疏不破注，言“受其福庆”，对郑玄释“德”为“福”做了进一步的补充。《国语·晋语六》：“夫德，福之基也。无德而福隆，犹无基而厚墉也，其坏也无日矣。”这是从当权者自身的角度而言，说明古人心中十分明确并重视“德”与“福”的关系。从民众角度看，国君之德，即百姓之福。因此，此例应并入义项④“恩惠；恩德”中。

衡 ⑩泛指北斗。《文选·鲍照〈翫月城西门廨中诗〉》：“夜移衡汉落，徘徊帷户中。”李周翰注：“衡，北斗也；汉，天河也。”(910)

按，此条据孤例立项，不能成立。参之“衡”的义项⑧“北斗第五星”，知“衡”的位置居于北斗七星的中央，主回转。而在此条引例中，系选取“衡”星作为代表，来临时指代北斗。这种孤例中的临时指代义，至多可作为又项附于义项⑧之下。

郁 ⑥怨恨。《吕氏春秋·侈乐》：“故乐愈侈而民愈郁，国愈乱。”高诱注：“郁，怨。”(922)

按，此条据孤例立项，依据不足。“郁”由郁结、忧郁而产生不满乃至怨恨，比较符合常理，此义多用来指怀恨在心的情感。惜仅此一例，不足以证明其义具有普遍性。兹为其补充几例。《吕氏春秋·慎大》：“干辛任威，凌轹诸侯，以及兆民，贤良郁怨。”“郁怨”同义连用，指报怨、怨恨。《管子·君臣下》：“是以下之人无谏死之忌，而聚立者无郁怨之心。”《吕氏春秋·贵信》：“交友不信，则离散郁怨，不能相亲。”有这几例支撑，这一义项庶几可以成立。

多 ②重。与“轻”相对。《老子》第四十四章：“名与身孰亲？身与货孰多？”朱谦之校释引奚侗曰：“《说文》：‘多，重也。’谊为重叠之重，引申可训为轻重之重。”（925）

按，“多”的此义属于孤例中的临时义，不宜立项。诚然，“多”由数量大引申指重量大，符合词义引申规律，但未必形成了较为固定的意义。从引例看，是拿生命与财货相比，来衡量其价值的高低，因而将“多”释为“重”（即重要）是可行的。但参看“多”的义项③“重视；看重”，则没有必要仅凭此例来另立义项。例中的“多”可视为“重视”的临时引申义：因其重要，才值得重视，可见两者联系紧密。其实，用义项③解释此例的“多”，把该句译为“身体与钱财哪一个更值得重视”同样是讲得通的。

舞 ⑨戏弄。《列子·仲尼》：“为若舞，彼来者奚若？”张湛注：“世或谓相嘲调为舞弄也。”（929）

按，此条据孤例立项，依据不足。引例是郑国的邓析对其弟子说的话。“若”指你们，即其弟子。邓析所“舞”的对象是郑国的伯丰子。“为若舞”，即为你们戏弄一下（他）。从其后称对方类同“受人养而不能自养者”的“犬豕之类”可知，他对伯丰子的言语堪称极尽鄙夷嘲弄甚至辱骂之能事。由此言之，例中的“舞”确有“嘲笑、戏弄”的意思。但是，此义与义项④“耍弄；玩弄”的共同点似更为明显，都含有用不严肃、不正经的手段对待他人、处理事情的意思。所不同的是，“戏弄”侧重于用言语，而“耍弄；玩弄”侧重于行为、手段方面，也包括用言语。

因此，这一用法可以用“耍弄；玩弄”涵括之。

庇 ⑥相符合。《国语·周语下》：“夫目以处义，足以践德，口以庇信，耳以听名者也。”韦昭注：“庇，覆也，言行相覆为信也。”(938)

按，此条据孤例立项，不宜轻信。引例这段话是单子对鲁成公评价晋厉公之言。引例的前文说晋厉公“言爽，日反其信”。言爽，言语错乱；日反其信，每天都违背诚信。“口以庇信”是针对晋厉公的妄言失信所做的正面述评。韦昭注“庇”为“覆”，当取其遮护、守护之义；而其“言行相覆为信”之言，分明是对“信”而非“庇”的解释。“口以庇信”句，介词“以”即“用来”，表明“口”是动作的实施者，全句意为“‘口’是用来守护信用的”。这样解释，方与引例前后所述“目”“足”“耳”的功能对称协调。编者用“相符合”解释“庇”，是因误解了韦注。总之，此例当并入义项④“保护；保佑”中。

度 ⑮过去。《楚辞·刘向〈九叹·惜贤〉》：“年忽忽而日度。”王逸注：“度，去也。”(945)

按，“过去”属孤例中的临时义，尚不够立项条件。且“过去”一词还有歧解，不知是名词还是动词。引例的前句为“时迟迟其日进兮”。王逸将这两句合注为：“度，去也。言天时转运日进，迟迟而行；己年忽去，日以衰老也。”洪兴祖补注：“辰去速而来迟。迟迟，来迟也；忽忽，去速也。”“年”指时间，时辰。细绎句意及王逸、洪兴祖的解读，王逸注中的“去”，当是“离去”之义，“日度”，犹言一天天过去。例中的“度”，是以空间的度过，转指时间的度过、消逝。因此，此条应并入义项⑭“度过；使度过”中。

度 ⑰运输；传送。《史记·平准书》：“而下河漕度四百万石，及官自籴乃足。”司马贞索隐：“度，犹运也。”(945)

按，此义系孤例中的临时义，缺乏概括性。“漕度”即水路运输；而运输，就是将物资从甲地转运到乙地。对于物资来说，“度”就是空间距离上的跨越、度过。因此，司马贞的注文“运”即运输，实为“度”的常义“度过”的义位变体，不能因为有此注文而为其设立义项。

度 ⑲延长。《后汉书·崔骃传附崔寔》："呼吸吐纳，虽度纪之道，非续骨之膏。"李贤注："度纪，犹延年也。"(945)

按，"度"的"延长"之义，是在与"纪"即年岁、寿命的组合后临时具有的。这一用法乃"度"在时间上"度过"义的延展：能度过某一新的时段，也就意味着相应地延展了生命的长度。又，此义仅见孤例，无以佐证，故宜将其并入义项⑭"度过；使度过"中。

厕 ②猪圈。《汉书·武五子传》："厕中豖群出，壊大关灶。"颜师古注："厕，养豖圂也。"(957)

按，此条孤例不足以立项。古代的厕所往往兼作养猪之处，故颜师古有此训释。杨树达《积微居小学金石论丛释圂》："古人豖牢本兼厕清之用，故韦昭云'豖牢，厕也'是也。今长沙农家厕清豖圈，犹古代之遗制矣。"这一习制，在现今南方偏远地区的农村仍有保留。可见"厕"有此用法。但为孤例设此义项仍有不妥。解决的办法是在义项①"厕所"后加上"古代兼作猪圈"作为补充。

廓 ⑦规度，规划。《文选·张衡〈东京赋〉》："苌弘、魏舒，是廓是极。"李善注引薛综曰："廓，犹规也。谓规度王城也。"(960)

按，此条系为孤例的临时义立项，且有擅自删减、变易古注文字之误。引例中，薛综的注文是："廓，犹规也。极，致也。谓二人率诸侯曰：敬以致功，规度王城，三旬而立之。"然编者引注时却随意进行了删节调整，使其失真，是不严谨的。此例是苌弘、魏舒对诸侯们所言。"是廓是极"系代词宾语"是"直接前置结构。"是"指王城，即洛邑。薛综释"廓"为"规""规度"不误，但这是上下文临时赋予的，且又与他义相去较远，因而不宜据以立为义项。"规度"可以视为义项③"开拓；扩大"在句中的临时变体。薛综注旨在说明，苌弘、魏舒对东京洛邑的"扩展"，主要体现在规划设计与扩展原有规模上。因而"廓"义为"规划扩大"。"是廓是极"句意为规划扩大了这京都，极力设计好这王城。此句承上"周公初基"而来，如此理解，合于叙事的逻辑顺序。

宅 ⑦存。《书·康诰》："宅心知训。"孔颖达疏："居之于心，则知

训民矣。”（979）

按，此条据孤例建立的义项，无以概括。引例是周公旦对康叔（武王少弟）的训诫之辞，连同上句是“汝丕远惟商耇成人，宅心知训”。不知何故，编者将最早为引例中的“宅”作释的孔传忽略了。孔安国传：“汝当大远求商家耇老成人之道，常以居心，则知训民。”“常以居心”的“以”后面省略了宾语“之”，即殷商遗老们的治民之道。孔颖达疏：“又当须大远求商家耇老成人之道，居之于心，即知训民矣。”此“即”字《汉语大字典》误引作“则”，当订正。蔡沈集传：“宅心，处心也。”其说近于孔传、孔疏。以上三家以“居、处”释“宅”，是“宅心”，意即“居存于心中”。可见，此条对用例的解释不误。但是，为孤例中的“宅”设此义项则未必妥当。因为“宅”的义项⑤为“居，居住”，而“居存”之义与之联系紧密，应视为“居住”的义位变体。虽然例中与“宅”组合的对象“心”相对抽象，但这一差异是可以用“居，居住”涵括的。

安　⑪坐。《逸周书·度邑》：“安，予告汝。”朱右曾校释：“安，坐也。”（980）

按，此条为孤例立项，材料单薄。引例的大意是，请对方安坐于茵席上，我将告知你有关事宜。古人席地而坐，坐姿与今不同。朱右曾据文释“安”为“坐”，不误，此义系由“安”的常义“安定”引申而来。兹为其补充一些证据。《尔雅·释诂下》：“安，坐也。”《仪礼·燕礼》记载了诸侯宴请臣下时的各种礼仪。“君曰：‘以我安！’卿、大夫皆对曰：‘诺。敢不安?’”“以我安”是国君言依照我的命令安坐。“敢不安”系群臣的响应，意即岂敢不安坐？又，“公以宾及卿大夫皆坐，乃安”。胡培翚正义：“安之义谓止而坐之也。”前面有“皆坐”，足可证明“安”表“安坐”之义。释文用单音节“坐”字，意义不够确定，可将其调整为“安坐，坐下”。

安　⑬平，不斜。《仪礼·少牢馈食礼》：“心舌载于肵俎，心皆安下切上。”郑玄注：“安，平也。”（980）

按，引例所言，乃祭祀时对牲体的处置问题。“心舌”指用作祭祀牺牲的羊、豕二牲的心和舌头。“肵俎”即盛装心舌的器具。郑玄注：“安，平也。平割其下，于载便也。”可知，“安下”即平整地切割心的下（底）部，这样便于置放。由于此条仅有一例，“安”的此义只能算句中的临时义，故不能单立，可将其并入义项④“稳”中。不过，义项④的释文用单音节的“稳”，又失之宽泛笼统，结合其下所引三例看，可将释文调整为“平稳；平正”。

容 ④从容。《荀子·不苟》：“柔从而不流，恭敬谨慎而容。”王念孙杂志：“容之言裕也，言君子敬慎而不局促，绰绰有裕也。”（1001）

按，“从容”系孤例中的具体用法，不当立。王念孙据文解释例中的“容”为“绰绰有裕”，大意不错。编者据以调整为“从容”，亦于文意可通。不过，此乃“容”在文中的具体表现形态，作为义项则概括性不足。例中“容”之义盖为其名词性义项⑧“容貌；仪容”活用作动词，是“有仪容”的意思。如此解释，与王念孙之说并不矛盾。这段话讲的是君子为人处世要正确把握的原则问题。上句言“柔从而不流”，是说对于正确的东西应柔顺听从，但又不能随波逐流。《荀子·君道》：“夫有礼则柔从听侍。”是其证。下句的“恭敬谨慎而容”，是言对人谦恭敬畏，但是又不过分小心，而要有得体的仪容。这种仪容就如王念孙所说的“不局促”，从容大方。总之，此条应置于义项⑧“容貌；仪容”之中。

宿 ③住宿的地方。《周礼·地官·遗人》：“十里有庐，庐有饮食。三十里有宿，宿有路室。”郑玄注：“宿，可止宿，若今亭有室矣。”（1007）

按，此条为孤例中的临时义立项，不能成立。“止宿，住宿”系“宿”在古代的常义，引例中的“宿”乃临时用来代指住宿之所，作名词。这种情况在古代汉语中多见。编者这样处理，盖因不忍舍弃郑玄之注。但为其立项，实无必要。此例可置于义项②“住，居住”之下。

宿 ⑤值宿守卫。《周礼·天官·宫正》：“国有故，则令宿。”郑玄注引郑司农云：“令宿，宿卫王宫。”（1007）

按，此条义例契合，可以成立。惜例证单薄，无以支撑。兹为其补充几条材料。《周礼·秋官·修闾氏》："修闾氏掌比国中宿互柝者与其国粥。"郑玄注引郑司农云："宿，谓宿卫也。"《墨子·号令》："宿鼓在守大门中。"孙诒让《墨子间诂》引《周礼·秋官·修闾氏》郑众注云："宿，谓宿卫也。"唐罗邺《老将》诗："年年宿卫天颜近，曾把功勋奏建章。""宿卫"就是"值宿守卫"的意思。

宽 ⑪爱惜。《广韵·桓韵》："宽，爱也。"《礼记·表记》："以德报怨，则宽身之仁也。"郑玄注："宽，犹爱也。"(1016)

按，此条系为孤例的临时义所立的义项，又与"宽"的他义有隔，故应另做处理。引例连同上下文为，子曰："以德报怨，则宽身之仁也。以怨报德，则刑戮之民也。"郑玄注："宽，犹爱也。爱身以息怨，非礼之正也。"孔颖达疏："宽身之仁者，若以直报怨，是礼之常也。今以德报怨，但是宽爱己身之民，欲苟息祸患，非礼之正也。"据郑注及孔疏可知，在孔子看来，"以德报怨"是"苟息祸患"，属于没有原则是非的做法，因而不是礼之正道。郑玄言"犹爱"，并非"宽"就是"爱"或"爱惜"义，而是阐明原文的大意，意为不讲原则以求宽容自身的做法，就如同过分爱惜保护一样。因此，此例的"宽"可以"宽容"释之，应置于义项⑧"放宽"之中。

写 ⑫用模型浇铸。《国语·越语下》："王命金工以良金写范蠡之状而朝礼之。"韦昭注："以善金铸其形状。"(1023)

按，此义乃句中的特指义，是临时性的。引例所言表达了越王勾践对功成身隐的大臣范蠡的极度敬重、十分怀想的情感。所谓"写范蠡之状"，就是摹其状貌，只是在这例句中多出了具体的工艺手段——浇铸而已。前面用"以良金"注明了所用材质是精铜。以精铜材质摹其状貌，那就只能是用浇铸之法了。所以，此条当并入义项⑪"摹仿；摹拟"之中。

宠 ③恩惠。《字汇·宀部》："宠，恩也。"《易·师》："在师中吉，承天宠也。"孔颖达疏："正谓承受王之恩宠，故中吉也。"(1027)

按，"宠"的义项④为"喜爱，过分地爱。用于上对下，地位高的人对地位低的人"，显然是动词性的。编者又另立此项，盖认为引例中的

“宠”义为“恩惠”，是名词性的。如此划分欠宜。引例中，孔颖达释“宠”为“恩宠”，十分正确。实际上，“恩宠”亦兼有动词词性，“恩宠”不就是上对下的优遇宠爱吗？试将引例中的“宠”置于义项④中解释，也是契合的。总之，应将此例并入义项④中。至于《字汇》中的“恩”，因无用例可证，暂时存疑。

居 ⑥卑下。《吴越春秋·勾践入臣外传》：“身居而名尊，躯辱而声荣。”俞樾平议补录：“凡人蹲踞则身必卑，故借作卑下之义。言身虽卑下而名则尊也。”（1039）

按，从对例句的解读来看，俞樾以“卑下”释“居”，是可取的。不过他认为“借作卑下之义”之说还有待商酌。“借”是假借，还是其他？俞说未明，但这样的断言是不够严谨的。例中的“居”同“踞”，即蹲踞。“身居”的字面义是身体蹲踞，这里用以比喻身份卑下。也就是说，“居”的“卑下”义是在与“身”组合后，且与“名尊”对举的特定语境中才临时具有的，并未形成相对固定的意义。由此而论，将“卑下”立为义项是不妥的。“居”的义项①“蹲”下无例，此例可考虑置于其下。

居 ⑰指活着的人。《左传·僖公九年》：“送往事居，耦俱无猜，贞也。”杜预注：“往，死者；居，生者。”（1039）

按，义项释文用一“指”字，盖为说明“活着的人”属于特定的指代对象。引例中，因讳言“死”而用“往”来替代，犹今人讳言“死”为“走了”一样。“往”和“居”在动词词义上有着相反的关系：一为离开，前往；一为居止，停留。根据词义的同步引申规律，当“往”临时引申出“死亡”义时，“居”受其影响，于是同步引申，临时产生了“活着”之义。从词性上看，例中的“往”和“居”又由动词转换成了名词。总之，“居”指“活着的人”，属于孤例中的临时义，不宜设为义项。

屈 ⑫收治；治理。《诗·鲁颂·泮水》：“顺彼长道，屈此群丑。”毛传：“屈，收；丑，众也。”郑玄笺：“屈，治；丑，恶也。”（1041）

按，此条为孤例立项，当酌。对引例中“屈”的训解，存在意见分歧。除毛传郑笺外，还有多种解释。朱熹《诗集传》：“屈，服。”马瑞辰

《毛诗传笺通释》认为“屈”通“黜”，即贬退。陈奂《毛诗传疏》认为是“收聚”；胡承珙《毛诗后笺》甚至认为，“屈收者，即收贤敛才之义”。对此，应综合考量权衡。两句诗的内容是歌颂鲁僖公的战功。据诗意，不管“群丑”指谁，都应是鲁僖公攻伐的对象，因而“屈”所代表的行为无疑是胜者施及败者身上的。朱熹直接从“屈”的常义入手，释为“服”，有高人之处。我们赞同朱熹所说。例中的“屈”当为“屈服；屈从”义用作使动，含有“使……屈服”的意思。毛传的“收”即收治，郑笺的“治”即治理，乃至陈奂的“收聚”，今人或释为“征服”（高亨《诗经今注》），或释为“制服”（周振甫《诗经译注》），都是在此义基础上的调整、发挥。总之，引例中的“屈”，是其常义“屈服”的临时用法，不宜单立义项。

展 ⑫确实，的确。《诗·齐风·猗嗟》：“不出正兮，展我甥兮。”郑玄笺：“展，诚也。”孔颖达疏：“此又诚是我齐之外甥兮。”（1045）

按，此条据孤例立项，证据不足。从释文看，此条的词性为副词。引例中的“展”用于名词位于句首，有加强判断语气的作用，释为“确实，的确”不误。不过，“展”的这一用法并不常见。参之义项⑪“诚实”，形容词，而其下所引之例的古注都以“展，诚也”释之，因而容易与此条混淆。由此看来，此条引例之不足有二：一是孤例立项，证据不足，难以服人；二是选取的例证不够典型。《诗》中，有“展”这种用法的例子。《诗·鄘风·君子偕老》：“子之清扬，扬且之颜也。展如之人兮，邦之媛也。”毛传：“展，诚也。”此“展”置于动词“如”前。《诗·小雅·车攻》：“之子于征，有闻无声。允矣君子，展也大成。”郑玄笺：“展，诚也。”陈奂《毛诗传疏》：“言信矣君子，诚能成其大功也。”此“展”置于形容词“大成”前。这两个“展”都是副词，表“的确，确实”之义，以上，可补充此项证据之不足。

屑 ⑥轻忽，轻视。《增韵·屑韵》：“屑，轻也。”《书·多方》：“尔乃不大宅天命，尔乃屑播天命。”孔传：“汝乃不大居安天命，是汝乃尽播弃天命。”（1046）

按，《尚书》此篇，系周公代表成王向诸侯发布的诰令，引例则是对诸侯们的训诫之言。据孔传，“播”即播弃，抛弃，“屑”义为“尽”。如是，则与《增韵》的“轻”以及义项释文“轻忽，轻视”的意思不搭界矣。周秉钧《尚书易解》：“屑，通悉，皆也；《说文》：僁，读若屑，可证。”此说为证孔传之言，有待商酌。《说文》：“僁，声也……读若屑。”段玉裁注：“谓声之小者也。”“僁”的字形与“悉”不同，其义亦与“悉”字无涉。且《说文》谓“读若屑”，或系注其音读，未必是在说通假。即令认定“僁”可以通“屑”，又怎能反推“屑”亦可通“僁”，甚至与“悉”字相通呢？总之，周说证据不足。从语法功能上看，“屑”与上句的“大”一样，都是修饰后面的动词，可以看为名词作状语，“像碎屑一般”。碎屑抛撒方便、容易，故用以作喻。所谓“屑播”，犹言如碎屑一般抛弃漫撒。孔传以“尽”释“屑”，或许正从其抛撒方便、容易散尽的特点引申而来。即令如此，孔传据上下文意对“屑”的临时含义进行的解读，仍不宜据以立项。又，释文“轻忽，轻视”是动词，而此例的“屑”之义则隐含“轻易，容易”的意味，它们之间并无相合之处。总之，引例中“屑”的这一用法，只宜作为义项⑤“琐碎；微小”的又项附于其下。至于《增韵》的“轻”字，因不知自出，只好暂时存疑。

弛 ⑧脱落。《集韵·纸韵》：“弛，落也。”《淮南子·说林》：“悬垂之类，有时而隧；枝格之属，有时而弛。”高诱注：“弛，落也。”（1059）

按，因仅此一例，故“脱落”只能算孤例中的临时义。引例中的“隧”，高诱注为“堕也”；“枝格”指长长的枝条；“有时”指到了一定的时间。例中的“弛”与“隧”对举而义近，盖为避复而换用之，因而“弛”的此义可以视为其“毁坏；坏掉”义的临时延伸，意义偏重于结果方面。高诱释为“落”，所谓“落”，则含有枝条因朽坏而掉落地上的意思。由此可见，将此义设作义项是不宜的。

弭 ⑥顺服。《后汉书·吴汉传》：“北州震骇，城邑莫不望风弭从。”李贤注：“弭，犹服也。”（1062）

按，此条为孤例中的临时义立项。引例中的“城邑”代指城中的居民。“城邑”句的大意是，城中居民听见风声就停止抵抗，归顺投降。这个“弭”当用其常义“停止”，也就是“停止抵抗”的意思。李贤注“弭，犹服也”，系通释其大意；用一“犹”字，正说明句中“服”的特定含义及临时性。战争中，停止抵抗就是归服的先决条件和主要行动表现。从这个意义上说，李贤注于文意大致可通。其实细加考察，句中真正的“顺从，归顺”义是由“从”而非“弭”承担的。“弭从”犹言停止抵抗而归顺。可见，若深察之，李贤注尚有小疵。此不赘述。总之，应将此例并入义项③“停止；消除”之中。

已 ④废弃。《玉篇·巳部》：“已，弃也。”《孟子·尽心上》：“于不可已而已者，无所不已。”赵岐注：“已，弃也。”（1074）

按，释文“废弃”系孤例中的临时义，又与他义重合交叉，故不当立。对引例中“已”字的解释，有两种代表性的说法。一是赵岐注：“已，弃也。于义所不当弃而弃之则不可。所以不可而弃之，使无罪者咸恐惧也。”据此，“已”即废黜，废弃。二是朱熹《集注》：“已，止也。不可止，谓所不得不为者也。”杨伯峻《孟子译注》据此译为：“对于不可以停止的工作却停止了，那没有什么不可以停止的了。”两说对“已”的对象、内容看法有异：赵岐注中，所指的对象是人，内容是废弃人的职务、身份等；朱熹注则认为“已”的对象是所为之事。这一分歧，涉及对孟子这段话的立意主旨的看法问题。而从语词意义来看，两说本有共通之处，只是解读的角度不同。因为官员被“废黜，废弃”，也就必然停止原有的官位、职务等。然而，不管两说对“已”的解释是否合理，都存在与“已”的他义重合交叉的问题，均不符合单立义项的条件。若取赵说，此条应置于义项③“罢免；黜退”中；若取朱说，则应置于义项①“止，停止”中。我们赞同朱熹的解释。

子 ⑤臣民，百姓。《礼记·檀弓下》：“反尔地，归尔子，则谓之何？”郑玄注：“子，谓所获民臣。”（1079）

按，引例是春秋时吴国的使者仪对战败国陈国的太宰嚭的问话。意思是，归还你们的土地，归还你们被俘的臣民，你们认为怎么样？郑玄据文释义，注解是正确的。不过这里的“子”义，属于比喻性用法。古代国君、统治者常以父母自居，将属下臣民比作子女，因而“子”在古代常用作动词，含有“像子女一样对待”的意思，故有“子元元”“子万民”之说。这里则直接用“子”喻指对方被俘的臣民。总之，“臣民，百姓”属于孤例中的临时义，至多作为又项“喻指臣民”附于义项①“古代指儿、女；现在专指儿子”之下。

季 ⑥幼稚，未成熟。《玉篇·子部》：“季，稚也。”《周礼·地官·山虞》：“凡服耜，斩季材，以时入之。”郑玄注：“季犹稚也。服与耜，宜用稚材，尚柔忍也。”（1086）

按，释文“幼稚，未成熟”属于临时义，不当立。引例中的“季材”，指树龄小的木材。因其小而柔嫩，宜用作车厢和耜的材料。而对于人来说，“幼稚”是由于年龄小。因此，“幼稚”与“小”是紧密相关的。如是，此条应与“季”的义项⑤“小”合并。其实，引例中的“季材”之“季”与义项⑤下引例中的“季子”（小儿子）之“季”，本有共同的语义特点。再如《诗·召南》：“谁其尸之，有齐季女。”毛传：“季，少也。”“季女”即年幼的女孩。两条义项合并后，可将释文调整为“小；幼稚”。

始 ②生。《释名·释言语》：“始，息也，言滋息也。”《礼记·檀弓下》：“丧礼哀戚之至也，节哀顺变也，君子念始之者也。”郑玄注：“始，犹生也。念父母生己，不欲伤其性。”（1115）

按，此条主要根据《礼记》例下郑玄注而设，然其为孤例，能否成立尚需斟酌。在古人看来，父母的生育，就是子女生命的开始，故郑玄以“生”解释例中的“始”，“生”即“生育”。“始之者”就是生育自己的人，即父母。所以，此例应并入义项①“初；开始”中。《释名》以声训的方式，探求“始”的得名之由，而其所释“息”及“滋息”，未必就是“生”义。《释名·释言语》：“息，塞也，言物滋息塞满也。”可见，在刘熙《释名》的语义系统里，“息”是生长、成长的意思。“息”及“滋息”，其义偏于增长、增加，与“生育”还是有所区别的。

媪 ②妇女的通称。《史记·卫将军骠骑列传》：“其父郑季，为吏，

给事平阳侯家，与侯妾卫媪通。”司马贞索隐：“媪，妇人老少通称。”（1140）

按，此条据孤例立项，证据明显不足。“媪”既是妇女的通称，其使用范围就应该较广，然仅此一例，则缺乏说服力。兹为其补上几条材料，《南史·袁昂传》：“昂时年五岁，乳媪携抱匿于庐山。”《新唐书·元德秀传》：“兄子繈褓丧亲，无资得乳媪，德秀自乳之。”“乳媪”显然是年轻妇女。清钱谦益《后饮酒》诗之一：“酒媪为我言，君来苦不早。今年酒倍售，酒库已如扫。”有了这些佐证，设立此项就理据充分了。

王 ⑧匡正。《春秋繁露·深察名号》：“王者，匡也。”《法言·先知》：“昔在周公，征于四方，四国是王。”李轨注：“王，正。”（1176）

按，此条仅凭孤例及声训设立义项，不可取。《春秋繁露》其章节为“深察名号”，旨在用声训解释“王”的得名之由，解释其深层隐含义，不宜直接作为义项释文的依据。引例中的“王”何以有“正”义，李轨注文未予说明。《读书杂志·管子第二·宙合》：“王施而无私。”王念孙按：“王，当为正。”《读书杂志·淮南内篇第十·缪称》：“故舜不降席而王天下者。”王念孙按：“王当为匡。《文子·精诚篇》作‘不下席而匡天下’，《韩诗外传》及《新序·杂事》并作‘不降席而匡天下’。”据王念孙之说，“王”当为“匡”的借字。如是，宜注明“王”同“匡”，并将这些材料附于此条下。

理 ⑩条理。《荀子·儒效》：“井井兮其有理也。”杨倞注：“理，条理也。”（1194）

按，首先，引例下杨倞注原为：“理，有条理也。”注中的“有”字或为衍文。虽不妥当，但若删，则须做必要的说明，引用时不宜径自删除。其次，孤例立项，证据不足。兹为其补充几例以证明之。《荀子·正名》：“道也者，治之经理也。”杨倞注：“理，条贯也。”即条理、系统。相对“理”的义项⑨“纹理”而言，“条理”一般指比较抽象的事物层次、秩序等。“理”的此义常在与“条理”的组合中使用，构成同义连用。例如《孟子·万章下》：“金声也者，始条理也；玉振之也者，终条理也。始条理者，智之事也；终条理者，圣之事也。”《汉书·高帝纪下》：“南海尉佗居南方，长治之，甚有文理。”王先谦补注引周寿昌曰：“文理，犹条理也。”《文选·干宝〈晋纪总论〉》：“夫基广则难倾，根深则难拔，理节则不乱。”李周翰注：“理节，谓政教有条理、节度也。”这里的“理节”临时用作了动词。

琢 ②装饰。三国魏曹丕《大墙上蒿行》：“白如积雪，利若秋霜。驳犀标首，玉琢中央。”黄节注引魏文帝《典论》：“余好击剑，命彼国工，饰以文玉，表以通犀。”（1199）

按，“装饰”系孤例中的临时义，不当立。引例下黄节注所引《典论》的“饰以文玉”，意即用有花纹的美玉来装饰。注者引用此言，意在旁证原文用玉装饰宝剑之事，并非用来解释“玉琢中央”这句话，因而不能据以得出“琢”有“装饰”义的结论。例中的“玉琢中央”是描写宝剑的具体形状，大意为雕琢过的玉石镶嵌在剑柄中央，而“琢”在句中实为“经雕琢而镶嵌”的意思。至于“饰”即装饰，则是经“琢”后产生的功效、结果，不能视为语词义。由此而知，此条应并入“琢”的义项①“加工玉石”之中。

琐 ⑧仔细。《汉书·丙吉传》：“吉善其言，召东曹案边长吏，琐科条其人。”颜师古注引张晏曰：“琐，录也。”王先谦补注：“沈钦韩曰：‘《诗》传：琐琐，小也。’此为细科别，不当解琐为录。”（1211）

按，释文“仔细”恐只能视为孤例中的临时义。引例中的“吉”指丞相丙吉；“案”即考察；“边长吏”指边境的郡县佐吏。“科条”指分类整理成条款。张晏注的全文是：“锁，录也。欲科条其人老少及所经历，知其本以文武进也。”王先谦批评张晏之说固然有理，但他的解释与张晏之说实际上是相通的。张晏释“琐”为“录”，旨在提示“琐”在句中含有“记录在案”之义，强调其语境义，是为动词；而王先谦则从“琐”的常义出发，指明其义为“细”，即琐细、仔细，是为形容词。综合二说，“琐”的此义当为其义项⑦“细碎；琐碎”的临时用法，是形容词用作动词，“细致地记录”的意思。全句言细致地记录并分类整理好那些人（边长吏）的材料。因此，此条当并入义项⑦中。

既 ③失，失掉。《方言》卷六：“既，失也。”《史记·太史公自序》：“不既信，不倍言，义者有取焉。”王念孙杂志：“不既信，不失信也。”（1229）

按，“既”的此义仅有孤例，似难成立。《广雅·释诂二》亦有“既，失也”之说，然王念孙在《广雅疏证》中并未提供实际用例，可见其义特殊冷僻，因而须慎重考酌。钱绎《方言笺疏》对“既”的此义做了说明，谓：“《庄子·应帝王》云：‘吾与汝既其文，未既其实。’按：犹言不失其时也。与下文‘立未定，自失而走’正相对。李颐训‘既’为‘尽’，非其义矣。”愚以为钱绎此说亦有未安者。所引《庄子》此例，系壶子（列子师）对列子所言。其下句为“而固得道与?”“而”，你。此例中的两个“既”字，成玄英疏：“既，尽也。”是为“穷尽”之义。此言我传授给你的，只是尽其表面之“文”，却没有尽其内在之“实”，因而你根本未得道之真谛，所以你才“心醉”于神巫季咸的邪道。这两个“既”若释为“失”，则与下句的反问句“而固得道与”的语意不贯。再看本条引例的《史记·太史公自序》，连同前后文是：“救人于厄，振人不赡，仁者有乎？不既信，不倍言，义者有取焉。作《游侠列传》第六十四。”“不既信，不倍言”两句讲的是游侠仗义重诺的品行。句中的“既”当视为其常义“完尽”的临时变体，信用完尽，意味着信用缺失，没有信用可言了，所以王念孙用“不失信”串讲“不既信”句。虽然《方言》对“既”有释，但此例的“既”义与之不合，不宜置于其下。综上，此例当置于义项②“尽，完尽”中。

本 ③古指有血缘关系的嫡系子孙。《诗·大雅·文王》：“文王孙子，本支百世。”毛传：“本，本宗也。”（1233）

按，此项仅此一例，证据单薄。兹为其补上两条例证。《汉书·韦贤传》：“子孙本支。”颜师古注：“本，本宗也。”《汉书·叙传上》：“嬴取威于百仪兮，姜本支乎三止。”

材 ⑥使用。《吕氏春秋·异用》：“故圣人之于物也无不材。”高诱

注:“材,用也。”(1240)

按,此条为孤例立项,且释义欠当。引例连同上文是:“周文王使人扫池,得死人之骸。吏以闻于文王。文王曰:‘更葬之。’吏曰:‘此无主矣。’文王曰:‘有天下者,天下之主也;有一国者,一国之主也。今我非其主也?’遂令吏以衣棺更葬之。天下闻之曰:‘文王贤矣,泽及髊骨,又况于人乎?’或得宝以危其国,文王得朽骨以喻其志,故圣人之于物也无不材。”综观全段大意可知,将引例中的“材”释为“使用”并不恰当。上句言周文王用“更葬”骸骨的行为,表明了他“泽及髊骨”的大仁大德之心,而引例的这句话则是对文王此举的评价与肯定。一堆朽骨,显然不存在使用的问题。例中的“材”系名词临时用作动词,属意动用法,含有“视为有用之材处理”或“把它视为有用之材”的意思。总之,此条不当立,应并入义项②“原料;材料”之中。

枚 ②马鞭。《左传·襄公十八年》:“左骖迫,还于东门中,以枚数阖。”杜预注:“枚,马檛也;阖,门扇也。”(1254)

按,此条据孤例中的古注立项,释义虽于句子可通,但无旁证,故不敢置信。例中,杜预以“马檛”释“枚”,并非率尔为之。《左传·文公十三年》:“绕朝赠之以策。”杜预注:“策,马檛。”孔颖达疏:“檛,杖也。”杨伯峻《左传·襄公十八年》注:“二十一年传云:‘州绰曰:“东闾之役,臣左骖迫,还于门中,识其枚数。”’”此“枚”与引例中的“枚”义同。杨注中,还援引了焦循《左传补疏》的“以枚数阖犹云数阖之枚”为佐证。然从句法结构及表达习惯看,焦说不尽合理。“以枚”的“以”为介词,表凭借;而“枚”则是“以”凭借的工具。焦循用“数阖之枚”训释“以枚数阖”,“枚”则成了单位词。这种随意改变原句结构的解读,恐难得正解。

愚以为,引例中的“枚”系“杖”之误,两字形近易混,故有此误。“杖”即马鞭。“数阖”,是言州绰的左骖由于拥挤不能前行,回到门里盘旋,因而用马鞭指着门责骂、撒气。“数”有“责备”“数落”义。《左传·昭公二年》:“郑公孙黑将作乱……(子产)使吏数之。”杜预注:

“责数其罪。”《论语·里仁》：“事君数，斯辱矣；朋友数，斯疏矣。”刘宝楠《论语正义》引五河君《经义说略》云：“数，当训为数君友之过。”俞樾《群经平议·论语一》：“数者，面数其过也。”《左传·僖公二十八年》：“数之以其不用僖负羁，而乘轩者三百人也。”杨伯峻注：“‘数之’云云，数其罪也。”

梗 ③有刺的草木。《文选·张衡〈西京赋〉》：“梗林为之靡拉，朴丛为之摧残。”吕延济注：“木有刺曰梗。”（1297）

按，此条系孤例立项，没有概括性可言。例中，“梗林”与“朴丛”对举，“朴”指丛生的树木，修饰“丛”，则“梗”亦当修饰“林”。义项①为“木名”，即“梗木”。其下引唐玄应《一切经音义》卷二十一引《字林》：“山榆一名梗，有刺如棘也。”由此可知，例中的“梗”系临时用来泛指有刺的草木，是不宜单立为义项的。

棘 ④棱角整饬，锋刃锐利。《诗·小雅·斯干》：“如跂斯翼，如矢斯棘，如鸟斯革。”毛传：“棘，棱廉也。”（1320）

按，此条误解了毛传注文的含义而以孤例立项，造成释文与例中的词义相左。对于此诗以及此句的解释，歧见纷纭。不赘。引例由四个排比句构成：“如跂斯翼，如矢斯棘，如鸟斯革，如翚斯飞。”用四个比喻来形容公室建筑的各种形态。“斯”为结构助词，相当于“之”，“矢斯棘”等则均为偏正结构。毛传所释“棱廉”，系同义连用，即棱角，当为名词而不是形容词。《广雅·释言》：“廉，棱也。”可证。孔颖达疏：“言如矢棱廉，以喻四隅廉正也……言棱廉，则指矢镞之角为棘焉。”陈奂《毛诗传疏》：“棱廉，谓棱角廉隅也。”马瑞辰《毛诗传笺通释》：“谓室有廉隅，如矢有棱廉也。”根据这几家的看法，“如矢斯棘”句意为：房屋有像箭头一样的尖锐棱角（棱角分明）。如此，释文应调整为“棱角”。

概 ③量，限量。唐皇甫湜《题浯溪石》：“李杜才海翻，高下非可概。”（1347）

按，由于此条仅凭孤例来设立义项，没有相关材料佐证，故无以认定其是否合理，是否具有概括性。“概”字又作“槩”。其实，“概”的这一用法古代并不鲜见。《礼记·曲礼上》："食飨不为槩，祭祀不为尸。"郑玄注："槩，量也。"孔颖达疏："其事由尊者所裁，而子不得辄豫限量多少也。"《韩非子·说难》："彼自多其力，则毋以其难概之也。"此言不要用自己认为的难度衡量事情。江淹《萧领军让司空并敦劝启》："故弱识褊槩，频布前辞，枯木朽株，永隔斶恕。"胡之骥注："槩，量也。"这是度量的意思。根据这些用例，此条可以成立，释文则宜调整为"度量；限量"。

乐 （二）lè ⑤旧指"声色"。《国语·越语下》："今吴王淫于乐而忘其百姓。"韦昭注："乐，声色也。"（1374）

按，将例中的"乐"释为"声色"甚为恰当。然仅此一例，不知其是否形成了较为固定的意义。兹为其补上几例，《大戴礼记·文王官人》："蓝之以乐，以观其不宁。"卢辩注："蓝犹滥也。"王聘珍解诂："乐，谓声色。"此言用声色使其淫滥。又"淫乐"连用，指放纵声色，其用例甚多。如《左传·昭公二十年》："布常无艺，征敛无度，宫室日更，淫乐不违。"《史记·殷本纪》："（纣）好酒淫乐，嬖于妇人。"

树 ④直竖。《汉书·扬雄传下》："皆稽颡树颔。"颜师古注："如淳曰：'叩头时项下向，则颔树上向也。'树，竖也。"（1380）

按，"树"有义项③"树立；建立"，其义较为抽象。而"直竖"则指比较具体的"直立"，此为"树"的常义。将这两义分设为义项，是可以的。惜此条仅取一例，证据单薄，是为缺憾。兹为其补上一些材料，《说文》"树"下徐锴系传："树之言竖也。"《诗·大雅·行苇》："四鍭如树。"孔颖达疏："其四鍭皆中于质，如手就树之然。"马瑞辰《毛诗传笺通释》："树之言竖。"《广雅·释诂》："竖，立也。射之中质，有如树立其上者，故曰如树。""鍭"，即古代的一种箭。此句言四支箭射在箭靶上，一点不偏斜，像竖立着一样。《汉书·王莽传下》："是月，杜陵便殿乘舆虎文衣，废臧在石匣中者，出自树立外堂上，良久乃委地。"颜师古注："树，竖也。"此"树立"即竖立、直竖。《论衡·须颂》："湖池非一，广狭同也。树竿测之，深浅可度。"此外，义项③下引例朱德《辛亥革命杂咏》："五华山上树红旗，出师两路援川鄂。"应置于此条中。

狃 ⑧任，充当。《国语·晋语七》："日君乏使，使臣狃中军之司马。"韦昭注："狃，正也。"（1435）

按，此条据孤例的古注立项，造成释义欠妥。引例下韦昭所注"正"字意义繁杂，不知取其何义。若带入句中，则使人茫然。编者又将韦注的"正"调整为"任，充当"，不知道它们之间有什么联系，依据为何。愚以为应当从"狃"的常义入手考察。引例为晋国中军司马魏绛对晋悼公所言。韦昭注："日，前日。狃，正也。"徐元诰《国语集解》引俞樾曰："'狃'之训'正'，未闻其义。'狃'当读为'粈'。《广雅·释诂》曰：'粈，厕也。'《文选〈秋兴赋〉》曰：'摄官承乏，猥厕朝列。'注引《仓颉篇》曰：'厕，次也。'是其义也。《左传》作'使臣斯司马'，疑'斯'即'厕'之误。古'斯'或作'厮'，与'厕'相似。"徐元诰按："《玉篇》：'狃，就也。'狃中军之司马，就中军之司马也。俞说不必然。"徐元诰的解释于句中可通。问题在于，"就"义与"狃"的常义无涉。而从词义的系统性方面考察，"狃"解作"熟悉"较妥，此义当为"习惯"之义的临时变体。魏绛此言，系委婉谦虚之辞。所谓熟悉中军司马职事，也就意味着已经担任过这个职务。当然，编写字典，则不能轻易据以设置义项。

狎 ⑧更迭；交替。《集韵·狎韵》："狎，更也。"《左传·襄公二十七年》："且晋、楚狎主诸侯之盟也久矣！"杜预注："狎，更也。"（1437）

按，此义比较冷僻，仅有一例，稍显概括性之不足。兹为其补上两例，《国语·晋语九》："今将与狎主诸侯之盟，唯有德也。"韦昭注："狎，更也。"这是晋国的叔向对赵文子所言，意即如今楚国将同晋国更替着主持诸侯的盟会。《潜夫论·救边》："旬时之间，虏复为害。军书交驰，羽檄狎至。"此言边境上强虏为害，搞得国内十分紧张忙乱。例中，"狎"与"交"对举，其"交替、交互"之义甚明。

献 ⑤进。《楚辞·招魂》："献岁发春兮，汨吾南征。"王逸注："献，进；征，行也。言岁始来进，春气奋扬，万物皆感气而生，自伤放逐，独南行也。"（1476）

按，此条孤例立项，无以归纳概括。释文用单音节的"进"，其义亦不够明确。且选用的王逸注偏长，连带解释了两句诗的全部内容，似无必要。朱熹集注：“献岁，言岁始来进也。”揆之文意，“献”义即“进入”。兹为其补上几条用例。《古文苑·王融〈游仙诗〉》：“献岁和风起。”章樵注：“献岁，始岁之日也。”“始岁”即开始进入新岁。《初学记》卷三引梁元帝《纂要》曰：“正月孟春亦曰献春……正月孟春亦曰献岁。”《魏书·乐志》：“自献春被旨，赐令博采经传，更制金石。”宋司马光《和宋子才致仕后岁旦见赠》：“闲官逢献岁，拜揖亦纷然。”根据这些用例，将“献”义概括为“进入”是妥当的。

威 ⑤法则。《尔雅·释言》：“威，则也。”郭璞注：“威仪可法则。”《诗·周颂·有客》：“既有淫威，降福孔夷。”毛传：“威，则。”郑玄笺：“既有大则，谓用殷正朔行其礼乐，如天子也。”（1507）

按，“威”的此义比较冷僻，因而凭孤例难以证明其作为义项的合理性。且《尔雅》之说，或许来自毛传。若是，两者互为证明，亦有循环论证之不足。试为其补充几条实际用例。《书·顾命上》：“思夫人自乱于威仪。”孙星衍《尚书今古文注疏》引《广雅·释诂》云：“威者，则也。”周秉钧《尚书易解》注：“威，《释言》：‘则也。’仪，礼也。见《文选·东京赋》‘敬慎威仪’薛注。威仪，谓礼法。”可知此“威”指法则、规矩；“仪”指礼仪，礼法。《大戴礼记·虞戴德》：“天子告朔于诸侯，率天道而敬行之，以示威于天下也。”王聘珍解诂：“言示法则于天下也。”汉董仲舒《春秋繁露·服制象》：“天地之生万物也以养人，故其可食者以养身体，其可威者以为容服，礼之所为兴也。”有以上材料为证，此义立为义项则较稳妥。

截 ②整齐。《诗·商颂·长发》：“相土烈烈，海外有截。”郑玄笺：“截，整齐也。”孔颖达疏：“截然整齐谓守其所职，不敢内侵外畔也。”（1513）

按，此条据孤例立项，证据不足。引例之下还有孔颖达疏：“截者，斩断之义，故为齐也。”说明此义之来由，宜补上以助其训解。再加上几例以充实之。《汉书·萧望之传》：“诗云：‘相土烈烈，海外有截。’”颜师古注："截，齐也。……而相土之威烈烈然盛，四海之外皆整齐。"李白《明堂赋》："武义煊赫于有截，仁声駁乎无疆。"郑笺曰："截，整齐也。"叶圣陶《某镇纪事》："站岗警察拦住两旁的人，要站成截齐的一线。""截齐"为同义连用。

止 ⑫减省。《周礼·地官·仓人》："若谷不足，则止余法用。"郑玄注："止，犹杀也。"孙诒让正义："止犹杀也者，犹廪人杀邦用之杀，谓减省之也。"（1538）

按，"减省"系孤例中的临时义，缺乏概括性。"止"的"杀"即"减省"之义与其常义"禁止、制止"密切相关，当由其临时引申而来。"减省"，则意味着不能放开食用，孙诒让的解释是有道理的。不过，此义虽有特定的含义，但未满足单立义项的条件，可考虑作为又项，附于义项⑩"禁止；阻拦"下，

归 ⑨藏。《易·说卦》："坎者，水也，正北方之卦也，劳卦也，万物之所归也。"孔颖达疏："万物闭藏。"（1550）

按，"归"的此义较冷僻，又仅据孤例下的孔疏立项，尚欠说服力。孔颖达疏的全文为："（劳卦）又是正北方之卦，斗柄指北，于时为冬。冬时万物闭藏，纳受为劳，是坎为劳卦也。"孔疏说明，劳卦代表着冬季，为万物闭藏即敛藏之时。李鼎祚集解引虞翻曰："归，藏也。"可引以为据。再补充一点有关材料，《周礼·春官·大卜》："掌《三易》之法，一曰《连山》，二曰《归藏》，三曰《周易》。""归藏"是书名，《三易》之一。郑玄注释其得名之由曰："归藏者，万物莫不归而藏于其中。"《素问·六元正纪大论》："太阳所至，为寒府，为归藏。"王冰注："物寒，故归藏也。"据此，可将释文调整为"闭藏；敛藏"。

效 ⑦告白。《礼记·曲礼上》："君车将驾，则仆执策立于马前；已驾，仆展軨，效驾。"郑玄注："白已驾。"孔颖达疏："效，白也。"（1561）

按，此条编者对古注理解偏差，造成为孤例立项，恐难成立。引例中，"仆执策立于马前"句郑玄注："监驾，且为马行。"说明"仆执策"

是为了监看驾车，同时担心马匹狂奔乱跑。郑玄又注“展軨”为“具视”，即仔细查看车辆。孔颖达疏：“驾竟，仆则从车軨左右四面看视之。”郑玄注“效驾”为“白已驾”，其主语为“仆”无疑。问题在于，郑注、孔疏都只用一“白”字注“效”，而“白”之义究竟是告白，还是其他？“告白”义与“效”的他义几无联系，不可率尔取用。细绎文意，“仆”是以检查车軨完毕的行为，来证明已经套好了车马，因而“效驾”即表明车驾套好。此时的仆之“效驾”，旨在向国君表明自己尽职，故郑玄用“白”释之。这个“白”即表白（而不是“告白”），系解释“效”的目的，并非“效”的词义。因此，此例应当置于义项⑥“验证；证明”之中。

昌 ②美好貌。《诗·齐风·猗嗟》：“猗嗟昌兮，颀而长兮。”郑玄笺：“昌，佼好貌。”（1597）

按，此条系孤例立项，证据不足。引例是对齐庄公的赞美之辞。马瑞辰《毛诗传笺通释》曰：“昌之本义为美言，引申为凡美盛之称。”例中的“昌”盖特指齐庄公的英武之美。可知义项的释文不误。为证此义，兹补上几条材料：《诗·郑风·丰》：“子之昌兮，俟我乎堂兮。”朱熹：“昌，盛壮貌。”“昌”是女子对男性充满阳刚之气的赞美。《诗·齐风·还》：“子之昌兮，遭我乎猺之阳兮。”郑玄笺：“昌，佼好貌。”《说文·日部》徐锴系传：“又《诗》曰：‘东方昌矣。’臣锴按：《诗》曰：‘猗嗟扬兮，美目昌兮。’昌，美也。”

时 ⑪善，鲜美。《广雅·释诂一》：“时，善也。”《诗·小雅·頍弁》：“尔酒既旨，尔肴既时。”毛传：“时，善也。”（1614）

按，引例中的“时”，毛传解作“善”，泛指味道好。由于只此一例，又是对佳肴的描写，据以推测出“鲜美”之义来，自然十分恰切。不过，“鲜美”只是该例中“时”的特征义，过于具体，因而普遍性不足，尚须参酌相关用例再做归纳概括。《诗·大雅·既醉》：“威仪孔时，君子有孝子。”马瑞辰《毛诗传笺通释》：“时，善也。”“孔时”，即十分得体，完善。《诗·大雅·荡》：“匪上帝不时，殷不用旧。”陈奂《毛诗传疏》：“时，善也，是也。”“不时”即不善良、不友善。《诗·小雅·楚茨》：

"孔惠孔时，维其尽之。"马瑞辰《毛诗传笺通释》："时当训善。"此为善良。《书·皋陶谟上》："百僚师师，百工惟时。"孙星衍《尚书今古文注疏》引《诗》传云："时，善也。"此言百工思善，想做好事情。根据这些材料，将释文调整为"好，善"，就比较有概括性了。

晨 ②鸡啼报晓。《书·牧誓》："王曰：'古人有言曰，牝鸡无晨。'"孔传："言无晨鸣之道。"（1621）

按，由于此条据孤例立项，缺乏同类材料参照，所以对释义的提炼存在局限。引例中的"晨"的确指公鸡报晓司晨。母鸡是不能晨啼报晓的，否则被视为不祥之兆。但为"晨"立此义项则有不足。请看以下材料，《楚辞·大招》："鹍鸿群晨，杂鹙鸧只。"朱熹集注："晨，旦鸣也。"《汉书·五行志中之上》："古人有言曰：'牝鸡无晨；牝鸡之晨，惟家之索。'"颜师古注："晨，谓晨时鸣也。"宋黄彻《䂬溪诗话》卷十："晨牝妖鸱，索家生乱，自古而然。"据例可知，"晨"表啼叫不限于鸡，也不分公、母，且不限于报晓。因此，释文用"早晨鸣啼"即可。"报晓"是"晨"的功能、效用义，不一定要反映在释文上。

渚 ②海岛。《山海经·大荒东经》："东海之渚中有神，人面鸟身。"郭璞注："渚，岛。"（1758）

按，引例之下，郭璞注"渚"为"岛"，甚是。但是否有必要为孤例立此义项呢？"渚"的义项①为"水中小块陆地"，这与"海岛"显然有很多共同点。因此，可将此项与义项①合并，概括为"水中陆地"，这样可将两者囊括，因为无论面积大小，都是周边被水环围的陆地。

凉 ⑥不厚道。《左传·昭公四年》："君子作法于凉，其敝犹贪。作法于贪，敝将若之何？"杜预注："凉，薄也。"（1776）

按，此条据孤例的临时义立项，亦与受古注影响有关。"凉"的义项②"薄"下引段玉裁《说文解字注》："凉，引申为凡薄之称。"从其下例一引《诗》"职凉善背"看，"凉"即凉薄，也是不厚道；引例二的"凉能"就是才能不厚；引例三的"文缛意则凉"，指内容单薄。而此条引例中的"凉"，指的是礼义道德方面单薄。所谓"作法于凉，其敝犹贪"意即在道德基础不厚实的基础上制定法令，其弊端就是会引发贪婪。此条引例的“凉”，杜预注为“薄”，实际与义项②“薄”并无二致，当并入其中。

湛 （一）chén ③沉淀。《荀子·解蔽》：“故人心如槃水，正错而勿动，则湛浊在下，而清明在上。”杨倞注：“湛读为沈，泥滓也。”（1787）

按，此条为孤例的临时义立项，或缘于对古注的理解有误。释文“沉淀”是动词。例中，杨倞注“湛”为“泥滓”，而“泥滓”则为名词。句中“湛浊”是并列关系，“湛”指污泥，“浊”指浊水，“湛浊”与“清明”对举，泛指沉淀的污泥浊水，充当主语。由此看来，“湛”的此义系动词性义项①“沉没”临时用作名词，不宜为其单设义项。

湑 ④茂盛貌。《字汇·水部》：“湑，盛貌。”《诗·小雅·裳裳者华》：“裳裳者华，其叶湑兮。”毛传：“湑，盛貌。”（1811）

按，“湑”的此义比较冷僻，且仅此一例，无以证明其具有概括性。据现有资料看，这一用法基本上集中在《诗》一书。兹为其补充两例，《诗·小雅·车舝》：“析其柞薪，其叶湑兮。”陆德明释文：“湑，茂盛也。”《诗·唐风·杕》：“有杕之杜，其叶湑湑。”孔颖达疏：“湑湑，茂盛之貌。”。有了这些材料，义项大体可以成立。

潜 ④埋葬。《山海经·西山经》：“（槐江之山）西望大泽，后稷所潜也。”郝懿行义疏：“后稷所潜，即谓所葬也，葬之言藏也。”（1864）

按，“埋葬”系“潜”在句中的临时义，且为孤例，不宜设为义项。例中的“潜”，盖特指将死人隐藏于地下。由于隐藏的对象特殊，为避讳，故婉称“潜”，“潜”即埋藏。因此，此条应与义项③“隐藏”合并，再将释文调整为“隐藏；埋藏”。

滥 ⑪失实。《左传·昭公八年》：“民听滥也。”杜预注：“滥，失也。”（1893）

按，“失实”系孤例中的具体义，不宜立为义项。引例连同其上文是：“八年春，石言于晋魏榆。晋侯问于师旷曰：‘石何故言？’对曰：‘石不能言，或冯焉。不然，民听滥也。’”晋侯君臣谈论的是关于石头说话的离奇、怪异之事。孔颖达疏："或民听滥失实，无言而妄称有言也。"《论衡·纪妖》记载此事，作"民听偏也"。可见，将例中的"滥"释为失实、失误都是可以的。如是，此义可视为义项④"肆意妄为；漫无准则"的义位变体。因为失实的言论往往就是胡言乱语，亦属于没有道理与准则的言论。

邪　（二）xié ③私。《吕氏春秋·审分》："主亦有地，臣主同地，则臣有所匿其邪矣。"高诱注："邪，私也。不欲君知，故蔽之也。"（4006）

按，此条照搬孤例中的高诱注立项，然"私"字意义繁复，用作释文，不易确定。先看高诱取其何义。《吕氏春秋·似顺》："若虽知之，奚道知其不为私?"高诱注："私，邪也。"《吕氏春秋·知分》："古圣人不以感私伤神，俞然而以待耳。"高诱注："感，念；私，邪。"《淮南子·主术》："是故公道通而私道塞矣。"高诱注："公，正也；私，邪也。"《淮南子·本经》："其德含愚而容不肖，无所私爱。"高诱注："私，邪也。"邪恶的东西往往是私密、隐蔽的，两者联系紧密。从上引材料可知，在高诱作注的语义系统里，"私"与"邪"是可互为训释的同义词。《管子·任法》也说："私者，下之所以侵法乱主也。"在此条引例中，高诱以"私"注"邪"，正取其"邪恶"之义；而例中的"邪"就是指私藏于心的邪恶东西。明乎此，就没有必要为这条孤例设立义项了，此条可并入义项②"邪恶；邪僻"中。

四、《汉语大字典》引用古注疏误问题

源流并重的大型语文字典，承担着记录、反映汉字字义发展史的重任和使命。整理、钩稽、发掘那些见诸古籍而今已变化乃至湮灭的汉字古义，是编纂大型语文字典无以回避、务须破解的难题。《汉语大字典》在编纂实践中，很好地借鉴、吸收、利用了古代训诂学家大量的极富价值的古籍注疏材料，将其作为设置义项的重要来源和依据，作为解释、佐证疑难字义的有效方式和手段，从而为字典的立项和释义增加了可信度、权威性和说服力。

然而，由于古籍注疏与字典释义的任务目的及特征功能等方面各异其趣，注疏材料繁芜驳杂，甄别取舍殊为不易，也由于受编者水平、识断以及资料不足等诸多因素的影响，毋庸讳言，《汉语大字典》在利用注疏材料建项释义时，也难免百密一疏之憾。概括起来，主要有以下几个方面的问题：①选取的古籍注疏本身不够合理、恰当；②对古籍注疏材料的理解有偏差；③对古籍注疏者的训释意图把握失度；④对古籍注疏文字选取、引用疏误。这些问题，或导致义项虚假，不能成立，或导致义项释文不确，或导致用例与释文不协，或导致释义文字混乱错讹等。由于这些问题常常交织在一起，出现在同一义项条目中，所以，本部分对这些问题不做分类，而是将有关的义项条目按其在《汉语大字典》中出现的先后顺序进行讨论。

且 ①取。《老子》第六十七章：“今舍慈且勇，舍俭且广，舍后且先，死矣。”王弼注：“且，犹取也。”（17）

按，引例下王弼注可商。例句的前文是：“慈，故能勇；俭，故能广；不敢为天下先，故能成器长。”这几句阐述了几项内容的条件与结果的关系；而引例所述，则是与之背道而驰的做法。王弼随文释“且”为“取”，单就例句而言并无不当，然结合前文看则有未安之处；且于训诂无据，又与“且”的其他意义和用法脱节。据此而建立义项，难以成立。我们认为，例中几个“且”当为转折连词，其所连接的前后内容之间具有相反的关系，相当于“却”。“且”后的“勇”“广”“先”系形容词用作动词，可分别释为求取勇敢、宽广、抢先等。由此可知，释句时出现“取、求取”，并非来自“且”，而是“勇”等词活用后据文意添加的内容。“且”作转折连词先秦有例。例如《左传·成公十三年》：“狄应且憎，是用告我。”言狄人表面接受（秦国意见），但又憎恶（秦国的做法）。《吕氏春秋·贵卒》：“吴起死矣，且荆国之法，丽兵于王尸者尽加重罪，逮三族。”此言吴起虽死，但是按照楚国法令，还将罪及三族。据此，应在“且”的义项④“连词”下设表转折的用法，将此例置于其下。

乃　（一）nǎi ③如；好象。清吴昌莹《经词衍释》卷六：“乃，犹如也。”《礼记·祭义》：“齐三日，乃见其所为齐者。”孔颖达疏：“谓致齐思念其亲，精意纯熟，目想之，若见其所为齐之亲也。”《汉书·扬雄传下》：“昔人之辞，乃玉乃金。”颜师古注：“贞实美丽如金玉也。”（56）

按，这一义项主要是据两条古注设立的。细绎之，两条引例中的“乃”均无“如；好像”的意思（规范写法“象”当作“像”）。“如”和“好像”是动词，而例中几个“乃”则应为副词。引例一下孔颖达“若见其所为齐之亲也”之言，只是串讲“乃见其所为齐者”这句话的大意，疏中的“若”字是为了疏通文意而添加的，不能附会为对“乃”字的词义训释。“乃”当为副词，是“于是，就”的意思；“乃见”即“于是如同看见”。引例二下颜师古“贞实美丽如金玉也”之注，旨在通释“乃玉乃金”句，并不意味着他认为“乃”即“如”义。从句法结构分析，当是名词“金”“玉”受副词“乃”的修饰，活用作动词。“乃玉乃金”直译之，即就如同美玉，就好像金子。这条义项的材料及说解均取自《经词衍释》，正是沿袭了《经词衍释》随文通释之误。据上分析可知，该义项难以成立。

卑 ⑦微小。《孟子·公孙丑上》："管仲得君，如彼其专也；行乎国政，如彼其久也；功烈，如彼其卑也。"赵岐注："谓不率齐桓公行王道而行霸道，故言卑也。"（72）

按，此条对古注有断章取义之嫌。引例下的赵岐注只是陈述原文言"卑"的理由，并未对"卑"的实际含义做出解释，尚不足以证明其是否有"微小"的意义。实际上，赵注此言前面还有一段文字未引："管仲得遇桓公，使之专国政如彼，行政于国，其久如彼，功烈，卑陋如彼。"其注中已用"卑陋"替换了"卑"。编者却舍弃了这一重要信息，另取"微小"释"卑"，失之。文中，孟子本来就对管仲辅佐齐王不行王道而行霸道的做法持否定态度，怎么会以大小来评价其功烈呢？孟子此言的意思是，管仲所谓的功烈根本不值得称扬，应该贬抑、斥责。因此，例中的"卑"就是"卑陋、卑劣"之义，应并入义项③"低劣"之中。

典 ⑥典故；故事。如：用典。《左传·昭公十五年》："言以考典。"杜预注："考成也。"（125）

按，从引例下杜预注的"考成"二字，看不出与义项释文的关联。查例句原文是："言以考典，典以志经。"杜预注："考，成也。"原来，杜预只释"考"而未涉及"典"字，"考成"二字应断开。编者引杜注有误，于释义无补而反增疑惑。孔颖达疏诠释这两句为："人之出言，所以成典法也，典法所以记礼经也。"将"典"释为"典法"而非"典故"，正确。而"典法"与"典故"意义是有别的。此例不宜置此义项之下。如是，此条则无用例。兹为其补上两条，《左传·昭公十五年》："王曰：'籍父其无后乎，数典而忘其祖！'"孔尚任《桃花扇·凡例》："词中所用典故，信手拈来，不露饾饤堆砌之痕。"

何 （二）hé ①问。《广雅·释诂二》："何，问也。"《史记·秦始皇本纪》："陈利兵而谁何。"裴骃集解引如淳曰："何，犹问也。"《汉书·卫绾传》："及景帝立，岁余，不孰何绾。"颜师古注："何，即问也。不谁何者，犹言不借问耳。"……（163）

按，"何"设"问"的义项，看来是定其为动词。古籍中，"谁何"

“孰何”连用，可作复音节的疑问代词；而在此条中，它们则成了发问的行为。引例中，如淳和颜师古以“问”释“何”，旨在提示句中的“何”是诘问、询问之词，临时承担了发问的功能，这并不意味着“何”具有动词“问”的概括义。况且，这种功能并非“何”字单独具有，而是“谁何”“孰何”两词连用产生的，因而将其割裂为释不妥。《文选·贾谊〈过秦论〉》：“陈利兵而谁何。”李善注：“谁何，问之也。”李善将“谁何”合而释之，正确。实际上，引例二下颜师古既注“何”为“问”，又将“不谁何”合释为“犹言不借问”，可见他并未确认“何”就是询问。《广雅》谓“何”为“问”，也是说明“何”具有表示发问的功能，并非训释其词义。综上，“何”的这一用法宜调整为“与‘谁’或‘孰’连用，表示发问”。

保 ⑤安。《广雅·释诂四》：“保，定也。”……《诗·小雅·楚茨》：“神保是飨。”毛传：“保，安也。”郑玄笺：“其鬼神又安而享其祭祀。”……（196）

按，释义取毛传欠周。《诗·小雅·楚茨》是一首贵族祭祀祖先的乐歌。《诗》中，“神保是飨”这种四字句共有 19 处，都是宾语前置句，即句首的双音节名词性词语作主语，代词“是”作宾语直接前置。例如《小雅·楚茨》：“先祖是皇。”皇，嘉许，赞许；言先祖赞许祭祀盛典。《唐风·山有枢》：“宛其死矣，他人是愉。”言他人快乐地享用这些财产。《邶风·终风》：“顾我则笑，谑浪笑敖，中心是悼。”言心中伤悼这种状况。《大雅·崧高》：“申伯之功，召伯是营。”言召伯经营这些事功。《大雅·瞻卬》：“如贾三倍，君子是识。”言君子懂得这个道理。《周颂·閟宫》：“孔曼且硕，万民是若。”若，顺，即景仰；言万民景仰这座宗庙。由于毛传将“神保”拆开，释“保”为“安”，造成了后人对“神保是飨”句法结构的误解。郑玄笺作“其鬼神又安而享其祭祀”，认为该句的主语是“神”，“保”即“安”，为“是飨”的修饰成分。编者用“安”作义项释文，恐怕正是基于这样的认识。如是理解，虽于此句大意可通，却与《诗》的通例相违。

朱熹《诗集传》是把“神保”作为一个词来看的，解作“盖尸之嘉号”，指祭祀时代祖先受祭的活人。其说可取。《楚茨》篇中，还有“神保是格，报以介福”，以及“鼓钟送尸，神保聿归”，其“神保”亦为一个词，与引例的“神保”所指相同。综上，“神保是飨”句的意思是，神保享用这祭祀盛典。

需要指出的是，毛传训“保”为“安”，是在解释“神保”一词得名之由。正如高亨先生《诗经今注》所言：“古人认为神是人的保佑者，所以称神为神保。”从这个角度看，毛传的解释并无不妥，但编者用分析词语理据的文字来建项释义，就不合宜了。此例当去之。

倪 （一）ní ①弱小；小儿。《孟子·梁惠王下》：“王速出令，反其旄倪。”赵岐注：“倪，弱小。”《旧唐书·玄宗纪下》：“垂髫之倪，皆知礼让；戴白之老，不识兵戈。”（217）

按，将形容词“弱小”与名词“小儿”凑合在一个义项里，词义、词性均不相协。此因错误截取《孟子》例中赵岐注所致。赵注原文为：“倪，弱小倪倪者也。”“倪倪”形容幼弱的样子；赵岐将“弱小倪倪”与“者”字组合释“倪”，显然视其为名词而非形容词，是指“弱小的人”。朱熹集注：“倪，小儿也。”讲得更为清楚。该例中“旄”同“耄”，指八九十岁的老人。“反其旄倪”意为遣回老老小小的俘虏。“倪”作名词有材料可证。《广雅·释亲》：“婗，子也”。王念孙疏证：“凡物小者谓之倪。”《墨子·备城门》：“四尺为倪。”孙诒让《墨子间诂》：“倪，当谓小儿。”综上，此条应调整为“幼儿，小儿”。

偷 ③取。《淮南子·说林》：“狗彘不择甂瓯而食，偷肥其体。”高诱注：“偷，取也。”（230）

按，引例的后面还有“而顾近其死”之言，应结合起来理解。高诱注的全文是：“偷，取也。顾，反也。肥则烹之，故近其死也。”据此可知，高诱视“偷”为动词，故释作“取”。若是，则意味着狗和猪的贪吃，是有意使身体肥壮，这有违常理。这段话的大意应是，狗和猪吃食不挑选食盆大小，只想吃多吃饱；但越是肥壮，就越临近死亡。因此，例中“偷”

用在动词“肥”前，当为副词，是暂且、暂时的意思；“偷肥其体”即暂时养肥了身体。“偷”的副词用法古书中有例可证，《韩非子·难一》：“焚林而田，偷取多兽，后必无兽；以诈遇民，偷取一时，后必无复。”“偷取”即暂且获取。《管子·形势解》：“偷得利而后有害，偷得乐而后有忧者，圣人不为也。”“偷得”即暂时获得。可见，应为“偷”设立副词“暂时、暂且”义项。

假 ⑮副词。只；但。《庄子·德充符》：“奚假鲁国，丘将引天下而与从之。”郭象注：“奚但一国而已哉。”（235）

按，就串讲“奚假鲁国”句的大意而言，取用引例下的郭象注并无滞碍；但是注中的“但”是对“假”字的诠释，恐有误解之嫌。首先，除此例外，尚未见古书材料中“假”作副词“但”，作为孤例，不宜轻信。其次，这段话是孔子对鲁国兀者王骀的评价之言。孔子谓王骀：“夫子，圣人也，丘也直后而未往耳！丘将以为师，而况不若丘者乎！奚假鲁国，丘将引天下而与从之。”成玄英疏：“奚，何也。何但假借鲁之一邦耶！丘将诱引宇内，秉承盛德，犹恐未尽其道也。”其释详尽明确。参之成疏，“假”之义应为“假借”，即凭借、依托。由此而论，郭象并未对“假”字作训。成疏及郭注中出现的“但”字，是根据句意添加的，用以限定范围。此外，先秦汉语中，“奚”作为疑问代词，其后一般应有动词；当它与副词连用，构成“奚啻、奚翅”，相当于“何止、岂止”时，后面也一定有谓词性词语出现。例如《国语·鲁语上》：“臣以死奋笔，奚啻其闻之也？”《孟子·告子下》：“取食之重者与礼之轻者而比之，奚翅食重？”因此，若将“奚假鲁国”句中的“假”释为副词，则与这一语法规则不合。解作动词，以上矛盾则可迎刃而解。

禽 ⑧礼物。《左传·昭公元年》：“郑徐吾犯之妹美，公孙楚聘之矣，公孙黑又使强委禽焉。”杜预注：“禽，雁也，纳采用雁。”《荀子·劝学》：“君子之学也美其身，小人之学也以为禽犊。”杨倞注：“禽犊，馈献之物也。”……（237）

按，这两条古注并非解释“禽”的词语义，而是说明“禽”和“禽犊”在古代特有的交际价值：或“纳采”所用，即男方送给女方的求婚聘礼；或作为日常交往的“馈献之物”。注者出于疏通文意的需要，有必要将其交代清楚。但例中作为家禽的“禽”和“禽犊”并未转变成他物，只是在特定语境里临时有了特殊的价值和功用，因而将其设为应具概括性的义项未必合宜。古人在交往中，不同等级、不同阶层、不同场合所用的礼品林林总总，若要为各类用作礼品的物件都设立“礼物”的义项，则将不胜其烦。

亦 ③连词。相当于“假如”。清吴昌莹《经词衍释》卷三：“亦，义同且，且训为若，故亦又有若义。”……《孟子·万章下》：“此五人者，亦有献子之家，则不与之友矣。”孙奭疏：“此五人如亦有献子之家富贵，则不与献子为之友矣！”（310）

按，此条为“亦”设连词义项，主要根据吴昌莹的《经词衍释》，所用例句也取自该书。吴说可商。“亦”和“且”都是多义多用字。吴氏认为，“且”与“亦”在表示“又，姑且”等义上有相同之处。“且”有表假设的“若”义，由此类推，“亦”也应当具有此义。从逻辑上说，这自然是不可靠的。该书其下的用例并不能予以佐证。此不赘议。在此条中，编者亦误读了《孟子》例句及孙奭疏的含义。“亦有献子之家”是个假设分句，孙奭以“如亦有献子之家富贵”释之，所言十分清楚。孙疏的“如”并非解释“亦”字，而是根据原句的语义关系进行的补充，原文的“亦”字尚存疏中就是明证。总之，此条不能成立。

刻 ⑤苛严；刻薄。……《后汉书·申徒刚传》：“欲令失道之君，旷然觉悟，怀邪之臣，惧然自刻者也。”李贤注：“刻，犹责也。”……（369）

按，编者对引例下李贤注的理解有偏差。“苛严；刻薄”是形容词，李贤注“刻”为“责”，义即责备，是为动词，故义项释文与李注的词性不合；且责备与“苛严；刻薄”的意义及附加色彩也有一定的差别。例句的大意是言通过努力，如何在“失道之君”及“怀邪之臣”身上取得积极的效果。“惧然自刻”，即心存畏惧而自我责备的意思。此例宜置于义项

④“伤害；减损”之下，因为“自刻”即自我责备，也属自伤自损的方式之一。

勉 ③勉强。如：勉为其难。《吕氏春秋·审为》：“太王亶父曰：‘与人之兄居而杀其弟，与人之父处而杀其子，吾不忍为也。皆勉处矣，为吾臣与狄人臣奚以异?’”高诱注：“勉，务；处，居也。教邠人务安居，为臣等耳，故曰‘奚以异’。”……（405）

按，将此例置于“勉强”义项中，恐是由于对高注理解有误。高诱注“勉”为“务”，用“务安居”释“勉处”是正确的，然而这个“务”与今之“勉强”义并不相同。今“勉强”一词，含有难以胜任、不愿去做的意思。再看例中的“勉”。例句的背景是，狄人攻打邠地而企图占取，太王亶父不愿因土地问题伤及无辜百姓，于是对邠人说了这段话。亶父的言辞中虽含被动无奈的语气，但要求邠人“皆勉处矣”，则并非消极劝说，而是从积极意义上给予宽慰、鼓励。高诱注“勉”为“务”，盖取“务”的古代常义“专力从事，尽力去做”，也就是努力、尽力的意思；所谓“勉处”，犹言努力坚持在邠地生存下去。这样解释，才能较好地体现亶父“尊生”的民本思想。

反 ⑪反省。《孟子·公孙丑上》：“自反而不缩，虽褐宽博，吾不惴焉。自反而缩，虽千万人，吾往矣。”赵岐注：“人加恶于己，己内自省。”《淮南子·泛论》：“纣居于宣室，而不反其过。”高诱注：“反，悔。”……（426）

按，此条引例二下高诱注的“悔”字多义，且其古今常义均为“悔恨，后悔”，并无“自省，反省”的意思。引例的下句是：“而悔不诛文王于羑里。”这个“悔”，才是“后悔”之义。几句话合起来，其大意是，纣王被囚禁后，不去反省自己的过失，却后悔没有趁早将文王杀死在羑里。例中的“反”就是“反思、反省”之义。当然，不排除“反省”中会交织“悔恨”，但按照常理，应是“反”在前，“悔”在后。例句已清楚地表明了这一点。如是，《淮南子》之例可用，高诱注则与义项释文不协，应予删除。

受 ⑪适合；中。《吕氏春秋·圜道》："宫徵商羽角，各处其处，音皆调均，不可以相违，此所以无不受也。"高诱注："受，亦应也。"周立波《暴风骤雨》第一部三："同志，我有一句话，不知道受听不受听？"(432)

按，编者取这一义项释文的主要依据，有待商酌。需要弄清：例中的"受"及高注的"应"与释文"适合；中"是什么关系？高注中用"亦"字意图何在？查此例的上句是："今五音之无不应也，其分审也。"高诱注："各守其声，集以成和，故曰'其分审'。"原来，上文已有"应"字，高诱认为此"受"与"应"同义，故用"亦"字。"无不应"的"应"是照应、应和之义；引例末句则是在解释五音"无不应"之原因的基础上，用"无不受"来回应作结。高注不误。此"受"即"照应"的意思，正与其常义"承受、容纳"联系紧密。五音相互容纳，表明照应得好、协调得当。编者视"受"义为"适合；中"，误解了高注原意。此例不能为据，"受"的此义晚至现代；从现有资料看，此义当属晚起义。

平 ⑯席名。《荀子·正名》："目视黼黻而不知其状，轻暖平簟而体不知其安。"俞樾平议："平乃席名，故与簟并言。"(443)

按，俞樾在《诸子平议·荀子三》中提出"平乃席名"之说，其依据有二：一是《说文》："蒻，蒲子，可以为平席。"二是《释名·释床帐》："蒲平，以蒲作之，其体平也。"我们还补上一例，《盐铁论·散不足》："及其后，大夫士复荐草缘，蒲平单莞。""蒲"是编织席子的水草，因蒲草编的席子平整，所以叫平席，或谓之蒲平。然稽之文献，"平"字单用并不能表席子，只在"平席"中表示"席"的特点，即平滑、平整；在"蒲平"中说明其取名之由。其实，"蒲"单言也可指席子。例中的"平"当是平整的意思；"轻暖平簟"系三个形容词修饰名词"簟"，指轻便、暖和、平滑的席子。总之，此说依据不足，故不宜据以建立义项。

塞 （一）sāi ⑥杜绝。《国语·晋语八》："若袭我，是自背其信而塞其忠也。"韦昭注："塞，绝也。"《文选·曹植〈杂诗〉》："国雠亮不塞，甘心思丧元。"李善注："塞，谓杜绝也。"明刘基《题谢皋羽传后》："人

生有情不可塞，谢生恸哭非狂痴。”（510）

按，“塞”的“杜绝”义，系参考李善注而设。然“杜绝”的古义与今义有别：今义指完全制止、彻底消灭；而古代则指堵塞、断绝。例如《鹖冠子·天则》：“圣王者，有听微决疑之道，能屏谗权实，逆淫辞，绝流语，去无用，杜绝朋党之门。”《后汉书·皇后纪上·和熹邓皇后传》：“（皇太后）孝悌慈仁，允恭节约，杜绝奢盈之源，防抑逸欲之兆。”这两个“杜绝”均为“堵塞，断绝”。李善注中的“杜绝”亦为此义，所谓“国雠亮不塞”，意即国家之仇确实是不能割断的。再看其余两例。《国语》中的“塞其忠”，当是断绝忠义的意思。引例三“人生有情不可塞”句，“塞”的对象是“情”，其“割断”义就更明显了。综上，这一义项应调整为“断绝；割断”。

尘 ③世俗。《老子》第四章：“和其光，同其尘。”河上公章句：“常与众庶同垢尘，不当自别殊。”晋陶潜《归田园居五首》之二：“白日掩荆扉，虚室绝尘想。”……（517）

按，编者对《老子》例中的注释理解有误。河上公“常与众庶同垢尘”之言，虽侧重解读“同其尘”，然其中的“垢尘”系对“尘”的诠释，这是毋庸置疑的。所谓“世俗”之义，注文中并未出现，也无隐含提示，不知何以将其用作释义依据？这两句的主语为“道”，都省略了。所谓“同其尘”，是言“道”混同着世间的尘垢；句中指代“世间，世俗”的，应当是“其”字。总之，此例不可取。兹为其补充两条先秦用例。《庄子·齐物论》：“无谓有谓，有谓无谓，而游乎尘垢之外。”“尘垢”连用，共表“世俗”义。《吕氏春秋·必己》：“单豹好术，离俗弃尘，不食谷实，不衣芮（絮）温。”此“尘”与“俗”对举而义同。

封 ⑭高；加高。清吴善述《说文广义校订》：“封筑之处有崇高厚大之形，故又有崇高厚大之训。”《汉书·武帝纪》：“登封泰山，降坐明堂。”颜师古注：“孟康曰：‘封，崇也，助天之高也。’”引申为增添。唐杜甫《风疾舟中伏枕书怀》：“春草封归恨，源花费独寻。”仇兆鳌注：“封，犹增也。”（548）

按，引例一下颜师古引孟康的解释，用具有“高”义的“崇”字释“封”，盖为声训，意在说明“封”字得名之由，即增高，加高。因帝王在泰山上的“封”特指筑土为坛以祭天，而祭坛一定要耸立于原地之上，故谓。《说文广义校订》对此讲得是比较清楚的。试再举二例，《周礼·春官·肆师》：“封于大神。”孙诒让正义：“凡坛皆聚土为高，故亦谓之封也。”《后汉书·光武帝纪下》：“登封泰山。”李贤注：“封，谓聚土为坛。”引例二“登封泰山”句的“封”，就是封土筑坛的意思。问题在于，若将声训的“崇”义置入句中为释，无论是登上崇高的泰山，还是登上加高的泰山，都与原意有违，故不宜按声训释义来建立义项。此例当并入“封”的义项⑪“古时改朝换代或国力强盛时，帝王所举行的一种筑坛祭天的盛典”之中。此外，又项“引申为增添”，盖因不忍割舍仇兆鳌的释义而附于其下。体味诗句，“春草封归恨”是言春草一天天生长，而归乡之情犹如堆土植树一样，一点点地累积增加。此为象征性比喻义，可以将其归入义项①“堆土植树为界”中。

尊 ⑥重要；紧要。《淮南子·说林》：“为客治饭而自藜藿，名尊于实也。”高诱注：“尊重享仁义之名，重于治饭之实也。”（552）

按，编者对引例下的高诱注可能存在理解上的偏差。高注旨在通释“名尊于实”句的大意，所谓“尊重享仁义之名”，意为重视享有仁义之名，其中“尊重”义当为“重视”。义项释文的“重要；紧要”，主要是就事情本身的性质而言的；而为客人备好饭食，自己吃野菜豆叶，则是主人认为“名声”比“实惠”更为重要，并非指“名”如何重要。因此，句中的“尊”是带有行为主体心理倾向的动词而不是形容词，义即“认为重要”。又，此项据孤例设置，难以成立，应归并到义项⑤“重视”之中。

就 ⑩遇；值。《诗·邶风·谷风》：“就其深矣，方之舟之；就其浅矣，泳之游之。”孔颖达疏：“随水深浅，期于必渡，以兴己于君子之家事，若值其难也，则勤之劳之；若值其易也，即优之游之。”（601）

按，引例下的孔颖达疏侧重于疏通几句诗的大意，并未专门对“就”字作释。编者从中抽取“值”作为设置义项的主要依据，失之。实际上，孔疏中“若值其难也”“若值其易也”等言，旨在解释说明这几句诗采用起兴的手法想要表达的是什么内容。从词语训释的角度看，“若值其难也”与“就其深矣”句以及“若值其易也”与“就其浅矣”句，并不存在对应的关系；若一定要对号入座，认定孔疏中的“值”即“就”的替代词，则走入了舍近求远的误区。实际上，诗中的“就”表达的是其常义“走向；走近”而已。所谓“就其深”，意即走到河的深水边；“就其浅”，意即走到河的浅水处。因此，此条不当立，应并入义项①“趋向；往……去”之中。

式 ③规格；样式。《礼记·仲尼燕居》：“乐得其节，车得其式。”郑玄注：“式谓载也，所载有尊卑。”……（604）

按，此条引例的意思并不晦涩、难懂。例句所在的这段话，乃孔子畅谈讲求“礼”给社会带来的诸多好处。所谓“车得其式”，就是乘坐的马车有了不同的级别形式。郑玄以动词“载”即承载来解释名词“式”，只是说明句中的“式”字与承载对象有关，这与“规格；样式”之义尚有不小的距离；后面的“所载有尊卑”句，则是对“车得其式”全句意思的转换解读，并非单就“式”字为释。由此看来，郑玄的注文有点偏离词义训释的轨道，将其引于此条下，对于诠释“式”字无益，反增困惑。总之，此例可保留，郑注则宜去之。

同 ⑦偕同。《诗·豳风·七月》：“同我妇子，馌彼南亩，田畯至喜。”郑玄笺：“同，犹俱也。”《警世通言·范鳅儿双镜重圆》：“一日徐信同妻城外访亲回来，天色已晚。”《红楼梦》第六十七回：“一一打点完毕，使莺儿同着一个老婆子，跟着送往各处。”（626）

按，此条因对古注的理解有误，导致引用的例证与释文不合。“偕同”作为动词，前面应有动作行为的主使者，引例二、引例三即其证。然引例一《诗》中，若“同”义为“偕同”，其行为的主使者又是谁呢？例中，“馌”指送饭，“馌彼南亩”意即给在南亩耕作的农夫送饭。而“同我妇子”句中的“我”，一般被认为指农夫本人，朱熹认为是“家长自称”。但无论“我”指农夫或者家长，也无论“我”在句中是与“妇子”组成并列结构作“同”的宾语，还是作“妇子”的定语以构成偏正结构充当“同”的宾语，都无法解答由谁来“偕同”的问题。诚然，“俱”可释作“偕”。《说文》：“俱，偕也。”但是，这个“偕”并非“偕同”，而是“共同；一起”的意思。如《孟子·告子上》：“虽与之俱学，弗若之矣。”《战国策·齐策三》：“夫鸟同翼者而聚居，兽同足者而俱行。”编者将郑玄笺的“俱”义视为“偕同”，恐怕正是受到《说文》释“俱”为“偕”的误导。总之，现有的文献材料还证明不了“俱”在上古有“偕同”之义。《汉语大字典》将此例的“同”释为介词，同样回答不了句中由谁来“引进”的问题。

看来，需要重新审视郑玄的笺注，弄清其所释的“俱”究竟为何义。郑笺云：“同，犹俱也。……耕者之妇子俱以饷来，至于南亩之中。”从“俱以饷来”看，这个“俱”正是“共同，一起”的意思。但是，郑玄笺亦只是通讲这两句的大意，据此是不可能将“同我妇子”句的语法结构及语义关系解释清楚的。不过，郑笺将“耕者之妇子”视为主语，一则可以解答前面所说的“同我妇子”句没有主语的问题，同时也透露出他对这两句在总体上有一定的认识：两句实为一个单句，即应按照“我妇子，同馌彼南亩”来理解，意思是：我的老婆、孩子一起到南亩给耕者送饭。古代文献中，副词置于主语之前，于散文显得较为特殊；但是诗歌要求句式整齐，字数平衡协调，这样处理也就不足为奇了。综上，此条《诗》引例及郑笺不宜置于其下。

合　㉗给，足够。《晏子春秋·内篇问上》：“得合而欲多者危，养欲而意骄者困。”俞樾平议：“合即给也。”（630）

按，引例下俞樾之说尚待斟酌。俞樾的《诸子平议》两处论及“合”的训释问题。他在《管子四》中认为：“合与给通，给，足也，故合亦有足义。”在《晏子春秋》即此例下亦曰：“合与给通。……合即给也。”可知，俞樾认为此例的“合”是“给”的通假字。此说虽于文意可通，却有滥用通假之嫌。引例为并列句。“得合”与“养欲”对举，系动宾结构；“欲多”与“意骄”对举，是主谓结构。“养欲”即滋养欲望，“欲”是名词；那么，“得合”的“合”就不应是形容词“足”，而是名词，指合意之物。“合”系形容词用作名词。可见，从“合”的常义“合意”出发可得其解，不必舍直求曲，以通假释之。且此条为孤例，无以概括，故当并入义项⑫“适合”中。“合意”正是“适合”的内容之一。

呵 ②呼喊；吆喝。《山海经·南山经》：“（青丘之山）有鸟焉，其状如鸠，其音如呵。”郭璞注：“如人相呵呼声。”唐韩愈《送李愿归盘谷序》：“武夫前呵，从者塞途。”（647）

按，此条取用《山海经》之例以及郭璞注作为立项的重要材料，但对郭注的理解尚有偏差。原文“如呵”，本为“若呵”，应予更正。引例一中的“呵”应是名词；郭璞注为“人相呵呼声”，显然，他是把握了这一点的。如是，此例的“呵”与动词性的释文不合。引例二的“武夫前呵”，是夸张描写大官出行时，卫士们簇拥着在前开道，凶神恶煞、狐假虎威之状。“呵”的义项①为“同‘诃’。大声喝叱（呵斥）；斥责”，此例可置于其下。不过，“呵斥”即为“大声斥责”，因而释文语义重复。为此，释文宜调整为“呵斥；吆喝”。

嗣 ④次，第二。《诗·大雅·生民》：“载燔载烈，以兴嗣岁。”毛传：“兴来岁，继往岁也。”（720）

按，引例下的毛传旨在串讲诗句大意，不过细绎注文，可知注者认为“嗣”为“继”，即承继；“兴嗣岁”是“兴”“嗣”共用宾语“岁”，而“岁”又分别指“来岁”“往岁”。然编者据以得出“嗣”为“次，第二”的释义，则令人费解。郑玄笺：“嗣岁，今新岁也。……将求新岁之丰年也。”释“嗣岁”为“新岁”，似与毛传看法相左。孔颖达疏：“新岁而谓之嗣者，使之继嗣往年，犹嗣子之继父。”新岁乃旧岁的继续，旧岁的延续就是新岁。由此看来，毛、郑之说实有相通之处，只是训释角度不同而已。再看“兴嗣岁”句。愚以为“嗣岁”系偏正结构作“兴”的宾语；“兴”用作使动，“兴嗣岁”即使来年兴旺的意思。

嘏 ②福；赐福；受福。《广韵·马韵》：“嘏，福也。”《诗·鲁颂·閟宫》：“天锡公纯嘏，眉寿保鲁。”郑玄笺：“受福曰嘏。”唐柳宗元《贞

符》："载扬于雅，承天之嘏。"《清史稿·乐志四》："如南山寿，集嘏斯纯。"（726）

按，释文将名、动杂糅在一起，不合互补式释文词性相同的原则。此因编者对郑笺的理解存在偏差所致。引例一中，"嘏"充当了"锡"（赐）的宾语，应当视为名词。郑笺以"受福"释之，不误；不过，"受福"并非动宾结构而是偏正结构，"受"同"授"，"受福"指天帝鬼神授予之福。因"嘏"不是一般的福祉，故郑玄特注以明之。"纯嘏"即大福，洪福。《诗》中，"纯嘏"几见，其词性、词义均同。如《小雅·宾之初筵》："锡尔纯嘏，子孙其湛。"朱熹集传："嘏，福。"《大雅》："岂弟君子，俾尔弥尔性，纯嘏尔常矣。"朱熹集传："茀、嘏，皆福也。"马瑞辰《毛诗传笺通释》："嘏，与祜音义并同，嘏亦为大福。"《周颂·载见》："烈文辟公，绥以多福，俾缉熙于纯嘏。"郑玄笺："俾，使；纯，大也。天子受福曰大嘏。"余下两例的"嘏"亦是名词。《贞符》例蒋之翘辑注："嘏，福也。"综上，可将释文调整为"福。特指赐予之福"。

困 ②尽；极。《广雅·释诂一》："困，极也。"《论语·尧曰》："四海困穷，天禄永终。"何晏集解："困，极也。"《国语·越语下》："日困而还，月盈而匡。"清王夫之《张子正蒙注·三十篇》："困之中必有通焉，穷则变，变则通。"（769）

按，义项释义表程度很高，但所引诸例中"困"的意义并非如此。其原因在于忽略了古注的"极"与今义的差别。"极"在古代有"困乏，疲惫"之义。如《战国策·齐策三》："兔极于前，犬废于后。"《汉书·匈奴传上》："罢极苦之。"颜师古注："极，困也。"《世说新语·言语》："丞相小极，对之疲睡。"《广雅》所释及《论语》注的"极"即其义。《论语》中的"困穷"系同义连用，即困窘艰难，不能理解为"极度困穷"。又，《论语》注并非何晏自己所出，而是何晏引用苞氏之言，当订正。引例二"日困而还"的"困"，是比喻性说法，将太阳落山喻为受困厄而消失，乃句中临时义。引例三的"困"亦指艰难、困窘，与"通"即通达之义相反。总之，此条不当立，宜并入义项①"艰难；窘迫"中。

固 ⑦废；破败。《字汇补·口部》："固，废也。"《国语·鲁语上》："夫莒太子杀其君而窃其宝来，不识穷固又求自迩，为我流之于夷。"韦昭注："固，废也。"《荀子·王霸》："彼持国者，必不可以独也。然则强固荣辱在于取相矣！"梁启雄注："固，破败也，与强义相反。"（772）

按，释文单音节的"废"是"废黜、废除"，还是"荒废、废弃"？引例一《国语》下韦昭释"固"为"废"，究竟取其何义？因为"固"用这两义解释，都与他义相隔不通，其间的关系线索不明。此例的背景是：莒太子因被废黜而怀恨杀死其父后，投奔鲁国。鲁宣公派仆人致书季文子，令其赐莒太子采邑，但鲁太史里革则更改其书中的内容。此例所引，即里革更改以后的内容。例中"穷"是指莒太子被废后政途不通，因而"固"实为"禁固；禁锢"义，即莒太子被废黜后禁止参与政事。"固"有"禁锢；固闭"义。此义后作"锢"。朱骏声《说文通训定声》："固，假借为锢。"《风俗通义·司空颍川韩棱》："兴免官，棱坐禁固。"《大戴礼记·哀公问于孔子》："今之君子好色无厌，淫德不倦，荒怠傲慢，固民是尽。"孔广森补注："固，锢也。"韦昭注"固"为"废"，盖正取其义。惜编者不察，误解其义为"荒芜；衰败"，因而才出现与"破败"组成释文的情况。

至于引例二下近人梁启雄的解释，一则可能受《国语》韦注的影响（《字汇》抑或来自韦注），二则是据对文而得。诚然，"荣"与"辱"意义相反，但不能简单类推"强固"必有严格意义上的相反关系。"强固"就国家疆土而言。"强"指强盛、强大，而"固"与之对举，则由其"固闭、固守"义临时产生了"狭小、局促"义，从而与"强"构成反义关系。

总之，此条不当立，引例一可并入义项⑥"闭；闭塞"。不过据以上论述及材料看，其释文应调整为"禁锢；闭塞"。引例二则可以又项"指土地狭促"附于义项⑤"愚陋；固执"之下。

幅 ③界限；限度。《左传·襄公二十八年》："夫民生厚而用利，于是乎正德以幅之。"杜预注："言厚德皆人之所欲，唯正德可以为之幅。"孔颖达疏："言用正德以为边幅使有度也。"《聊斋志异·龙飞相公》："安

庆戴生，少薄行无检幅。”（858）

按，此条主要依据杜注和孔疏而设，其释义有待斟酌。引例一中的“幅”后有代词“之”字，当为动词，杜预注“为之幅”以及孔颖达疏“以为边幅”亦可证之。此为晏子之言。齐侯要封给晏子邶殿之郊鄙六十邑，晏子弗受。他说：“不受邶殿，非恶富也，恐失富也。且夫富，如布帛之有幅焉。为之制度，使无迁也。夫民生厚而用利，于是乎正德以幅之，使无黜嫚，谓之幅利。利过则为败。吾不敢贪多，所谓幅也。”这里，晏子拿布帛幅宽有一定限度为喻，说明财富的占有也应当有限度，即限制。这段话中出现了四个“幅”字，除第一个是名词“宽度；限度”外，其余三个均为动词。“正德以幅之”，杨伯峻《春秋左传注》注：“此幅字由布帛之幅引申为限制之义。”“幅利”意为“限制其利”。“所谓幅也”紧承“幅利”而发，犹言这就是限制私利的做法。兹补上一例，唐孙逖《齐州刺史裴公德政颂》：“幅利以俭，葆光以和。”引例二中的“幅”亦有动词词性，“无检幅”即生活上没有检束、限制。据上，应将释文调整为动词词性的“限制”。

微 ③伺察；侦察。《史记·孝武本纪》：“使人微得赵绾等奸利事。”裴骃集解引徐广曰：“纤微伺察之。”《汉书·游侠传·郭解》：“解使人微知贼处。”颜师古注云：“微，伺问之也。”（900）

按，此条所引古注的含义比较笼统，或为造成释义欠当的原因。引例一下徐广用“纤微伺察之”释“微”，其注中含有动词“察”，“伺察”即偷偷察看。引例二下颜师古注为“伺问”，亦含有动词“问”，“伺问”即秘密询问打听。徐注、颜注根据上下文意对“微”的解释十分具体，但都有增字发挥之嫌。实际上，两例中的“微”分别修饰动词“得”和“知”，是“偷偷地、暗地里”的意思。由此看来，“微”的义项②“秘密地；偷偷地”与此义实为一体。因为义项②下引例中的“微告”“微谏”“微伺”与此项“微得”“微知”结构完全相同，将其分设二义，则概括失宜。总之，此项不当立，应并入义项②中。此外，依照古注惯例，引例二下作“颜师古注云”，其“云”字衍，当删。

卫 ③谋求。《国语·鲁语下》："楚人将以叔孙穆子为戮。晋乐王鲋求货于穆子，曰：'吾为子请于楚。'穆子不予。梁其胫谓穆子曰：'有货，以卫身也。出货而可以免，子何爱焉？'"韦昭注："卫，营也。"(911)

按，引例下韦昭用"营"释"卫"，对今人而言，仍属以古释古。编者将"营"理解为"谋求"，则是以今律古，欠安。例句内容是谈论用钱财换取性命的问题。按之文意，"卫"应是"保住"之义。"有货，以卫身也"，意即有了钱财，是可用来保住性命的。"营"在古代有"护助，护卫"义，今不常见。例如《玄应音义》卷四注引《仓颉篇》："营，卫也。"《墨子·天志中》："不止此而已，欲人之有力相营，有道相教，有财相分也。"《三国志·魏志·任峻传》："贼数寇抄绝粮道，乃使千乘为一部，十道方行，为复阵以营卫之，贼不敢近。"《南史·毛修之传》："谦之为魏太武帝信敬，营护之，故不死。""营卫""营护"均同义连用。由上可知，此条不当立，应并入义项①"守卫；防护"中。

郁 ⑦暴怒。《文选·潘岳〈射雉赋〉》："郁轩翥以余怒，思长鸣以效能。"李善注引徐爰曰："郁，暴怒也。"(922)

按，引例系描写射猎时，作为诱饵以招引野雉的鸟媒被带到山野后跃跃欲试的雄姿。释文"暴怒"今指极端愤怒。而此时鸟媒刚从笼里放出，尚无宿敌猎物出现，其极端愤怒从何而来？徐爰注的"暴怒"与今义不同，是猛烈、迅猛的意思。古代"怒"和"暴怒"均可形容气势强盛、猛烈。例如《庄子·逍遥游》："（鹏）怒而飞，其翼若垂天之云。""怒而飞"犹言迅猛地展翅飞翔。《吕氏春秋·情欲》："百病怒起，乱难时至。""怒起"犹言盛起。汉焦赣《易林·咸之豫》："山水暴怒，壤梁折柱。""暴怒"形容水势凶猛。所引例中的"余怒"之"怒"指盛壮之气，亦可证徐注"暴怒"的含义。徐爰此注的全文是："郁，暴怒也。轩，起望也。《方言》云：'翥，举也。'郁然暴怒，轩举长鸣，思见野敌，效其才能也。""轩翥"即鸟向上飞；所谓"郁轩翥"，意近《庄子》的"怒而飞"，乃形容鸟媒迅猛地展翅腾飞。综上，此条可并入义项②"盛貌"中。

庾 ③积聚；屯积。《汉书·食货志下》："其贾氐贱减平者，听民自

相与市，以防贵庾者。”颜师古注：“庾，积也。以防民积物待贵也。”(953)

按，义项释文系据颜注而立。颜师古释“庾”为“积”和“积物”，是把“庾”视为动词，看来不尽合理；且将“贵庾”解作“积物待贵”，又改变了原来的语法结构，似乎“贵庾”（庾贵）成了连谓关系。事实上，“贵庾”本为动宾结构。“庾”由其常义“储粮之处”转指囤积的粮食，用作宾语。“贵”系形容词用作使动，使……价贵，亦即抬高价格的意思。“贵庾”就是抬高囤积的粮食的价格。诚然，例中“庾”的用法比较特殊，但又不够条件单立义项，可作又项“囤积的粮食”附在其义项②下。

廉 ⑥节俭；节省。《广韵·盐韵》：“廉，俭也。”《管子·侈靡》：“智以招请，廉以摽人。”尹知章注：“富而清廉，则使为人摽式。”……(961)

按，编者对引例下《管子》尹注的理解欠当。尹知章言“富而清廉”是就人的道德品行而言的，“清廉”即清正廉洁，似与生活俭省无关。此义古书有例：《庄子·说剑》：“诸侯之剑，以知勇士为锋，以清廉士为锷。”唐方干《上张舍人》诗：“此地清廉惟饮水，四方焦热待为霖。”《管子·侈靡》中虽多涉经济、生活类内容，但这段文字所述，均为国君使用臣下所采取的政治手段：“用其臣者，予而夺之，使而辍之，徒以而富之，父系而伏之，予虚爵而骄之，收其春秋之时而消之，又杂礼义而居之，时举其强者以誉之。强而可使服事，辩以辩辞，智以招请，廉以摽人。”揆之上下文意并参考尹注，“廉以摽人”意即品行廉正者，让他们做别人的榜样。因此，《管子》此例应置于义项⑤“廉洁”中。

冗 ⑦邪僻。《文选·班固〈幽通赋〉》：“叛回冗其若兹兮，北叟颇识其倚伏。”李善注引曹大家曰：“冗，僻也。”(976)

按，此条的引文、引注均有误。注释将“冗”释为“僻”，不明其义之所来。查《文选》，“冗”当作“穴”。曹大家注：“叛，乱也。回，邪也。穴，僻也。”“穴”与“冗”形近而误，当正之。

官 ⑫局限。《管子·宙合》：“方明者察于事，故不官于物而旁通于道也。”尹知章注：“官，主也，方谓法术，言法术通明之士，察于天地，知不可专一，故云不主一物，功用无方，旁通于道也。”(988)

按，此条置引例下的古注于不顾，而自行归纳释义，导致释文与引例义相扞格。将引例中的“官”释为“局限”，于文可通，但与尹知章注的“主”之义脱节，又同“官”的众多义项缺乏联系。通观尹注，其释“官”为“主”，又用“主一物”通解“官于物”，则“官”应为“主管、主守”之义。由此看来，释文“局限”是编者自行据文训解的结果，且为此孤例设立义项更不合适。此例可用义项⑨“尽职，守职分”涵括。“官”由名词“职责”引申为动词“守职，尽职”，比较自然。

宴 ②安居；安息。《广韵·霰韵》：“宴，息也。”《汉书·贾谊传》：“是与太子宴者也。”颜师古注：“宴谓安居。”又《贾山传》：“大臣不得与宴游。”颜师古注：“安息曰宴。”(1000)

按，此条所引古注中的“安居”“安息”与今义微殊，编者照搬作为释文，则给读者提供了不正确的信息，易造成理解上的问题。引例一是讲少保、少傅、少师的职责。颜师古看到了“与太子宴”的“宴”为动词，注为“安居”，甚是。王先谦补注：“《新书》‘宴’作‘燕’，于燕居时随事辅导也。”可以证之。《大戴礼记·保傅》：“于是为置三少，皆上大夫也。曰少保、少傅、少师。是与太子宴者也。”王聘珍解诂：“宴，谓宴尼居息也。”可知，此“宴”应指平日在一起居处生活学习等，非今之“安定地生活、居住”义。引例二是贾山给汉孝文帝上书之言。引例的下句是“方正修洁之士不得从射猎”。所言内容是希望大臣贵族不要贪图享乐。“安息”今指安静地休息，或是对“死亡”的婉称。颜师古注文的“安息”则系同义连用，“安逸、安乐”的意思。“息”有“安”义。《广雅·释诂一》：“息，安也。”《吕氏春秋·适威》：“桀，天子也，而不得息。”高诱注：“息，安也，不得安其位。”因此，引例二的“宴游”即安乐地游玩。以今之“安息”解之，则与原意不合。由此看来，《广韵》的“息”也当是“安”义。此条应并入义项①“安逸；安闲”中。至于引例一，则属“宴”临时用作动词。

容 ⑦宜，合宜。《文选·班固〈答宾戏〉》：“因势合变，遇时之容。”李善注引项岱曰：“容，宜也。”（1001）

按，此条系编者片面地理解、截取古注，而强为句中临时义立项。引例是主人与宾客谈论关于战国时的策士问题。例句连同下文是：“因势合变，遇时之容，风移俗易，乖迕而不可通者，非君子之法也。”可见论者对这种做法是持否定态度的。李善引项岱注的全文是：“容，宜也。或因际会之势，合变谲之事，遇时独暂得容也。”其注文中采用了两种方式：一是直训，以“宜”释“容”，二是在串讲中解释词义。两者看似不协，实为释义角度有别，其语义则是相通的。而后者训释中的“得容”二字值得注意，实际上说出了释“容”为“宜”的来由：得到主子的容纳、收留。这对于策士来说，当然就是合宜、满意的事情。故此条可并入义项②“收留”中。

寇 ⑤兵器。《淮南子·主术》：“兵莫憯于志，而莫邪为下；寇莫大于阴阳，而枹鼓为小。”高诱注：“寇，亦兵也。”（1004）

按，此条由于对词的古今义纠缠交错的情况把握失宜，误解了古注中的今义。引例中的“寇”释为“兵器”，大体可通。然仅此一例，似不足为信。那么，高注的“兵”究竟指物还是人？高诱“亦兵也”之“亦”，说明“寇”与上句的“兵”同义。愚以为，此处的“兵”“寇”均指军队、士兵。例句强调战争中军队士气和谋略的重要性。大意是说作战时最重要的是士兵的斗志，锋利的宝剑则在其次；进犯者最重要的是谋略，进攻用的枹鼓当在其下。顾炎武《日知录》卷七：“秦汉以下，始谓执兵之人为兵。”释文盖受其影响。“兵”在上古虽多指兵器，但指称士兵、军队亦不乏用例。《左传·昭公十四年》：“夏，楚子使燕丹简上国之兵于宗丘。”《左传·文公七年》：“兵作于内为乱，于外为寇。”《左传·襄公元年》：“败其徒兵于洧上。”杜预注：“徒兵，步兵。”《吕氏春秋·权勋》：“昌国君将五国之兵以攻齐。”《战国策·赵策四》：“必以长安君为质，兵乃出。”到了汉代，由于其使用更为普遍，故以“兵”来作训释语。《吕氏春秋·雍塞》：“左右有言秦寇之至者。”高诱注：“寇，兵也。”因此，可考虑为“寇”增设“士兵；军队”的义项，将此例置于其下。或作又项附于义项④“仇敌”下。

宿 ⑮聚合。《庄子·天地》：“至无而供其求，时骋而要其宿。”郭象注：“宿，会也。”（1007）

按，此条因对引例下的古注理解有偏差，造成字义无所归属，遂为孤例的句中义立项。引例这段话是讨论天道的问题。其上句为“故其与万物接也”，言天道是与万物相联系的，此句为后面所议论的话题、对象，引例不应截去。郭象注“时骋而要其宿”句为：“皆恣而任之，会其所极而已。”成玄英疏：“骋，纵也。宿，会也。若夫体故至无，所以随求称适，故能顺时因任，应物多方，要在会归而不滞一。”王先谦集解注引例的上句为：“非有而求无不给。”释下句为：“行远而其归可会。”《淮南子·原道》有这几句，高诱通解“时骋而要其宿”句为：“言天时自骋，道要其宿会也。”从各家的解释看，“宿”确有“会集；归宿”之义。句意谓天道顺时运动变化，能让万物最终归向自己。由此言之，“宿”当为义项⑦“留，停留”的临时义，应并入其中。此外，引例下的注并非郭象注，而是成玄英疏，是为张冠李戴之误。

审 ⑥固定；安定。《庄子·徐无鬼》：“故水之守土也审，影之守人也审，物之守物也审。”成玄英疏：“审，安定也。”《吕氏春秋·顺民》：“故凡举事，必先审民心，然后可举。”高诱注：“审，定也。定民心所系。”唐封演《封氏闻见记·碑碣》：“取其安审。”（1024）

按，此条中有误解古注者。引例二的《吕氏春秋》此章名为“顺民”，是论证“先王先顺民心，故功名成”的问题。引例为本章煞尾，是列举诸多事例后的结论之言。高诱以“定”释“审”，编者对其理解略有偏失。“审民心”并非安定或固定民心。从“定民心所系”可以窥知，这个“定”当为“审定、确定”的意思。“先审民心”意为先审明、弄清民心之所向。“审定”需要在详细考察的基础上进行，可见两者联系紧密。因此，此例应置于义项②“明白；清楚”之下。这样一来，此项例证单薄，兹为其补充一例。《周礼·考工记·弓人》：“冰析灂则审环。”郑玄注：

“审，犹定也。”贾公彦疏：“纳之檠中，析其漆灂，其漆之灂环则定后不鼓动。”灂，用漆粘涂。檠，矫正弓弩的器具。据贾疏，郑注的“定”就是“固定”的意思。

宠 ①尊崇。《说文．宀部》：“宠，尊居也。”《国语·楚语下》：“宠神其祖，以取威于民。”韦昭注：“宠，尊也。”《汉书·艺文志》：“随时抑扬，违离道本，苟以哗众取宠。”颜师古注：“宠，尊也。”《潜夫论·论荣》：“宠位不足以尊我，而卑贱不足以卑己。”（1027）

按，此条中存在对古注理解不确者。释文“尊崇”今为动词，尊敬推崇之义。《说文》谓“宠”为“尊居”，亦为动词，意即尊贵地居处。然此义与“尊崇”之义不够协洽，似不宜归入此条下。在尚未见到《说文》此义实际用例的情况下，应将《说文》的释义单列出来。引例二下颜师古注虽与引例一下韦昭注同为“尊”字，然义有差别。“哗众取宠”的“取宠”是获取荣耀、尊荣，重在声誉、脸面。因此，引例二宜置于义项②“荣耀”下。

居 ⑬辨别。《礼记·乐记》：“乐著太始而礼居成物。”俞樾平议：“居，犹辨也。‘乐著太始，礼居成物’，谓乐所以著明太始，礼所以辨别成物。”（1039）

按，俞樾之释欠安。训“居”为“辨”“辨别”，虽于文意庶几可通，然与“居”的他义缺乏关联，不可轻信；且据孤例设为义项，亦显单薄。请看早期注家之释。郑玄注：“著之言处也。太始，百物之始生也。”孔颖达疏：“言乐象于天，天为生物之始。著，犹处也，是乐处太始，礼法于地。言礼以禀天，气以成于物，故云礼居成物。著与居相对，故注以著为处也。”郑、孔都以“处”释“著”，“著”即“居处、附着”。所谓“乐著太始”，就是乐附着于始生万物的天。孔疏“著与居相对，故注以著为处也”之言提示我们，训“著”为“处”的依据就是“与居相对”而义同。如是，“居”为其常义“居处，居留”就很明确了。《礼记》这条引例后又言：“著不息者天也，著不动者地也。一动一静者，天地之间也。”“著不动”句径用“著”替换前面的“居”，进一步证明“居”是其常义而与“辨别”无涉。所谓“礼居成物”，就是礼居处于长成万物的大地。俞樾随文为释，无据可凭，不宜取用。《史记·乐书》：“乐著太始而礼居成物。”张守节正义：“著犹处也……地卑，故曰居；天高，故曰著也。”此说辨析了“著”与“居”之别，亦可为“居”的此义佐证。

弛 ③解除；舍弃。……《左传·庄公二十二年》：“赦其不闲于教训，而免于罪戾，弛于负担。”杜预注：“弛，去离也。”高诱注：“弛，舍也。”……（1059）

按，此条对古注的引用有误。《左传》例下，高诱并未给《左传》作注。高诱此注，本出自《淮南子》。《淮南子·原道》：“雁门之北，狄不谷食，贱长贵壮，俗尚气力，人不弛弓，马不解勒，便之也。”高诱注：“弛，舍也。”《汉语大字典》首版引用了《淮南子》此例，而第二版将此例删除时，却未删掉高注，因而造成将其附于《左传》例句后之疏误。

已 ⑧最终，终归。《荀子·解蔽》：“其所以贯理焉，虽亿万已不足以浃万物之变。”俞樾平议：“已，犹终也，言终不足以浃万物之变也。”（1074～1075）

按，俞樾此说，出自《诸子平议》卷十四：“《诗·葛藟》：‘终远兄弟。’：传曰：‘已相远矣。’笺云：‘今已远弃族亲。’是传、笺并训终为已。《左传·僖公二十四年》：‘妇怨无终’：杜注曰：‘终，犹已也。’故已亦犹终也。”此说尚有罅漏。首先，《诗》毛、郑的释文“已”是“已经”义，而非“最终”。王念孙《经传释词》认为此例的“终”应释为“既”。如是，就与“最终”之义相去更远了。其次，《左传》“无终”的“终”，杜预注“已”，是“停止；终止”义，动词。俞氏将“终”的副词、动词义合而论之，不妥。再次，俞说以“终”有时可训为“已”，进而推之“已亦犹终”，也难以成立。“已”是多义多用字，它与“终”只是在动词“停止；终止”义上可以互训，不能错误类推他义亦然。《荀子》此例的“已”是副词，相当于“已经”，与“终”的副词用法并不同义。还须提及的是，引例此句后的“与愚者若一”之言不应截割，因为它与“已不足”句存在假设语义关系，“已不足以浃万物之变”表假设，“与愚者若一”是结果。这样，“已”的“已经”义就更确定了。这几句的意思是，学习的道理即使有亿万条，若已经不能周知万物的变化，也就如同愚笨之人一样。总之，此条当去。

孝 ③能继先人之志。《书·文侯之命》：“追孝于前文人。”孔传：“继先祖之志为孝。”《礼记·中庸》：“夫孝者善继人之志，善述人之事者也。”（1084）

按，引例一下孔传之释偏向于道德评价，而并非对“孝”进行词义训释；且所释又过于具体，范围偏窄，将其作为义项释文，则概括性不足。古代“孝”的对象除父母亲外（见义项②），还包括祖先、前辈等在内；而且，“能继先人之志”只是“孝”的内容之一。例如《书·太甲中》：“奉先思孝，接下思恭。”孔安国传：“以念祖德为孝。”《礼记·大学》：“孝者，所以事君也。”《周礼·地官·师氏》：“以三德教国子……三曰孝德，以知逆恶。”郑玄注：“孝德，尊祖爱亲，守其所以生者也。”综上，宜将释义改为“尊重、孝顺祖先前辈的德行”，并适当调换例句。

孝 ⑦畜养；保育。……《大戴礼记·保傅》：“孝者襁之。”卢辩注：“孝者，谓保母也。”（1084）

按，此条引用的古注文字有误。卢辩注中，怎么会出现“孝者”指“保母”呢？查《大戴礼记·保傅》原文作：“成王生，仁者养之，孝者襁之。”卢辩注：“养之，谓乳母也。襁之，谓保母也。”原来，卢注是在解释由谁来分别承担对成王“养之”“襁之”的重任问题。例中的“孝”确有“畜养”之义，但引注误将其放到了“保母”之上。卢辩注应去之。

孚 （二）fú ③为人所信服。《诗·大雅·文王》：“仪刑文王，万邦作孚。”毛传：“孚，信也。”郑玄笺：“仪法文王之事，则天下咸信而顺之。”《左传·庄公十年》：“小信未孚，神弗福也。”茅盾《虹》八：“为什么挑中了这位不孚人望的秋敏！”（1085）

按，此条对引例一下毛传和郑笺的理解有偏差，导致释义欠妥。毛传一个“信”字，无以显示“孚”表被动的信息。郑玄将“万邦作孚”通解作“天下咸信而顺之”，是“孚”义为“信而顺”，即相信并归顺，也就是信服。由此可见，“孚”是“万邦”的主动行为，该句言万邦信服周王朝，并无被动的语义。引例二中的“孚”，杜预注：“大信也。”孔颖达疏：“孚亦信耳。以言小信未孚，故解孚为大信以形之。”可知“孚”即“信”。“孚”用在否定词“未”后，当是动词，取得信任的意思。此外，对引例三中的“孚”亦有曲解。“人望”指在众人中的声望，释为不被声望所信服，语义欠通；这个“孚”是“符合”的意思，应置于义项⑥“符合，相应”中。综上，这条释文宜调整为“信服；取信”。

如 ⑫副词。将要。清王引之《经传释词》卷七：“如，犹将也。”《左传·宣公十二年》：“有喜而忧，如有忧而喜乎？”(1099)

按，王引之此说可商。王氏在此例后尚有“言忧喜各因其事，若有喜而忧，则亦将有忧而喜乎”之言，可知其释“若”为“将”，是根据原文大意推衍而添加的，未必就符合原意。引例所述的是，晋文公打败了楚军，“文公犹有忧色”，左右不解，遂提出以上问题。“有喜而忧”意即有了（获胜的）喜事却忧愁，这是对既有事实的认定。王引之加上“若”字，则使该句平添了假设意味，不妥。下句“如有忧而喜”，才是针对文公“忧喜失时（杜预注）”的反常行为做出的假设性推论：假如有了忧愁，还会高兴吗？可见，这个“如”就是假设连词。由于假设往往是对未然事情的假定、设想，所以句中含有“将，将要”之意就不足为奇了。杨伯峻注：“今有喜却忧，若有忧却喜乎？”得其正解。总之，王氏之说不可取，不当据以建立副词义项。

委 ②隶属；托付。《广韵·纸韵》：“委，属也。”《左传·成公二年》：“王使委于三吏。”杜预注：“委，属也。”《资治通鉴·唐宪宗元和八年》：“以伯靖为归州司马，委荆南军前驱使。”胡三省注：“委，属也，付也。”……又任命，委任。《广韵·纸韵》：“委，任也。”《左传·文公六年》：“委之常秩。”杜预注：“委，任也。”(1112)

按，“隶属”与“托付”义差较大，凑成释文不伦。如此设项，与编者误解注文“属”的古义有关。引例一中的“委”字，杜预注为“属”，音 zhǔ，当指“委任，托付”而不是“隶属”。“属”的此义古书中常见，如《史记·萧相国世家》："上以此专属任何关中事。""属任"同义连用，委任之义。《汉书·张良传》："而汉王之将独韩信可属大事，当一面。"颜师古注："属，委也。"《资治通鉴》例中的"委"字，胡三省用"属也，付也"一起释之，可见"属"与"付"义有共同点。因此，可将此条的义项删去，合并调整为"托付；委任"。

姣 ②妖媚。《玉篇·女部》："姣，妖媚。"《楚辞·九章·惜往日》："妒佳冶之芳芬兮，嫫母姣而自好。"洪兴祖补注："姣，妖媚。"（1121）

按，释文取自《玉篇》和引例下洪兴祖的补注。然古之"妖媚"的词义色彩与今有别：今指"妩媚而不正派"，含有贬义；古代为"艳丽妩媚"，则含褒义。如唐牛僧孺《玄怪录·崔书生》："今汝所纳新妇，妖媚无双。"引例"嫫母姣而自好"句，王逸注："丑妪自饰以粉黛也。"可知，"姣"用作动词，指打扮漂亮；"自好"即自认为美丽。这都属于嫫母的行为和自我感觉。洪兴祖用"妖媚"释"姣"，当取其"艳丽、漂亮"之义。此条应并入义项①"容貌美好"中。

婉 ⑥简约。《左传·襄公二十九年》："大而婉，险而易。"杜预注："婉，约也。"（1137）

按，此条释义与"婉"的他义脱节，显得突兀。这与杜预注文义不明晰有关。引例记载的是，吴国公子札到鲁国，请求观赏周朝的音乐舞蹈。鲁国乐工"为之歌《魏》"，公子札对乐曲的评价甚高："美哉，沨沨乎！大而婉，险而易行，以德辅此，则明主也。"杜预注："婉，约也。险当为俭字之误也。大而约，则简节易行。"据杜注"简节易行"之言，揆之前后文意，引文在"易"字后断句不妥，应断作"险而易行"，此其一。其二，杜预谓"险当为俭字之误"，并没有做必要的论证，而释"婉"为"约"，其前提又是先认定"险当为俭"，进而以并不可靠的"俭"来证明"婉"义即"约"的合理性，似不足为信。洪亮吉《春秋左传诂》谓："贾逵云：'其志大，直而有曲，体归中和。'……贾逵云：'中庸之德，难成而实易行，故曰："以德辅此，则盟主也。"'……惠士奇曰：'……险而易行，即《易》之"易以知俭"也。杜注读为"俭"，直是不识字。'"洪亮吉对杜注的批评是有道理的，其引贾逵“直而有曲”之言尤值得注意。杨伯峻《春秋左传注》曰：“大，粗也。《魏风》多刺诗，《葛屦》甚至明言‘是以为刺’，但其言较婉和。……险、易为相对之词，如《易·系辞上》‘卦有小大，辞有险易’。……此言其政令习俗，虽艰难而行之甚易也。……杜注谓‘险当为俭字之误’，不确。”我们赞同贾逵、杨伯峻之说，“婉”当按其常义“婉曲，婉转”理解。如是，此项就无存在的必要了。

媚 ②巴结；讨好。《正字通·女部》：“媚，谄媚。又亲顺也。”《诗·大雅·卷阿》：“维君子使，媚于天子。”朱熹注：“媚，顺爱也。”……（1144）

按，《诗·大雅·卷阿》共十章，大都是歌颂与祝福之辞，并无嘲讽、指斥意味。引例属第七章，其上句为：“蔼蔼王多吉士。”“吉士”指周王群臣，“君子”指诸侯。诗句言诸侯群臣亲顺天子，方合情理；若视“媚”为“巴结；讨好”，则与文意不协。《正字通》的“谄媚”应属后起义。朱熹注为“顺爱”，义即顺从亲爱，亦非“巴结；讨好”的意思。例如《晏子春秋·问下》：“顺爱不懈，可以使百姓。”《三国志·魏志·管辂传》：“管辂字公明”裴松之注引三国魏管辰《管辂别传》：“其事父母孝，笃兄弟，顺爱士友，皆仁和发中，终无所阙。”由上引例可见，“顺爱”不含贬义。诗句的下一章为：“蔼蔼王多吉士，维君子命，媚于庶人。”朱熹注：“媚于庶人，顺爱于庶人。”“媚”的对象是“庶人”，朱熹亦释为“顺爱”，有助于我们进一步认识引例中“媚”的词义特征。总之，此例应置于义项①“喜爱”之下。

嫉 ①妒忌；贼害。《广雅·释诂一》：“嫉，妒也。”又《释诂三》：“嫉，贼也。”《楚辞·离骚》：“羌内恕己以量人兮，各兴心而嫉妒。”王逸注：“害贤为嫉，害色为妒。”……（1148）

按，释文的“妒忌”与“贼害”意义相去较远，不宜组合在一起。且《楚辞》例中的“嫉”亦与“贼害”无涉。这样处理，盖因误将引例下的王逸注“害贤为嫉，害色为妒”的“害”按今之常义理解。王注的“害”

为古义，应释为“嫉妒”。有材料为证：《字汇·宀部》：“害，嫉也，忌也。”《战国策·韩策二》：“韩傀相韩，严遂重于君，二人相害也。严遂政议直指，举韩傀之过。”“二人相害”指韩傀、严遂两人互相嫉妒。《吕氏春秋·慎行》：“荆平王有臣曰费无忌，害太子建，欲去之。”因为忌妒太子建，所以才想除掉他。《史记·屈原贾生列传》：“上官大夫与之同列，争宠而心害其能。”“害其能”即妒其能。《汉语大字典》在“妒”的义项①“妇女忌妒丈夫。也指忌妒别的女子的姿色”下，也引用了《离骚》此例及王逸注，然其释文中没有“贼害”二字，正确。至于《广雅·释诂三》谓“嫉，贼也”，惜无实例可证，只能暂时存疑，或许也是取自王逸注。综上，释文“贼害”应删掉。

嫌 ①仇怨；怨恨。《说文·女部》：“嫌，不平于心也。”王筠句读：“此义与慊通。《玉篇》：慊，切齿恨也。”《礼记·坊记》：“贵不慊于上。”汉郑玄注：“慊，恨不满之貌也。慊，或为嫌。”……（1148）

按，引例《礼记》这段话为孔子所言：“故圣人之制富贵也，使民富不足以骄，贫不至于约，贵不慊于上，故乱益亡。”孔子谈论的是圣人如何调节财富、制约富贵者的问题。“贵”指贵族、高官；“嫌”是“慊”的借字。例句的大意是，国君调节富贵者的财富，要使富贵者不会对自己心存不满。其下的郑玄注应断为：“慊，恨，不满之貌也。”郑玄是先以“恨”字释之，再用“不满之貌”做进一步的补充说明。而内心不满正是“恨”在古代的常用义，其程度要比“仇恨；怨恨”略轻。编者忽略了郑注的“恨”义与现代的差别，故选用了不恰当的用例。此例应置于义项③“厌恶；不满意”之下。

班 ⑦序列；排列等级。《方言》卷三：“班，列也。”《孟子·万章下》：“周室班爵禄也如之何？”赵岐注：“班，列也。”《礼记·曲礼上》：“班朝治军，莅官行法，非礼威严不行。”郑玄注：“班，次也。”孔颖达疏：“次，谓司士正朝仪之位次也。”引申指朝廷上臣下所站的队列。……（1191）

按，“序列”是名词，不宜与动词性的“排列等级”组成义项。编者这样处理，或因对引例二下古注“次”的词性和意义理解不够到位。“次”可作动词，依次、排列之义。《吕氏春秋·季冬》：“乃命太史，次诸侯之列，赋之牺牲。”高诱注：“次，列也。”“次”带了宾语，义为排列。《世说新语·捷悟》：“人饷魏武一杯酪，魏武啖少许，盖头上题‘合’字以示众，众莫能解。次至杨修，修便啖。”“次”即排序、依次。再看引例中的“班爵禄”和“班朝”，均为动宾结构。引例一下赵岐注：“班，列也。问周家班列爵禄，等差谓何。”“班列”提示了“班”的动词义。引例二下孔颖达释“班”为“正朝仪之位次”，虽属串讲大意，又增字为训，但仍揭示出“班”的动词性特征。综上，释文中的名词“序列”应去之，可将其调整为“排列等级、位次等”。

未 ⑤将；将来。如：未来。《荀子·正论》：“凡刑人之本，禁暴恶恶，且征其未也。”杨倞注：“未，谓未来。”（1233）

按，此条对古注的古义按今义理解，失之。引例下杨倞的注文“未来”，不同于今之时间名词“将来”（此义现代才产生），而是“没有到来（出现）”的意思。例如《史记·高祖本纪》：“遣魏人甯昌使秦，使者未来。”《史记·刺客列传》：“荆轲有所待，欲与俱；其人居远未来，而为治行。”《论衡·知实》：“未来之时，谓以为死。圣人不能先知……”再看例中的“征其未”，杨倞注：“征，读为惩。”“惩”即惩戒。“征其未”就是惩戒那些尚未出现的坏人坏事。“未”当为对未来情况进行否定的副词，用在句末，其动词隐而未现。而杨倞注为“未来”，是据文义补上了“未”后隐含的动词“来”。上古汉语中，“未”的这种用法并不鲜见。例如《左传·襄公十九年》：“穆叔归，曰：‘齐犹未也，不可以不惧。’”《国语·晋语七》：“临下之乐则乐矣，德义之乐则未也。”《汉书·贾谊传》：“进言者皆曰天下已安已治矣，臣独以为未也。”总之，此条不当立，应归入否定副词义项中。《汉语大词典》也据此孤例立项，同样未达一间。

本 ⑨原来的；固有的。如：本质；本性；本能。《周礼·地官·大司徒》：“以本俗六，安万民。”郑玄注：“本，犹旧也。”孙诒让正义：“本俗者，谓各安其旧俗也。”……（1234）

按，此条选取孙诒让的解释不当，而且与郑玄注不合。郑玄注“本”为“旧”，意思清楚而正确。引例中的“本”是形容词，“本俗”即旧有的习俗。引例的上一节讲大司徒的职责：“以保息六，养万民。”此节与之对应，句式整齐。引例下面列举的“六俗”为：“一曰媺公室，二曰族坟墓，三曰联兄弟，四曰联师儒，五曰联朋友，六曰同衣服。”孔颖达疏：“此经说安民庶之道。以本俗六安民者，本，旧也，不依旧俗创立制度，民心不安，若依旧俗，民心乃安，故以本俗六条以安民也。”不烦引出孔疏全文，旨在证明“本俗”即旧俗。孙诒让正义只是串讲大意，且将下句中的“安”字放入其中合而释之，亦为不妥，易使人误解。总之，孙诒让的解释当去之。

杜 ⑦冲。《管子·度地》：“水之性，行至曲必留退，满则后推前，地下则平行，地高则控，杜曲则捣毁，杜曲激则跃。”尹知章注：“杜，犹冲也。言水行至曲则冲，而冲有所毁伤。”（1239）

按，此条取尹知章注立项不尽恰当。首先，“杜”的此义与他义脱节，显得孤立。引例中，前有“行至曲必留退”，已言及水“至曲”，即到达弯曲之处会停留后退的情况；“杜曲”则讲的是另外一种情况：水被弯曲之处堵塞住了。因而“杜”即堵塞，“杜曲”应按“杜于曲”理解，含有被动语义。尹知章注“杜”为“冲”，然又有“水行至曲则冲”之言。若按此理解，原句就应作“曲杜”而不是“杜曲”。而“曲杜”显然不辞，且“冲”本是水的主动进取行为，却成了地势弯曲导致的结果。这既与原文句法不协，也在语意上不合逻辑。前面分明说“至曲必留退”，怎么这里变成了“至曲则冲”呢？结合“杜曲则捣毁，杜曲激则跃”两句考察，其误甚明。前者言水被弯曲处堵塞，就会形成大水冲毁周围的堤岸；后者言水被弯道堵塞，就会激荡奔跃。总之，此条不当立，应并入义项④“堵塞；断绝”之中。

材 ①木干；木料。……《孟子·梁惠王上》：“斧斤以时入山林，材木不可胜用也。”赵岐注：“时谓草木零落之时，使材木茂畅，故有余。”……（1240）

按，引例下的赵岐注旨在串讲原文大意，主要解释了“时”的含义，并未对“材”单独作训，而是直接用“材木”替代原文的“材木”，等于没有解释。当然，赵注对疏通引例的句子大意是有帮助的，但用在字典里，毕竟选取失宜。其实，引例不取赵注，“材”义亦明。或可另换用例。例如《孟子·告子上》：“人见其濯濯也，以为未尝有材焉，此岂山之性也哉？”朱熹集注：“材，材木也。”《吕氏春秋·知度》：“犹大匠之为宫室也，量小大而知材木也。”

材 ②原料；材料。……《周礼·天官·大宰》：“五曰百工，饬化八材。”郑玄注：“八材：珠曰切，象曰磋，玉曰琢，石曰磨，木曰刻，金曰镂，革曰剥，羽曰析。”……（1240）

按，此条选取的古注欠当。引例下郑玄注并非单释八种材料，而是连带列举出对八种材质加工的称名，这实际上是对“饬化八材”句意的通解。郑玄注并非无用，只是相较而言不够理想，还可选取更为合适的。例如《左传·隐公五年》：“凡物不足以讲大事，其材不足以备器用，则君不举焉。”杜预注：“材，谓皮革齿牙、骨角毛羽也。”这条用例及杜预注就比《周礼》之例及郑玄注要强。

杓 （一）biāo ④击。《淮南子·兵略》：“凌人者胜，待人者败，为人杓者死。”高诱注：“杓，所击也。”（1243）

按，引例下高诱的注文“所击”，系名词性的“所”字结构，而义项释文“击”（攻击）则是动词。由此而言，据高注不能得出“杓”有此义。高注的“所击”指攻击的对象，也是对“杓者”的训释，因为例中的“为人杓”具有被动义，故“所击”与“杓（击）者”均可指受攻击的对象。不过，从“杓”的本义“勺子柄”及其他意义来看，都难以引申出“攻击，击打”义来。朱骏声《说文通训定声》：“杓，假借又为扚。”其下引了这条用例。《说文》：“扚，疾击也。”《广雅·释诂三》：“扚，击也。”可参。总之，高诱注与释义不合，不当引用。可取朱骏声的解释，视其为“扚”的通假字。

杭 （二）háng ②渡船。《楚辞·九章·惜诵》：“昔余梦登天兮，魂中道而无杭。”王逸注：“杭，度也。”《史记·司马相如列传》：“经营炎火而浮弱水兮，杭绝浮渚而涉流沙。”裴骃集解引《汉书音义》曰：“杭，船也。”（1258）

按，此条取用的古注与释文不合。引例一下王逸用“度”释“杭”，而“度”是动词，“渡过”之义。如贾谊《治安策》：“若夫经制不定，是犹度江河亡维楫。”王逸如是为解，并无不可。从句子大意看，“无杭”若按“无以渡过”解释亦无大碍。然此条义项释文“渡船”分明是名词，王注与之词性不合，故当去之，以免产生误解。兹为其补上两条相关材料以明其义。《太玄·更》：“出水载杭。”司马光集注：“杭与航同，舟也。”《史记·司马相如列传》：“盖周跃鱼陨杭。”司马贞索隐：“杭，舟也。”

枯 ⑤肉已烂尽的骸骨。《吕氏春秋·异用》：“泽及髊骨。”高诱注：“骨有肉曰髊，无曰枯。”（1262）

按，此条并非参考古籍原文，而是根据高诱的注释文字来立项。实际上，高诱注只是辨析骸骨的不同称名，其言“枯”与“枯鱼之肆”的“枯”之类实无二致。此“枯”若指称枯骨，可视为临时以偏代正。若是，此例就应并入义项②“干涸；干枯”之中。《周礼·秋官·蜡氏》：“掌除髊。”郑玄注：“《月令》曰：‘掩骼霾髊。’骨之尚有肉者也，及禽兽之骨皆是。”《急救篇》卷四：“亭历桔梗龟骨枯。”颜师古注：“枯者，言其已死，骨干枯也。”这些材料亦可证之。

柬 ②简略。后作“简”。《汉书·高惠高后文功臣表》：“遴柬布章，非所以视化劝后也。”颜师古注引晋灼曰：“柬，古简字也。简，少也。”（1268）

按，引例为汉朝杜业对汉成帝的建言，内容是建议朝廷诏求辅弼大臣之后裔，为他们列功臣表。引例连同前后文是：“出入数年而不省察，恐议者不思大义，设言虚妄，则厚德掩息，遴柬布章，非所以视化劝后也。三人为众，虽难尽继，宜从尤功。”颜师古注引晋灼曰：“许慎云：‘遴，难行也。’柬，古简字也。简，少也。言今难行封，则得继绝者少，若然，此必布闻彰于天下也。师古曰：‘遴读与吝同。’”据晋灼的解释，“遴”

和“柬”之间存在着“因难而少”的因果关系，意即因为难以行封故旧大臣，所以能够继绝的后裔就少。这似有随意发挥、增字为训之嫌。“遴柬布章”与上句“厚德掩息”语意上相承，都是“议者不思大义，设言虚妄”造成的不良后果。“厚德掩息”是陈述功臣的厚德被埋没而堙息；“遴柬布章”亦为陈述句，“布章”即流布、彰显，“遴”和“柬”当合指同一事件。晋灼谓“柬”为“简”的古字，正确。而“简”作为今字，主要是在“选择；挑选”义上与“柬”同；至于“少”义，则缺乏必要的佐证，且如此为释，与文意不协。例中的“柬”正是“选择”义，“遴柬布章”就是难以选择功臣入表，使其流布，显扬于天下。其后的“三人为众，虽难尽继，宜从尤功”，意即由于功臣及子孙众多，难使每个后裔得享福祉，应当从中选取功业最突出者。这几句亦可为“遴柬”“不易选取出来的”义佐证。

柔 ③草木初生；幼嫩。《诗·小雅·采薇》：“采薇采薇，薇亦柔止。”毛传：“柔，始生也。”《文选·曹植〈美女篇〉》：“柔条纷冉冉，叶落何翩翩。”李周翰注：“柔条，嫩枝也。”唐皮日休《桃花赋》：“开破嫩萼，压低柔柯。”（1277）

按，此条盖受毛传的影响，因而造成提炼出的互补式释文词性不协。“草木初生”是动词性的，“幼嫩”则是形容词性的。引例一为《采薇》的第二段。第一段相应位置上为“采薇采薇，薇亦作止”，“作”指萌生，发芽。第三段为“采薇采薇，薇亦刚止”，“刚”指坚硬，言薇菜长大茎枝坚硬。从叙述顺序上来看，第二段中的这个“柔”应为“柔嫩”。毛传随文释“柔”为“始生”，旨在点明“柔”正处于初生的柔嫩状态。编者参考毛传此解作为义项释文，欠妥。朱熹集传：“柔，始生而弱也。”相对毛传要具体明确一些。因此，似可去毛传而取朱熹集传，将释文的“草木初生”删除，调整为“柔嫩；幼嫩”。

桀 ⑥举。《左传·成公二年》：“齐高固入晋师，桀石以投人。”杜预注：“桀，担也。”（1288）

按，用释文“举”解释例句中的“桀”是通顺的。但是从现代汉语的角度看，引例下的杜预注与释文之义有隔，置于句中亦欠妥。“担”今义为“挑”。然据例中所载，高固是齐国勇士，孤胆英雄，他冲入晋师中用石头砸人，不可能是挑着石块去攻击。其实，杜注不误，只是所注的“担”与今义有别。但编者未做必要的说明，是其疏略，故误导读者。朱骏声《说文通训定声》认为“桀”通“竭”，而“竭”有“揭举”义。《说文》：“竭，负举也。”《拟刘桢诗》：“桀，与‘揭’音义同。”洪亮吉《春秋左传诂》：“《广雅》：‘桀，担也。’按：‘桀’‘揭’‘担’并‘举’也。杜注本《广雅》。”《广雅·释诂三》：“揭，担也。”王念孙疏证：“揭、竭、桀并通。”《慧琳音义》卷三十一“负担”注引《广雅》：“担，举也。”《管子·七法》：“担（檐）竿而欲定其末。”尹知章注：“担，举也。”从这些资料可知，古代“担”有“举”义。总之，此条可以单立，但须注明“桀”通“揭（竭）”，并补上上述解释，方为合宜。

械 ④武器。《周礼·天官·司书》：“三岁，则大计群吏之治，以知民之财，器械之数。”郑玄注：“械，犹兵也。”……（1296）

按，此条取郑玄的注作为最早例证的解释不误。但是郑玄以“兵”释“械”，毕竟是以古释古，这对于今人而言，可能会产生误解。贾公彦疏：“器谓礼乐之器，械谓兵器，弓、矢、戈、殳、戟、矛。”贾疏讲得清楚具体，不妨引用以为补充。也可选用更合宜的用例代替。如《礼记·少仪》：“不疑在躬，不度民械。”郑玄注：“械，兵器也。”

植 ⑫倚；拄。《论语·微子》：“植其杖而芸。”何晏注：“孔曰：‘植，倚也。’”晋陶潜《归去来兮辞》：“怀良辰以孤往，或植杖而耘耔。”（1314）

按，以今义视之，释文“倚”是身体靠着，“拄”是用手将拐杖、棍子等物顶住地面以支撑身体，因而两词用来组成互补式释文欠当。这与如何理解引例一下的孔注有关。例中，老人老当益壮，耕作之事亲力亲为，还取笑孔子、子路等人“四体不勤，五谷不分”，可见是一个健康、勤劳的长者。“芸”指除草，老人若是身体倚靠在拐杖上，说明连站立都有困难，又怎么能除草？释文“拄”盖为编者据文意而推测出来的，无据可证。释“植”为“拄”，一则与“倚”意义相差较远，二则拄着拐杖至少需用一只手，仅靠一只手又如何使用除草工具去除草呢？如此之举，年轻人尚且困难，何况老人？杨伯峻《论语译注》译为“扶着拐杖去除草”。其实“扶着拐杖”与“拄着拐杖”大同小异，都是需用拐杖作为支撑物的。如果说“拄着拐杖”还可以一只手完成的话，那么，“扶着拐杖”则需双手进行，那就更不能从事除草之类的农活了。

北京大学中文系中国文学史教研室选注的《先秦文学史参考资料》：“‘植’同‘置’。……此言丈人把杖放在一边，开始下田工作。”此说于文意可通，且其来有自。《说文解字》“植”字下段玉裁注：“汉石经《论语》：‘置其杖而耘。’”又，《说文解字》“置”字下段玉裁注：“古借为植字……《论语》：‘植其杖即置其杖也。’”《大戴礼记》：“夫孝，置之而塞于天地。”阮元注：“《论语》：‘置其杖。’汉石经‘置’作‘植’。”由此可知，汉石经《论语》就有“植”和“置”两种写法。不过问题在于，不管汉代石经上是“置”还是“植”，孔安国何以要注以“倚”字，而不是其他呢？

这还得从“植”的意义说起。《说文·木部》：“植，户植也。”本指门户外闭时用来加锁的中立直木。《尔雅·释宫》：“植谓之传。”郝懿行义疏：“植为立木，所以楗门持锁。”可知“植”具有竖立的特点，故段玉裁注：“引申为凡植物、植立之植。”“植”引申为“树立、直立”等义，是十分正常、合理的。古代注家常以“立、竖、竖立（树立）”等释“植”。先秦用例，如《左传·定公十年》：“亦以徒七十人，旦门焉，步左右，皆至而立，如植。”杜预注：“至其门下，步行门左右，然后立待，如立木不动，以示整。”陆德明释文：“植，立也。”这是说，士兵站着如直立之树，一动不动。《荀子·非相》：“身如植鳍。”杨倞注：“植，立也。”“植鳍”即直立的鱼鳍。《吕氏春秋·必己》：“孟贲瞋目而视船人，发植，目裂，鬓指。”高诱注：“植，竖也。”《周礼·地官·山虞》：“及弊田，植虞旗于中。”郑玄注：“植，犹树也。”此言将虞旗直插在弊田中。

正因为“植”有此义，所以也有注家以“立，竖”等解释《论语》

此句中的“植”字。例如，邢昺疏：“植，倚，立也。芸，除草也。丈人既责子路，至于田中，倚其荷蓧之杖而芸其苗。”皇侃义疏：“植，竖也。”朱熹集注：“植，立之也。”刘宝楠正义：“植者，立也。故有倚训，谓依倚之也。”但是，由于孔安国最早用“倚”训“植”，其义有些偏离了“竖立，直立”，因而后来的注家对此摇摆不定，于是试图做折中调和。邢昺释以“倚其荷蓧之杖”，刘宝楠则曰“谓依倚之”。如是，似乎又回到“倚”的“凭依，依恃”之义上了。

不过皇侃、朱熹直接释以“竖、立”，给了我们启示，促使我们进一步探讨：孔安国释以“倚”字，其意义究竟是什么呢？原来，古代“倚”也有“立”义。《广雅·释诂四》：“倚，立也。”《楚辞·刘安〈招隐士〉》：“白鹿麇麚兮，或腾或倚。”王夫之通释：“倚，立也。”这是站立。《易·说卦》：“昔者圣人之作《易》也，幽赞于神明而生蓍，参天两地而倚数。”李鼎祚集解引虞翻曰：“倚，立也。”《楚辞·九辩》：“澹容与而独倚兮，蟋蟀鸣此西堂。”朱熹集注：“倚，立也。”《荀子·性恶》：“今当试去君上之势，无礼义之化，去法正之治，无刑罚之禁，倚而观天下民人之相与也。”王念孙《读书杂志》按：“倚，立也。”《文选·王褒〈四子讲德论〉》：“甘棠之风，可倚而俟也。”李周翰注：“倚，立也。”由此而论，《论语》此例中的“植”，孔安国释作“倚”，正取其“立，竖立”之义。老人将拐杖直立在地上，也就是直插在地上，然后去除草。《说文》：“蓧，耘田器。论语曰：以杖荷蓧。”段玉裁注：“谓子路见丈人用手杖，蓧加于肩，行来，至田，则置杖于地，用蓧芸田。”段玉裁本是为“蓧”字作注的，但他用“置杖于地”转换“植其杖”，并以“用蓧芸田”将两事按动作的先后分开，可见他已经窥见了文句的意思和“植”字的实际含义。郭锡良：“把他的拐杖插在地上。”

综上所论，这条义项应并入义项⑨“树立”中，再将释文调整为“直立；树立”。引用此例时，可取皇侃义疏或朱熹集注。

业 ⑪次序；次第。《尔雅·释诂上》：“业，叙也。”郭璞注：“谓次序。”王引之述闻：“叙，《（国语）齐语》：‘修旧法，择其善者而业用之。'言择旧法之善者而次叙用之也。"《孟子·尽心下》："有业屦于牖上。"赵岐注："业，织之有次业而未成也。"《国语·晋语四》："信于事，则民从事有业。"韦昭注："业，犹次也。"（1338）

按，此条所引《孟子》之例及赵岐注的意思不太清楚明显。例中的"屦"指草鞋，依赵岐注，"业"是编织而未成的半成品。但是，半成品何以能体现按次第编织的特点呢？愚以为赵注主要强调的是"未成"，而并非强调所编物品的先后顺序。杨伯峻《孟子译注》中引用了赵岐注，但把"有业屦于牖上，馆人求之弗得"句译为："有一双没有织成的草鞋在窗上不见了，旅馆中的人寻找不着。"是为得之。

焦循《孟子正义》之说值得注意。他在认同赵岐注的基础上，又做了一番推演："云有次业者，以次释业也。《说文·欠部》云：'次，不前不精也。'故以为未成。《广雅·释诂》云：'业，始也。'与创、造、作等字相转注。然则'业屦'，犹云造屦、创屦，屦始作为业。犹墙始筑为基，衣始裁为初，皆造而未终之称也。"可知，焦循认为"业"在此处的"未成"义与其"始"义相关，甚是。由是言之，"业屦"指未编织成的草鞋。据此，《孟子》此例则当置于义项⑫"创始"之中。

树 ⑤门屏；照壁。《尔雅·释宫》："屏谓之树。"郭璞注："小墙当门中。"《礼记·郊特牲》："台门而旅树。"郑玄注："屏谓之树。树所以蔽行道。"（1380）

按，此条的释文不确，盖与古注的释义欠明有关。据《礼记》例下郑玄注，"树"义同"屏"，是名词。引例是言"大夫之僭礼"的做法。"台门"即在门上建筑门楼，"台"是"筑台"之义。"旅"指门道，作状语；"树"是动词，修砌门屏。"旅树"即在门道上修筑门屏。郑玄注只是解释了"树"的功用，并未具体说明其在句中的意义。编者不察，视其为名词，失之。"树"的此义在古代文献中不乏用例。《论语·八佾》："'然则管仲知礼乎？'曰：'邦君树塞门，管氏亦树塞门。'"朱熹集注："屏谓之树。"邢昺疏："屏，谓之树。人君别内外于门，树屏以蔽塞之。"邢昺以动词性的"树屏"释"树"，是为得之。"树塞门"，即修筑门屏挡住门外。《荀子·大略》:“天子外屏,诸侯内屏,礼也。”杨倞注:“屏谓之树。”杨倞用“树”释“屏”,“外屏”即在大门外修筑门屏。综上,义项释文应调整为“修筑门屏”。至于《尔雅》的名词义,不宜混在一起,应当分立,待获取用例后再做补充。

橦 ②竿;柱。……《文选·木华〈海赋〉》:“决帆摧橦,戕风起恶。”李善注:“橦,百尺也。”……(1388)

按,引例下选取的古注欠当。李善注“橦”为“百尺”,只是指出帆竿的高度而已,没有明其究竟为何物。此条引例的前文是:“于是候劲风,揭百尺,维长绡,挂帆席。”李善注:“百尺,帆樯也。”系为前后两注互相印证。原来,李善先用“帆樯”解释了“百尺”,尔后再用“百尺”说明“橦”的高度。这样处理无可厚非。因为“橦”和“帆樯”所指本为一物,都是帆船的桅杆。但是,单独列出这两句及李善注,就有点让人不知所云了。其实,此条已有四条例证,既有早期的汉代用例,亦有两条附有古注的例子。这条引例似属蛇足,当去之。

支 ⑨拒,抵抗。……《史记·周本纪》:“(养由基)曰:‘客安能教我射乎?’客曰:‘非吾能教子支左诎右也。’”司马贞索隐引《列女传》曰:“左手如拒,右手如附枝;右手发之,左手不知。此射之道也。”……(1424)

按,此条下所引的古注并非为“支”作语词释义,而是说明射箭的要领,即“射之道”。引例的“支左诎右”就是伸出左手,弯曲右手,这是射箭的基本姿势。而司马贞索隐所引的《列女传》之言则是形容射箭时左手的具体姿势:左手伸出,如同在抵拒外来的进攻。若机械地据此解释词义,“支左”谓拒着左手,或谓抵抗左手,都是很迂曲的。选用这一解释,反而增添了疑惑。本条共有三条用例,可将此例去之。兹为其补上一例。《文选·干宝〈晋纪总论〉》:“屡拒诸葛亮节制之兵,而东支吴人辅车之势。”吕延济注:“支,犹拒也。”

狃 ④恃;倚仗。《左传·桓公十三年》:“莫敖狃于蒲骚之役,将自用也。”孔颖达疏:“狃,贯也。贯于蒲骚之得胜,遂恃胜以为常。”……(1435)

按，由于编者对这条古注未做全面审视、考察，在理解上产生了偏差，导致引例失当。《左传·桓公十一年》载，楚国的莫敖曾以少胜多，大败郧国之师于蒲骚。此次将伐罗国，因而轻敌。引例此言，是楚夫人邓曼对莫敖的评价。杜预注："狃，忕（shì）也。"孔颖达在以上所引的疏文后又言："忕，习也。郭璞云：'贯，忕也'。今俗语皆然。则'狃、忕'皆贯习之义。以贯得胜则轻易前敌，将自用其意，不复持重。"根据上引杜注、孔疏看，"狃"之义当为"贯，习"。编者断章取义，从孔疏的"恃胜以为常"句中，得出"狃"训"恃"义，失之。《尔雅·释诂下》："贯，习也。"《国语·晋语三》："得国而狃，终逢其咎。"韦昭注："狃，忕也。"此言得到国君之位就习以为常。总之，此条应置于义项②"习惯；习以为常"之中。

犹　⑦可；可以。《玉篇·犬部》："犹，可也。"《诗·魏风·陟岵》："上慎旃哉！犹来无止！"毛传："犹，可也。"（1458）

按，此条对毛传的理解有失。释文"可""可以"是助动词；然毛传的"可"则未必如此。《诗》写的是远方服役的征人思念家乡之情。全段为："陟彼岵兮，瞻望父兮。父曰：'嗟！予子行役，夙夜无已。上慎旃哉，犹来无止！'"此为征人想象父亲对自己的关怀、想念、盼望等。所谓"犹来无止"是言你认为该回来就不要滞留了。这个"可"是"认可"的意思。这种用法不限于此例。如《诗·小雅·白华》："天步艰难，之子不犹。"毛传："犹，可也。"孔颖达正义引侯苞云："天行艰难于我身，不我可也。""不我可"即不可我，也就是不认可我，意味着抛弃了我。因此，此条释文宜调整为"认可"。

献　③庆贺。《字汇补·犬部》："献，庆贺也。"《礼记·檀弓下》："晋献文子成室，晋大夫发焉。"郑玄注："文子，赵武也。作室成，晋君献之，谓贺也。"（1476）

按，此条以古注中"献"的目的义立项，不妥。按照郑玄注，例中的第一个"晋"指晋君。"晋大夫发焉"郑玄注："诸大夫亦发礼以往。"孔颖达又做了补充说明："献，谓庆贺也。文子，晋卿赵武也。成室，谓文子作宫室成也。文子宫室成，晋君往贺也。”“晋君既贺，则朝廷大夫并发礼，同从君往贺之。”郑注、孔疏释“献”为“贺”和“庆贺”，旨在揭示其在句中的特定含义，从而突出献礼的目的，句中的“献”实兼含“献礼以示庆贺”的意思。如是，可为此例设“献礼以示庆贺”的又项，附于义项②“进献；进奉”之下。至于《字汇补》，可能来自郑注，可一并附于其下。

或 (二) huò ①代词。…… 2. 表示疑问，相当于“谁”。《诗·豳风·鸱鸮》：“今女下民，或敢侮予！”朱熹注：“谁敢有侮予者。”(1505)

按，此条从古注的随文通释中选择词语来设立义项，恐难成立。由于引例的“或敢侮予”句含有反诘语气，因而句中似乎应有一个相应的词语来承担。朱熹注系通释全句大意，于注文中出现了“谁”字，编者则据以对号入座，认为“或”相当于疑问代词“谁”。这是误解。引例下郑玄笺：“今女我巢下之民，宁有敢侮慢欲毁之者乎?”郑笺值得注意，其释文中加了表反诘语气的副词“宁”，且用“有”替代了“或”，其后用“者”配合，而“有……者”正是对句中“或”的解读。其实，朱熹的注文中有“有侮予者”之言，也是用“有……者”组合为释的。因此，例中的“或”就是无定代词，相当于“有人”。《礼记·檀弓下》：“父死之谓何?或敢有他志，以辱君义?”此例后两句意为，难道还有人敢存其他想法来玷辱国君的情义吗?“或敢有他志”的句式与“或敢侮予”相同，可为佐证。总之，此条不当立，应并入无定代词中。

战 ④害怕。《尔雅·释诂下》：“战，惧也。”《广雅·释言》：“战，惮也。”……《吕氏春秋·审应》：“公子沓相周，申向说之而战。”高诱注：“惧也。”(1515 ~ 1516)

按，引例中，高诱注“战”为“惧”，旨在说明“战”的原因。引文所在的这段话较长，多次出现“战”字，可以参证。全文是：“公子沓相周，申向说之而战。公子沓訾之曰：‘申子说我而战，为吾相也夫?’申向曰：‘向则不肖。虽然，公子年二十而相，见老者而使之战，请问孰病哉?’公子沓无以应。战者，不习也；使人战者，严驵也。”这段话是针对申向说话时“发抖、颤抖”的动作而言的。虽然外在的肢体语言与内在的情感状态联系紧密，但毕竟表现形式有较大差别，不能混同。且“战”的义项⑥为“通‘颤（chàn）’。发抖”。这样，此条置于义项⑥下，就比较合宜了。

毗 ④厚。《集韵·脂韵》：“䚜，厚也。隶作毗。”《诗·小雅·节南山》：“天子是毗，俾民不迷。”毛传：“毗，厚也。”陈奂传疏：“厚者，厚尹氏以爵禄也。”按：郑玄笺云：“毗，辅也。”宋叶适《故礼部尚书黄公墓志铭》：“公毗于学，生死六籍，发舒中和，仁政义术。”（1521）

按，此条的《诗》列举了三家古注的解释。编者取用毛传和陈奂传疏，郑笺只是附作参考。实际上，从《诗》通例及先秦汉语的语法规则看，当以郑笺为长。首先，从诗旨看，这首诗是对执掌周王朝大权的太师尹氏的指责与批评。这段诗为：“尹氏大师，维周之氐。秉国之均，四方是维，天子是毗，俾民不迷。”按照陈奂的解读，“天子是毗”当为宾语前置句，“天子”是主语，宾语是代词“是”，置于谓语动词“毗”之前；如是，“是”指代尹氏，言天子厚待尹氏，授其爵禄。这种解释有两个问题：一是“毗”的“厚”即“厚待、厚赐”之义，与“毗”的其他意义几无关联，且尚未找到先秦时期的材料来佐证。二是与前面的“四方是维”结构上不协；“四方是维”亦为宾语前置句，但属于另外一类：前置宾语为“四方”，“是”则为复指前置宾语的代词，所谓“四方是维”，意即维护着四方的安宁。相对而言，郑玄笺要合理一些。郑笺的全文为：“氐，当作桎辖之桎。毗，辅也。言尹氏作大师之官，为周桎辖，持国政之平，维制四方，上辅天子，下教化天下，使民无迷惑之忧，言任至重。”郑玄释“毗”为“辅”，解“天子是毗”为“上辅天子”，视“天子”为前置宾语，符合句法结构特点及上下文意。

此外，引例下还有孔颖达疏。孔疏认为“天子是毗”结构的前置宾语是“天子”，而“毗”为“厚”，则是尹氏对天子的态度。孔氏曰：“尹氏，汝今为太师之官，维是周之根本之臣，秉持国之正平，居权衡之任，四方之事是汝之所维制，天子之身是汝之所崇厚。言汝职维持四方，尊崇天子。其尊重如此，施行教化当使下民无迷惑之忧，何为专行虚政，以胁下也?”据孔疏，“天子是毗”就是“崇厚（尊崇）天子”。但这样解释，一则与“毗”的他义相去太远，二则这段诗的主旨是强调尹氏居于如此高位应当履行好职责的问题，而尊崇天子与其作为太师的职责没有必然的联系。总之，《诗》的此例，宜置于义项②“辅佐；辅助”之中。

正 ⑱听从；受教。《周礼·夏官·序官》：“家司马各使其臣，以正于公司马。”郑玄注：“正，犹听也。”《国语·越语下》：“皇天后土、四乡地主正之。”俞樾平议：“正，犹听也。”《礼记·文王世子》：“庶子之正于公族者，教之以孝弟睦友子爱，明父子之义，长幼之序。”（1539）

按，此条引用的古注解释欠妥，且有古注该引而未引者，致使义项难以成立。引例一，郑玄注：“家，卿大夫采地；正，犹听也。公司马，国司马也。卿大夫之采地，王不特置司马，各自使其家臣为司马，主其地之军赋，往听政于王之司马。”郑玄用一“犹”字，说明“听”义是临时性的，“正”含有“听”即“听从”的意思；然郑注在后面还有“听政于王之司马”之言，则“正”似含有“就正，获取正确指令”的语义。

引例二，韦昭注：“天神地祇、四方神主当征讨之，正其封疆也。”韦注通释句子大意，“正”究竟为“征讨”，还是守住范蠡封疆之正界，尚不明确。若是前者，则为通“征”。俞樾《国语平议》指出：“封疆非鬼神所能正，韦注非是。正，犹听也……犹言鬼神与闻此誓也。”俞樾对韦注的批评不无道理。然释“正”为“听”，亦有望文生义之嫌。这是越王勾践为范蠡子孙划封三百里封地后，对越国上下的“誓告”之言：“后世子孙，有敢侵蠡之地者，使无终没于越国，皇天后土、四乡地主正之!”他要让天神地祇、四方土地的长官周知，并履行、守住这一誓言。句末的“之”字，指代上文的誓言，是所“正”的内容。因而，此“正”当是“守正不变”的意思。诚然，勾践诏告天下，听众自然包含“皇天后土、四乡地主”，且要他们守持这一誓言，首先得让他们知晓入耳，但守正不变才是勾践希望达到的真正目的。

引例三，郑玄注：“周礼有庶子官。庶子，司马之属，掌国子之倅为政于公族（属）者。”“倅”，即副。孔颖达疏：“此一节……论庶子之官治理公族朝祭燕食吉凶刑罚之事……以经之正字，乃是正定之正。今按在下皆论公之接待族人，及犯罪公之赦宥刑杀，皆君之所为，非庶子所正，故知庶子唯主其政令而已。故读为政也。”据郑注、孔疏，“正”同“政”，是“为政，施政”之义。这段话讲的是作为司马副职的国君庶子所掌管的事务。对上，他们执行国君的命令；而对于公族而言，他们则是施教者、授命者。因此，下文“教之以”句的主语（即施事者）应是“庶子”而不是“公族”，“公族”才是“庶子”所“正”的对象。若把“正”理解为“听从；受教”，则颠倒了这种关系。

综上所述，此条义项不当立，几条引例可分别置于相应的义项之中。

归 ⑤投案自首。《史记·张丞相列传》：“（晁）错恐，夜入宫上谒，自归景帝。”张守节正义：“自归帝首露。”（1550）

按，设立“投案自首”的义项，与受古注的影响有关。引例下的张守节所释，是“归”在句中的特定含义。“首露”指坦白罪行，认错。张守节串讲大意，其注中沿用原文“自归”，并未就“归”字单独为释。“首露”则是其根据文意添加的。实际上，例中的“归”就是“归附”。此条应并入义项④“向往；归附；归依”中。晁错连夜“入宫上谒”，已属投案自首的行为，而后自言归附景帝，则是力图撇清原来的问题，表明自己迷途知返的心迹。

敇 ⑧穿着。《淮南子·修务》：“淬霜露，敇跷趹，跋涉山川，冒蒙荆棘。”高诱注：“敇，犹箸也。”（1564）

按，首先，例中高诱注本为“尽箸也”，而不是“犹箸也”。引例讲的是鲁国的南荣畴如何不辞辛劳，“南见老聃”的事。高诱注：“敇，尽箸也。跷，履。趹，趣。”所谓“尽箸”，是尽数穿上。这个“尽”字可能是衍文，因出行时，将鞋履尽数穿上，显然不合情理。不过，在尚未论证的情况下，字典径自删改也不妥当。“趣”指疾行、快走，这里含有抢时间赶路的意思。在我们看来，例中的“敇”，按其常义“整饬；整理好”理解较为允当。所谓“敇跷趹”即整理好鞋子快步行进。整理好鞋子疾行，自然要将鞋子穿在脚上，故高诱以“箸”释之。然高诱之注随文作解，已远远偏离“敕”的诸多意义，让人费解，似不宜引用。此条不当立，引例可以置于义项④“整饬；治理”之中。

散 （二）sǎn ⑥粗疏。《后汉书·曹褒传》：“此制散略，多不合经。”李贤注：“散略，粗（犹疏）略也。”（1569）

按，此条对古注的取用尚有小疵。引例下，李贤合释“散略”之大意为“粗略”，而其中的“粗”未必就是“散”的对应词。因为“略”字单用也有“粗，粗略”的意义。例如《孟子·万章下》：“孟子曰：‘其详不可得闻也……然而轲也尝闻其略也。’”赵岐注：“略，粗也。”此“略”指粗略的情况。《荀子·儒效》：“逢衣浅带，解果其冠，略法先王而足乱世。”杨倞注：“略，粗也。”此条引例中的“散”当是“杂乱无序，散乱”之义。总之，这种截取古注来确立义项的做法不可取；且此条为孤例，就更应慎重了。从概括性考虑，此条可并入义项⑤“错杂；杂乱”之中。

污 ⑧洗去污垢。《正字通·水部》：“去垢污曰污。”《诗·周南·葛覃》：“薄污我私，薄浣我衣。”毛传：“污，烦也。”郑玄笺：“烦，烦撋之。”孔颖达疏：“污、浣相对，则污亦浣名。”唐李贺《送秦光禄北征》：“风吹云路火，雪污玉关泥。”（1661）

按，此条引例一下的古注义不显豁、通俗。毛传释“污”为“烦”，“烦”是频繁搅动的意思。《礼记·乐记》：“水烦则鱼鳖不大。”张守节正义：“烦，犹数搅动也。”此义在当时亦恐非常用义，故郑玄又为之作笺。然在今人看来，郑笺的“烦撋”同样是以难释难，因为“撋”在其时还属非常用词。“撋”有“搓揉”义。《集韵·戈韵》：“挼，《说文》：‘推也。一曰两手相切摩也。’或作撋。”原来，“撋”是“挼”的异文。孔颖达疏则是从对文角度证明“污”与“澣”同义。实际上，三家的解释都不如朱熹集传清楚：“烦撋之以去其污，犹治乱而曰乱也。”朱熹不仅解释了“污”及毛传郑笺的释义，还说明了“污”有此义的来由：因污秽而去其污，是为反训，故引注最好选择朱熹集传。

泰 ⑤宽裕。《字汇·水部》："泰，宽也。"《荀子·议兵》："凡虑事欲孰，而用财欲泰。"杨倞注："泰，谓不吝赏也。"清夏燮《中西纪事·申明烟禁》："必使水师皆为我用，不为夷用，则养兵筹饷，不得不增；船炮用财，不得不泰。"（1689）

按，此条所取古注与释文之义不合，恐对古注的理解有误。引例一下杨倞注"泰"为"不吝赏"，意即不吝啬赏赐部下，出手大方。这似与"宽裕"之义有隔："宽裕"指钱财多，手头宽松，是客观条件；"不吝赏"则是有了钱不紧缩，该赏就大方赏赐，是主观上可以掌控的行为。《荀子》此例连同上下文是："无急胜而忘败，无威内而轻外，无见其利而不顾其害，凡虑事欲孰，而用财欲泰。夫是之谓五权。"杨倞注："五者为将之机权也。"这"五权"是作为将领所需的机巧权谋。据文意考察，杨倞对"泰"的注释十分合理。因此，将此例置于"宽裕"条下不妥。此例中的"泰"，视为"奢侈"的义位变体要合理一些。对部下赏赐不吝啬，就是在钱财使用上"奢侈"的表现方式之一。看来，此条宜并入义项⑥"奢侈"中。

波 ②水流；水。《书·禹贡》："导弱水，至于合黎，余波入于流沙。"孔传："弱水余波西溢入流沙。"……（1712）

按，此条例下引用的古注赘余。原文"余波"之义与今无异，本已比较通俗明白，而孔传中仍将"余波"带入，并没有提供新的信息。因此，孔传不必引用，可去之。

波 ⑥喻指目光。《楚辞·招魂》："娭光眇视，目曾波些。"王逸注："波，华也。言美女酣乐，顾望娭戏，身有光文，眺视曲眄，目采盼然，白黑分明，若水波而重华也。"三国魏曹植《洛神赋》："无良媒以接欢兮，托微波而通辞。"清洪昇《长生殿·哭像》："你娇波不动，可见我愁模样？"朱自清《人间》："那时她用融融的眼波随意地看着我。"（1712）

按，此条的问题主要在引例一上。一是引用王逸注辞费，其解释"波"字而牵涉上下文太多，实为赘余。二是对王注的理解有失当之处。

“波”是比喻义。王逸注已言“目采”即目光“若水波而重华”。本体为“目”，喻体则为“波”，就是水波。所谓“目曾波些”，意即眼睛的光彩像层层清波在流动。编者将临时比喻的对象作为义项释文，颠倒了两者的关系。

淫 ①浸淫；浸渍。《说文·水部》：“淫，浸淫随理也。”……《淮南子·览冥》：“杀黑龙以济冀州，积芦灰以止淫水。”高诱注：“平地出水为淫水。”……（1772）

按，此条的引例以及其古注欠妥，与释文不协。高诱注“淫水”为“平地出水”，是言水的来源、来势凶猛等，与义项释文“浸淫；浸渍”的意义特征“浸泡”似不搭界。且高诱是合释“淫水”二字，若切分出其中的“淫”，其义与释文就相去更远了。总之，高注不可取。“淫水”就是泛滥横流的水，亦即洪水。故此例应置于义项③“过度；滥”之下。“平地出水”也是水过多、泛滥的主要特征之一。

湛 （四）zhàn ③盈满；饱满。《楚辞·招魂》：“湛湛江水兮上有枫，目极千里兮伤春心。”王逸注：“湛湛，水貌。”《淮南子·览冥》：“故东风至而酒湛溢，蚕饵丝而商弦绝。”高诱注：“酒湛，清酒也。”……（1787）

按，此条下引用的两条古注均与释文不协。引例一，王逸注“湛湛”为“水貌”，失之笼统含糊，是水清，水大，水深，水急，还是水的其他“貌”？据文意看，释为“水清貌”较宜。古书中，用“湛”或“湛湛”描写水，常常是形容其清澈、澄静、平稳等。“湛”的义项⑤“安貌”、义项⑥“清澈”下多有用例。引例二，高诱以“清酒”释“酒湛”，让人不明其所以。高诱注该句之意为：“东风，木风也。酒湛，清酒也。米物下湛，故曰湛。木味酸，酸风入酒，故酒酢而湛者沸溢，物类相感也。”从句法结构看，“酒湛”与名词性的“商弦”对举，是为名词性结构，高诱释作“清酒”有一定的道理。清酒一般指滤去糟滓的酒，这种酒系米物糟滓沉淀后的纯液体酒，故谓之“酒湛”。如是，这个“湛”则取其“沉淀”之义。学界对“酒湛”还有不同解读，此不赘述。但无论如何，将

“湛”作为“盈满；饱满”义的证据是不足的。细绎高注的“酒酢而湛者沸溢”，其中的“沸溢”才与释文“盈满；饱满”有关。总之，这两条用例及古注不宜置于此义项下，以免造成误会。

渟 ①水积聚不流。《广韵·青韵》：“渟，水止。”《史记·李斯列传》：“禹凿龙门，通大夏，疏九河，曲九防，决渟水致之海。”《古文苑·扬雄〈蜀都赋〉》：“禹治其江，渟皋弭望。”章樵注：“渟，水所潴也。”……（1804）

按，此条引例二下的古注词性、意义与义项释文不合。释文“水积聚不流”是动词性的，其下所引其他材料都可证明“渟”的动词词性。然引例二中，章樵用“所”字结构“水所潴也”给“渟”作的注，则是名词性的。章注有不确当处。此“渟”义当为“江水潴留”。“皋”指江边，岸边，“渟皋”才是“水所潴”，即江水潴留的岸边。此句意为，夏禹站在江水潴留的岸边四处张望。章樵注不宜置于其下。

溘 ②凭依；掩盖。《广韵·合韵》：“溘，依也。”《楚辞·离骚》：“驷玉虬以乘鹥兮，溘埃尘余上征。”王逸注：“溘，犹掩也……言我设往行游，将乘玉虬，驾凤车，掩尘埃而上征。”唐李贺《七月一日晓入太行山》：“一夕绕山秋，香露溘蒙菉。”王琦注：“溘，依也。”（1814）

按，由于编者对古注理解有误，据其凑成义项，导致释文的意义不协。“凭依”即凭借、靠着，需要依托他物。而“掩盖”义同遮盖，是盖住他物。可见，两者义差较大，不宜组合在一起。引例一，作者想象“乘玉虬，驾凤车”，上天游览，行至高空，凌驾于尘埃之上，就好似覆盖着尘埃，故王逸释“溘”为“掩”。《楚辞·远游》：“载营魂而登霞兮，掩浮云而上征。”“掩浮云”的句式、句意与引例的“溘埃尘”基本相同。而换言之，行游在虚空的尘埃之上，又好似下面依托着尘埃。因此，对王逸的随文解读须合理取舍。可将释文调整为“凭借；依托（附）其上”。再为此条补充一例，李贺《马诗》：“蹭蹬溘风尘。”王琦注：“溘，依也。”此言依托着风尘行进，可为参证。

滔 ④涌聚，趋赴。《庄子·田子方》：“夫子不言而信，不比而周，无器而民滔乎前，而不知所以然而已矣。”成玄英疏：“实无人君之位而民足蹈乎前而众聚也。”唐柳宗元《吊屈原文》：“穷与达固不渝兮，夫唯服道以守义。矧先生之悃愊兮，滔大故而不贰。”（1825）

按，此条对古注的理解有偏差，导致释文微瑕。释文“涌聚”盖据引例一下成玄英疏“众聚”而来。这是误解。细绎成疏，句中还有“民足蹈乎前”之言，其中的“足蹈”，恐怕才是他对“滔”之义的解读。“足蹈”即迈动双脚行进，这就与“趋赴”之义紧密相关了。总之，“趋赴、奔赴”才是“滔”的语词义，而“众聚”只是“滔”所产生的结果。从引例二的“滔大故”即奔赴国之大事，亦可看出释文“涌聚”的不合宜，故当去之。此外，“滔”的此义，与他义似不搭界，盖为“蹈”的通假字。成玄英疏中的“足蹈”二字，透露了这一信息。《管子·君臣下》：“心道进退而刑道滔赶。”集校引王绍兰云：“滔，谓进趣。”引洪颐煊云：“滔，与蹈通。”此亦可为佐证。

漏 ⑥溢漫。《后汉书·陈忠传》：“青、冀之域淫雨漏河，徐、岱之滨海水盆溢。”李贤注：“漏，溢也。”唐杜甫《临邑舍弟书至苦雨》：“二仪积风雨，百谷漏波涛。”（1856）

按，此条释文据古注随文为释而得，对古注的理解亦欠妥当。引例一下李贤释“漏”为“溢”，而“漏”与“溢”之义正好相反，且这一用法在古书中鲜见。李贤何以如此为释？此例讲述的是历时长且大的“淫雨”之厉害，连海水都“盆溢”，即喷涌而出。王先谦集解引周寿昌曰：“盆即溢。”可见其水势之大而猛烈。而“漏河”则言洪水漫溢黄河堤岸后狂奔流泻，如同从河里泄漏一样。这是比喻性的夸张说法，故李贤用“溢”即漫溢释之。引例二，杜甫诗是描写暴风骤雨导致山洪暴发的景况。“二仪”指天地，“二仪积风雨”谓天地之间风雨交加。“漏”当为泄注、流入，“百谷漏波涛”是言山上众多的溪流形成洪水泄注山谷之中，从而形成了波涛。可见，此“漏”释为“溢漫”不确。总之，此条不当立，应并入义项④“泄漏”中，再将释文调整为“泄漏；泄入”。

断 ②治，治理。《淮南子·说林》：“是而行之，故谓之断；非而行

之，必谓之乱。”高诱注：“断，犹治也。”章炳麟《秦政记》：“秦皇负扆以断天下。”（2175）

按，义项释文“治”和“治理”在现代均为动词，引例一下高注以“治”释“断”，是否取“治”的动词义为释呢？例中，“是而行之”与“非而行之”系两种相反的做法，其结果理应相反。“乱”即混乱，是形容词，那么，“断”作为“乱”的对立面，亦为形容词，是“治理得好”的意思。高诱释“断”为“治”，甚确。古籍中，“治”作为形容词与“乱”对举常见。例如《易·系辞下》：“君子安而不忘危，存而不忘亡，治而不忘乱。”《孙子兵法·军争》：“以治待乱，以静待哗。”《荀子·天论》：“日月、星辰、瑞历，是禹、桀之所同也；禹以治，桀以乱，治乱非天也。”《荀子·大略》：“故义胜利者为治世，利克义者为乱世。”《管子·明法》：“所谓治国者，主道明也；所谓乱国者，臣术胜也。”编者以今人眼光看待高注中“治”的古代义，因而致误。如是，用例只剩引例二，可并入义项①“裁决；决定”中，句中的“断天下”，也就是裁决天下大事。

旅　⑤俱，共同。《礼记·乐记》：“今夫古乐，进旅退旅。”郑玄注：“旅，犹俱也。俱进俱退，言其齐一也。”宋王安石《贺生皇子表三》：“以宿疴而自困，欲旅进以无阶。”清谭嗣同《延年会叙》：“既而杯盘杂沓，精粗旅陈。”（2335）

按，义项释文的“俱”在现代汉语里是副词；“共同”在动词前为副词，用于名词前为形容词。按照字典释义规则，这两个义近的词合用构成互补式释文，当取其相同的副词用法。引例一下郑玄注为“俱进俱退”，将《礼记》中“进旅退旅”的语序颠倒过来训释，旨在疏通句子大意，无可厚非。但从语词角度看，“旅”字用在动词“进”“退”之前和之后，其词性及功能是不相同的：用于动词之前的“旅”是副词。如引例二王安石文中之“旅进”。较早之例，如《国语·越语上》：“吾不欲匹夫之勇也，欲其旅进旅退也。”《仪礼·燕礼》：“尊士旅食于门西。”“旅食”即共同进食。但若将置于动词之后的“旅”视为副词，就不合语法规则了。其实，郑注中的“犹俱也”，已经透露出这个“旅”具有动词词性，因为

"俱"的本义就是动词，偕同，在一起的意思，用作副词则是其引申义。《说文》："俱，偕也。"《庄子·天运》："道可载而与之俱也。"《吕氏春秋·知士》："（靖郭君）辞而之薛，与齐貌俱留。"高诱注："俱，偕也。"《汉书·苏武传》："募士斥候百余人俱。"这些"俱"用作谓语，无疑都是动词。据此，"进旅退旅"直译就是：（舞列）前进偕同，后退偕同。即舞列步调一致，严整有序。郑玄注未将"俱"的动词用法和副词用法予以区分，于文意解读并无大碍，而字典释义这样处理就不妥当了。总之，不宜选用《礼记》之例作为此项的例证，可以前举《国语·越语上》的"旅进旅退"作为较早例证替换之。

相 （二）xiàng ⑫跟随。《左传·昭公三年》："箕伯、直柄、虞遂、伯戏，其相胡公、大姬已在齐矣。"孔颖达疏引服虔云："相，随也。"(2645)

按，编者选择服虔对"相"的解释作为立项的依据，考虑欠周。按之引例下的孔疏，孔颖达在引用服虔注"相，随也"后，又补充说："盖相训为助，不为随也。言箕伯四人其皆助胡公、大姬神灵，已在齐矣。"可见，孔颖达并未取用服虔之注，而另做解释说明，这是有原因的。箕伯等四人都是传说中舜的后代，陈氏的祖先。"胡公、大姬"夫妇系齐国田氏的祖先，这里借指齐国的田氏。这四人的身份均高于胡公、大姬，若认为他们是"跟随"胡公、大姬，则颠倒了双方这种尊卑关系。可见，服虔注不可取。"相"当取孔颖达的训释，是"帮助"之义。如是，此条不当立，其例证可置于"辅佐；扶助"义项下。

适 ⑮遇。《文选·班彪〈王命论〉》："世俗见高祖兴于布衣，不达其故，以为适遭暴乱，得奋其剑。"李善注："适，犹遇也。"(4135)

按，李善以"遇"注"适"，则"适遭"系同义连文，可商。按李注理解，"适遭暴乱"就是遭遇到暴乱。这样解释，似未能反映出世人认为汉高祖的成功碰上好机遇的看法。这个"适"应为副词，正好、恰好的意思，此言世人都认为汉高祖正好遭逢乱世，所以才有机会施展其才华与本事。诚然，"适"可作动词，但一般是单用。如汉蔡邕《伤故栗赋》："适祸贼之灾人，嗟夭折以催伤。”当“适”用于表遭遇、会见类动词之前，则通常是副词。例如《庄子·知北游》：“知北游于玄水之上，登隐弅之丘，而适遭无为谓焉。”《论衡·偶会篇》：“夫人终鬼来，物死寒至，皆适遭也。”《战国策·秦策五》：“中期适遇明君故也，向者遇桀、纣，必杀之矣。”《史记·鲁仲连列传》：“秦将闻之，为却军五十里。适会魏公子无忌夺晋鄙军以救赵，击秦军，秦军遂引而去。”《史记·袁盎晁错列传》：“（袁盎）遭孝文初立，资适逢世。”《史记·淮阴侯列传》：“（韩信）坐法当斩，其辈十三人皆已斩。次至信，信乃仰视，适见滕公。”由此看来，此条义项不当设立。

诺 ③顺从。《吕氏春秋·知士》：“剂貌辨答曰：‘敬诺。’”高诱注：“诺，顺。”（4245）

按，“诺”作为应答之词，在古代一般用于上对下、长对幼、尊对卑的应答，并不表示恭敬。例如《礼记·玉藻》：“父命呼，唯而不诺。”《礼记·曲礼上》：“父召无诺，先生召无诺，唯而起。”可见，若析而言之，“诺”还不如“唯”恭敬有礼。“诺”与副词“敬”组合后，才有了表示恭谨、礼貌的语气，且不受身份地位的限制。“敬诺”上古习见。例如《吕氏春秋·直谏》：“王曰：‘敬诺。’引席，王伏。”《战国策·赵策四》：“太后曰：‘敬诺，年几何矣？’”《史记·扁鹊仓公列传》：“（长桑君）乃呼扁鹊私坐，间与语曰：‘我有禁方，年老，欲传与公，公毋泄。’扁鹊曰：‘敬诺。’”在此例中，高诱注“诺”为“顺”，实际上连带着对“敬诺”在句中特定的含义做了说明，言剂貌辨恭顺地对齐宣王的要求做出了表示同意的应答，且旨在提示附加在“诺”字上特有的交际功能，并非对“诺”在句中的词义做出解释。此项仅此一例，应并入“答应；允许”义项中，不能把高注作为设置义项的依据。

参考文献

[1] 罗竹风主编，汉语大词典编辑委员会、汉语大词典编纂处编纂：《汉语大词典》，上海：汉语大词典出版社 1993 年版。

[2] 辞源修订组、商务印书馆编辑部：《辞源》（修订本），北京：商务印书馆 1979—1983 年版。

[3] 王力主编：《王力古汉语字典》，北京：中华书局 2000 年版。

[4] 中国社会科学院语言研究所词典编辑室编：《现代汉语词典》（第 5 版），北京：商务印书馆 2005 年版。

[5] 王力等原编，蒋绍愚等增订：《古汉语常用字字典》（第 4 版），北京：商务印书馆 2005 年版。

[6] 中国社会科学院语言研究所古汉语研究室编：《古代汉语虚词词典》，北京：商务印书馆 1999 年版。

[7] 张永言等编：《简明古汉语字典》，成都：四川人民出版社 1986 年版。

[8] 宗福邦等主编：《故训汇纂》，北京：商务印书馆 2003 年版。

[9] 谢纪锋编纂：《虚词诂林》，哈尔滨：黑龙江人民出版社 1992 年版。

[10]（汉）许慎撰，（清）段玉裁注：《说文解字注》，上海：上海古籍出版社 1981 年版。

[11]（清）朱骏声撰：《说文通训定声》，武汉：武汉古籍书店 1983 年版。

[12]（清）桂馥撰：《说文解字义证》，北京：中华书局 1987 年版。

[13]（清）王筠撰：《说文解字句读》，北京：中华书局 1988 年版。

[14]（清）王念孙撰:《读书杂志》，南京：江苏古籍出版社 1985 年版。

[15]（清）王念孙撰:《广雅疏证》，上海：上海古籍出版社 1983 年版。

[16]（清）王先谦撰:《释名疏证补》，上海：上海古籍出版社 1984 年版。

[17]（清）王引之撰，中国训诂学研究会主编:《经义述闻》，南京：江苏古籍出版社 1985 年版。

[18]（清）郝懿行撰:《尔雅义疏》，上海：上海古籍出版社 1983 年版。

[19]（清）俞樾等:《古书疑义举例五种》，北京：中华书局 1956 年版。

[20]（清）俞樾:《诸子平议》，上海：上海书店出版社 1988 年版。

[21]（清）俞樾:《群经平议》，上海：上海书店出版社 1988 年版。

[22]（宋）朱熹集注:《诗集传》，上海：上海古籍出版社 1958 年版。

[23]（宋）朱熹:《四书章句集注》，北京：中华书局 1983 年版。

[24]（梁）萧统编，（唐）李善注:《文选》，上海：上海古籍出版社 1986 年版。

[25]（清）阮元校刻:《十三经注疏》，北京：中华书局 1980 年版。

[26] 刘宝楠等编:《诸子集成》，上海：上海书店出版社 1986 年版。

[27] 徐元诰撰，王树民、沈长云点校:《国语集解》，北京：中华书局 2002 年版。

[28] 杨伯峻编著:《春秋左传注》，北京：中华书局 1983 年版。

[29] 诸祖耿撰:《战国策集注汇考》，南京：江苏古籍出版社 1985 年版。

[30] 周秉钧:《尚书易解》，长沙：岳麓书社 1984 年版。

[31]（清）王聘珍撰:《大戴礼记解诂》，北京：中华书局 1983 年版。

[32]（汉）司马迁撰:《史记》，北京：中华书局 1982 年版。

［33］（汉）班固：《汉书》，北京：中华书局 1987 年版。

［34］［瑞士］费尔迪南 · 德 · 索绪尔著，高名凯译：《普通语言学教程》，北京：商务印书馆 1980 年版。

［35］［美］布龙菲尔德著，袁家骅等译：《语言论》，北京：商务印书馆 1980 年版。

［36］叶蜚声、徐通锵编著：《语言学纲要》，北京：北京大学出版社 1981 年版。

［37］［英］杰弗里 · 利奇著，李瑞华等译：《语义学》，上海：上海外语教育出版社 1987 年版。

［38］石安石：《语义论》，北京：商务印书馆 1993 年版。

［39］贾彦德：《汉语语义学》，北京：北京大学出版社 1992 年版。

［40］张志毅、张庆云：《词汇语义学》，北京：商务印书馆 2001 年版。

［41］章宜华：《语义学与词典释义》，上海：上海辞书出版社 2002 年版。

［42］张永言：《词汇学简论》，武汉：华中工学院出版社 1982 年版。

［43］符淮青：《词义的分析和描写》，北京：语文出版社 1996 年版。

［44］胡明扬等编著：《词典学概论》，北京：中国人民大学出版社 1982 年版。

［45］赵振铎：《辞书学纲要》，成都：四川辞书出版社 1998 年版。

［46］赵振铎：《字典论》，上海：上海辞书出版社 2001 年版。

［47］汪耀楠：《词典学研究》，成都：四川辞书出版社 1990 年版。

［48］邹酆：《辞书学丛稿》，武汉：崇文书局 2004 年版。

［49］苏宝荣：《词义研究与辞书释义》，北京：商务印书馆 2000 年版。

［50］黄建华：《词典论》，上海：上海辞书出版社 2001 年版。

［51］李尔钢：《词义与辞典释义》，上海：上海辞书出版社 2006 年版。

［52］王力：《龙虫并雕斋文集》（第一册），北京：中华书局 1980 年版。

［53］陆宗达、王宁：《训诂方法论》，北京：中国社会科学出版社 1983 年版。

［54］张永言：《训诂学简论》，武汉：华中工学院出版社 1985 年版。

［55］洪诚：《训诂学》，南京：江苏古籍出版社 1984 年版。

［56］郭在贻：《训诂学》，长沙：湖南人民出版社 1986 年版。

［57］周大璞主编：《训诂学初稿》，武汉：武汉大学出版社 1987 年版。

［58］汪耀楠：《注释学纲要》，北京：语文出版社 1991 年版。

［59］王宁：《训诂学原理》，北京：中国国际广播出版社 1996 年版。

［60］孙雍长：《训诂原理》，北京：语文出版社 1997 年版。

［61］毛远明：《训诂学新编》，成都：巴蜀书社 2002 年版。

［62］杨琳：《训诂方法新探》，北京：商务印书馆 2011 年版。

［63］王力：《汉语语法史》，北京：商务印书馆 1989 年版。

［64］王力：《汉语词汇史》，北京：商务印书馆 1993 年版。

［65］向熹编著：《简明汉语史》，北京：高等教育出版社 1993 年版。

［66］赵克勤主编：《古代汉语词汇学》，北京：商务印书馆 1994 年版。

［67］郭锡良：《汉语史论集》，北京：商务印书馆 1997 年版。

［68］《汉语大字典》湖北省编辑部编：《汉字的源和流》，武汉：湖北辞书出版社 1986 年版。

［69］蒋绍愚：《古汉语词汇纲要》，北京：北京大学出版社 1989 年版。

［70］张联荣：《古汉语词义论》，北京：北京大学出版社 2000 年版。

［71］黄金贵：《古代文化词义集类辨考》，上海：上海教育出版社 1995 年版。

［72］朱城：《古书词义求证法》，成都：四川人民出版社 1997 年版。

[73] 孙常叙:《古汉语文学语言词汇概论》,上海:上海辞书出版社 2005 年版。

[74] 王凤阳:《古辞辨》,长春:吉林文史出版社 1993 年版。

[75] 周志锋:《大字典论稿》,杭州:浙江教育出版社 1998 年版。

[76] 毛远明:《语文辞书补正》,成都:巴蜀书社 2002 年版。

[77]《辞书研究》编辑部编:《辞书研究》,上海:上海辞书出版社 1981 年版。

[78]《词典研究丛刊》编辑部编:《词典研究丛刊》,成都:四川辞书出版社 1988 年版。

后　记

本书是本人主持的教育部人文社会科学研究规划基金项目的结项成果。

由于教学工作和专业研究的需要，我与《汉语大字典》结下了近三十年的不解之缘。在时常翻检、充分受惠于《汉语大字典》的同时，也发现了其在建项释义方面存在的一些不足之处，从而引起我对这些问题探讨求索的兴趣。20 世纪 90 年代以来，我以《汉语大字典》首版的释义问题为研究课题，先后主持完成了广东省教育厅人文社科研究规划项目和广东省哲学社会科学规划学科共建项目，在有关学术刊物上发表了一批专题文章，并由此逐渐确定了语文辞典释义的研究方向。后将这些文章结集汇编，形成了《〈汉语大字典〉释义论稿》一书，由暨南大学出版社出版。

2010 年 4 月，《汉语大字典》（第二版）修订本面世。修订本后出转精，总体水平有了一定提高。但是，由于此次修订只选择了中修方案，即"对《汉语大字典》的硬伤性、体例性错误进行纠正，力所能及地做提高性修改（见第二版修订说明）"，且征求学术界的意见和建议还不够广泛，在吸收最新研究成果方面也有所欠缺，因此，修订本在知识性、体例性错误的纠正以及编排检索方面成效明显，而在"提高性修改"即提升质量与内涵方面还不够理想。尤其遗憾的是，此次修订未将字典的释义问题放在应有的位置考虑，因而调整甚微，改进不大。我们曾将一些存在问题的义项条目同首版对照，发现除删减个别例证、对释文做了技术性处理外，基本上保持了原貌，不少疏误仍未得到改正补救。这无疑在一定程度上影响了字典的质量和水平，也与社会各界的期待尚有一定距离。

鉴于此，在前期研究的基础上，我再接再厉，开始了新的尝试，并于 2011 年以"《汉语大字典》（第二版）释义问题研究"为题，申报并获批了教育部的人文社会科学研究规划基金项目。该课题拟集中对《汉语大字典》（第二版）释义方面存在的不足进行清理，探求问题产生的原因，提出解决问题的对策和办法；分类对存在问题的条目进行纠误、正失、补充、完善的工作。经过四年多的努力，大致完成了原定的研究任务，实现了拟订的研究目标，由此形成了这部书稿。书稿的部分内容，曾以论文形式先后在《中国语文》《语言科学》《语文研究》《江苏大学学报》《湖北民族学院学报》《湛江师范学院学报》《岭南师范学院学报》等刊物上发表。为编排方便，文章中所讨论的义项条目则按本书的体例分类，分别置于相应的专题中。全书共讨论了《汉语大字典》中近400个义项条目。

字典本是规范、典常且具权威性的工具书，而《汉语大字典》又是代表当今汉语字典编纂最高水平的巨典，因而对其释义中的千虑之失进行拾遗补阙，于我而言，可谓“知其不可为而为之”。因此，限于水平，书稿在评议《汉语大字典》疏失不足的同时，自身肯定也难免舛误错谬，恳望同行专家不吝指教。之所以不自量力妄陈浅见，一是多年来涉足此间，深深体会到编纂历时性大型语文字典的艰辛、不易；而对其中一些具有普遍性的问题进行探究、总结，诚为一件有意义的事情。二是目前对这一领域的研究还比较少，希望通过自己的探索，引起同行们的关注、争鸣乃至批评，推进这一课题的深入研究，以期取得更多的成果。倘若我们的点滴意见能为《汉语大字典》下次的修订提供一些有益的借鉴与参考，为提高其质量增添几片砖瓦，也就倍感欣慰了。

需要说明的是，本书将内容大致分为“释义的准确性问题”“义项的概括性问题”“孤例建项释义问题”“引用古注疏误问题”四个部分。这种划分是很粗略的，内容存在交叉重合处。这样处理，主要出于书稿编排的考虑。实际上，讨论一个义项条目的欠当不足，往往会同时牵涉几个方面的问题。我想，只要将所议问题阐述清楚，其归属何处或许无伤大雅。这是要请同行专家及读者理解原谅的。

朱　城

2015年9月于湛江